Charlotte McGregor

HIGHLAND CRIME
Die tote Tänzerin

FSC
www.fsc.org
MIX
Papier aus verantwortungsvollen Quellen
FSC® C083411

Impressum

Charlotte McGregor Highland Crime – Die tote Tänzerin

Carin Müller
c/o Die Bücherfee Karina Reiß Zick Zack 1
39393 Am Großen Bruch
www.charlottemcgregor.de www.carinmueller.de
1. Auflage, Oktober 2023 ISBN 978-3-757964504
Umschlaggestaltung: Sabine Albrecht, www.benisa-werbung.de Unter Verwendung von:
©Depositphotos.com/TheHighKey ©Depositphotos.com/lifeonwhite
©Depositphotos.com/emkan ©Freepik/tirachard
Lektorat/Korrektorat: Julia Funcke

Herstellung und Druck über tolino media GmbH & Co. KG,
Albrechtstr. 14, 80636 München. Printed in Germany.
Fragen zu Produktsicherheit an: gpsr@tolino.media.

CHARLOTTE McGREGOR

HIGHLAND Crime

DIE TOTE TÄNZERIN

COSY CRIME

INHALT

UNAUSSPRECHLICHE IDYLLE

»DRUMNADROCHIT? ACHMONY? Gartally? Kirkby? Wer denkt sich solche Ortsnamen aus?«, fragte ich kopfschüttelnd meinen Beifahrer, den das jedoch nicht weiter interessierte. Er beobachtete gereizt die vorbeiziehende Landschaft.

Die gab sich gerade recht milde. Zu unserer Linken lagen die geheimnisvollen Tiefen des Loch Ness, die im Sonnenschein aber längst nicht so bedrohlich wirkten, wie die Legende glauben ließ, zu unserer Rechten wechselten sich bewaldete Hänge und saftige Weiden auf sanften Hügeln ab. Da hatten wir in letzter Zeit schon erheblich herbere Regionen erlebt. Karge Moore, abweisend schroffe Berge und Regen. Reichlich Regen sogar.

Doch Rudi hatte eindeutig andere Probleme, als sich über unaussprechliche Dörfer oder die vielfältigen geografischen Highlights von Schottland Gedanken zu machen. Für ihn stand viel mehr auf dem Spiel: sein Selbstverständnis als original Münchner Rauhaardackel auch in den schottischen Highlands zu wahren. Wir waren jetzt seit zwei Wochen unterwegs, und während ich mich von Tag zu Tag heimischer fühlte und mich langsam auch in den breiten Dialekt eingroovte, war Rüde Rudi immer noch irritiert und einigermaßen übellaunig. Der Herr schätzte es nämlich gar nicht, dass er sein vertrautes Umfeld hatte verlassen müssen und sich jetzt zwischen den zahllosen unbekannten Terriern, Labradoren und anderen Kollegen ständig neue Interims-Reviere suchen musste. So interpretierte ich jedenfalls sein Verhalten. Aber ich konnte mich irren – wäre nicht das erste Mal. Weder in Bezug auf ihn noch auf andere Kerle.

»Jetzt sei nicht so grantig, Rudi«, wagte ich einen neuen Kontaktversuch, doch er zeigte mir nach wie vor die kalte Schulter und hielt seine Schnauze aus dem geöffneten Fenster.

Mir gefiel es hier ausgesprochen gut. In den letzten Tagen waren wir in Inverness gewesen, dem hübschen kleinen Universitätsstädtchen, das als »Metropole der Highlands« galt, was ich bei rund fünfzigtausend Einwohnern etwas übertrieben fand. Aber trotzdem mochte ich die Schotten, die genauso eigenwillig und meinungsstark waren wie die Bayern. Zumindest meiner unbescheidenen Meinung nach. So gesehen waren Rudi und ich hier goldrichtig.

In Inverness hatte ich dann auch erfahren, dass in ein paar Tagen in der Nähe Highland Games mit allen Schikanen stattfinden sollten: der Mehrkampf mit so schrägen Disziplinen wie Tauziehen, Baumstammwerfen und Felsenschleudern – oder war es Felsenwerfen und Bäumeschleudern? –, Dudelsack-Wettblasen und Highland Dancing. Ich hatte nicht den Hauch einer Ahnung, was genau ich mir unter alldem vorstellen durfte, denn alles, was ich über Schottland und die Schotten bisher wusste, hatte ich von »Outlander« und einem folgenreichen One-Night-Stand vor zweiundzwanzig Jahren auf einer Studienfahrt nach Edinburgh gelernt. Jetzt war es endlich Zeit, diesen durchaus bunten Vorurteilen echte Fakten folgen zu lassen. Und Highland Games klangen nach einer guten Gelegenheit, tief in die Materie einzutauchen. Also hatte ich mir spontan ein Zimmer in einem Pub gebucht und war gespannt, was die nächsten Tage so bringen würden.

Wir waren gerade in Drumnadrochit rechts in Richtung Kirkby abgebogen und dabei an Schildern mit den Namen Achmony und Gartally vorbeigefahren. Ob ich diese Namen jemals unfallfrei würde aussprechen können? Womöglich nach dem ein oder anderen Whisky. Destilleriebesuche standen ebenso auf meiner Liste der Dinge, die ich unbedingt tun musste, wie eine Schifffahrt auf dem Loch Ness. Das sagenumwobene Ungeheuer Nessie faszinierte mich schon lange – und wer das Zusammenleben mit Dackeln, Kripokommissaren und männlichen Pubertieren überlebte, außerdem an den Umgang mit exaltierten Bussi-Bussi-Kundinnen gewöhnt war, hielt ein Urzeitmonster im See für kein bisschen abwegig.

In Drumnadrochit schien es so etwas wie das lokale Nessie-Erlebniscenter zu geben, und zweifellos konnte man da auch Touren auf dem See – Pardon: dem Loch! – buchen. Doch jetzt wollte ich erst einmal unser neues Quartier beziehen und Kirkby erforschen. Dieser Name ging mir wenigstens geschmeidig über die Lippen.

• • •

Ich starrte aus dem Fenster und hoffte auf Erleuchtung. Oder wenigstens eine originelle Idee. Schließlich war mein Garten für den Preis als idyllischster Cottage-Garten von Kirkby nominiert worden. Nicht, dass ich mir darauf etwas einbilden durfte, denn ich hatte weder die üppigen gelb, rosa und weiß blühenden Duftrosen angepflanzt, deren süßes, schweres Aroma die Sinne betörte, noch die fast mediterran anmutende Kräuterecke, wo der Lavendel gerade die Bienen beglückte. Immerhin hatte ich es geschafft, das kleine Paradies einigermaßen zu pflegen, und genoss es, in meinem efeuumrankten Pavillon zu sitzen und nichts zu tun. Doch Nichtstun war gerade nicht drin. Genauso wenig wie Erleuchtung offensichtlich. Stattdessen bekam ich nur das stereotype stakkatoartige Tock-tock-tock zu hören, das dieser verdammte Buntspecht in die Rinde der alten Eiche in meinem Garten hämmerte. Vermutlich suchte er darin irgendwelche Käfer. Oder Würmer. Oder ebenfalls Erleuchtung. Oder wollte er mich einfach nur nerven? Letzteres gelang ihm jedenfalls vortrefflich!

Dabei sollte der Artikel ein Selbstläufer werden. Der größenwahnsinnige Bürgermeister in unserem Kaff hatte es tatsächlich fertiggebracht, Highland Games zu organisieren. Das wäre für sich betrachtet noch keine Meldung wert gewesen, denn auf derartige Schnapsideen kamen die Gemeinden hierzulande am laufenden Band. Doch meist waren das dann traurige Eintagsfliegen mit drittklassiger Besetzung, die nach dem ersten Mal direkt wieder in der Versenkung verschwanden. Kirkby warb jedoch mit den »wichtigsten Spielen der Neuzeit«, und der findige Fuchs von einem Bürgermeister hatte es geschafft, ein ziemlich prominentes Starterfeld aufzubieten, das entsprechend viele Besucher anzog. Die wenigen Gästezimmer im Pub und im einzigen Bed & Breakfast des Ortes waren jedenfalls schon seit Wochen ausgebucht, und etliche Dorfbewohner hatten Zimmer privat vermietet.

Was also hinderte mich daran, dieses Event angemessen aufs Korn zu nehmen?

Tock-tock-tock!

Außer dem Specht.

Tock-tock-tock!

Der mir zunehmend auf die Neven fiel.

Seufzend klappte ich meinen Laptop zu und sah auf die Uhr. Kurz vor vier. Vielleicht sollte ich einfach mal in den Pub gehen und mich von Menschen inspirieren lassen statt von diesem biestigen Specht? Für einen Feierabend-Drink war es eigentlich zu früh, aber andererseits war es irgendwo auf der Welt bestimmt schon sieben. Oder sechs. Oder fünf. Notfalls trank ich einfach einen Tee. Und warum rechtfertigte ich mich eigentlich in meinen eigenen Gedanken?

Tock-tock-tock!

»Es reicht!«, schnaubte ich leise und beschloss, mir eine Katze zuzulegen, die mit diesem gefiederten Psychoterror kurzen Prozess machen würde.

Dann zog ich mein Sakko an, setzte meinen Hut auf und machte mich auf den Weg zu *The Wise Pelican*, wie unser Dorfpub hieß, in dem die Auswahl der Gerichte und Getränke aber glücklicherweise weniger exzentrisch war, als der Name andeutete. Genau genommen war das Essen dank Isla Fraser sogar hervorragend und der Grund, warum ich fast jeden Tag einen Anlass fand, um dort einzukehren. Pubwirt Jon war mit der lokalen Spitzenköchin liiert, und die testete in der Kneipe Gerichte, die in ihrem Sternerestaurant nicht funktionierten. Daher schlug ich manchmal schon zum Frühstück auf, oft zum Mittagessen, etwas seltener zum Abendessen – und heute zum … nun ja, zum Tee. Oder so.

Falls ich überlebte jedenfalls. Ich wohnte in einer ruhigen Seitenstraße von Kirkby – ein Witz, denn der ganze Ort mit seinen fünf- oder sechshundertirgendwas Einwohnern war ruhig. Doch meine Straße mündete an einer etwas unübersichtlichen Ecke in die Hauptstraße, und dort fuhren unbescholtene Touristen, die zum ersten Mal bei uns im Ort waren, gerne einen ungeplanten Schlenker, weil ihnen das riesige Schild, auf dem die Dorf-Highlights angepriesen wurden, die Fassung raubte – und verloren oft genug kurzzeitig die Kontrolle über ihre Fahrzeuge. Ich konnte es ihnen nicht übel nehmen, denn mir war es beim ersten Blick darauf genauso gegangen, aber inzwischen hatte ich mich daran gewöhnt. Und das Schild hatte es nach meinem Artikel darüber und zahllosen viral gegangenen Social-Media-Posts zu einiger Berühmtheit gebracht.

Ich sah mich also vor, doch die Straße war frei, und ich überquerte sie zügig, um meinem Getränk rasch näher zu kommen. Der Pub war schon in Sichtweite, als ich hinter mir Bremsenquietschen, Hupen und hysterisches Hundegebell hörte. Ich drehte mich um. Quer auf der Hauptstraße stand ein knallroter Mini Clubman mit deutschem Kennzeichen – Schnauze an Schnauze mit dem Van des örtlichen Tierarztes. *Also wieder der übliche Schilderschock*, dachte ich und wollte schon weitergehen, aber dann fiel mein Blick auf die Fahrerin des Minis, die ausgestiegen war und misstrauisch ihren Kotflügel inspizierte. Waren sie am Ende doch zusammengestoßen? Der Tierarzt stieg ebenfalls aus und sprach mit der Frau, doch auch wenn ich nur wenige Meter entfernt stand, konnte ich nichts verstehen, denn der Hund der Frau kläffte in ohrenbetäubender Lautstärke aus dem Beifahrerfenster. Allerdings hielt mich allein der Anblick der unbekannten Besucherin gefangen. Besser gesagt ihr ungewöhnliches Outfit. Sie trug ein wadenlanges Kleid mit weit schwingendem, blau-weiß kariertem Rock und einem engen dunkelblauen Mieder, unter dem sie allen Ernstes ein rot geringeltes Langarmshirt anhatte. Ihre Füße steckten in roten, knöchelhohen Chucks. Ich konnte mich nicht entscheiden, was mich mehr verstörte – die eklektische Bekleidung oder der geifernde Köter, der schlimmer nervte als der Specht.

Das Hupen eines weiteren Fahrzeugs riss mich aus meiner Schock-Trance, und energisch wandte ich mich um und lief zum Pub. Jetzt hatte ich mir einen Drink wirklich verdient.

• • •

»Halt die Klappe, Rudi!«, schnauzte ich meinen Dackel an, dessen Bellen kontinuierlich schriller wurde und meine Trommelfelle unangenehm vibrieren ließ. Ich winkte dem freundlichen Tierarzt, dem ich fast gegen die Motorhaube geknallt wäre, und dem ungeduldig hupenden Typen entschuldigend zu und startete meinen Mini. Puh, was für ein Adrenalinrausch! Aber wer hätte auch ahnen können, dass dieses Schild da stand?

»Kirkby – The Heart of the Scottish Highlands« prangte als Überschrift über einem witzig gezeichneten Lageplan, der sämtliche Höhepunkte dieses herzigen Hochlandnests darstellte. An sich eine schöne Idee, aber mitten in der Dorfeinfahrt? Und diese Farben! Ich hatte wahrlich keine Scheu vor schriller Optik, schließlich war »bunt« meine Lieblingsfarbe, aber dieses Hinweisschild war ein echter Schock für die Synapsen. Und laut dem netten Tierarzt kam es regelmäßig zu Beinahe-Karambolagen mit überraschten Autofahrern, was nicht unbedingt der gewünschte Effekt sein dürfte. Oder doch?

Ich jedenfalls musste schon wieder grinsen, als ich auf den Parkplatz des Pubs fuhr. Dieses abgedrehte Schild verstärkte nur meinen Eindruck von der Exzentrik der Schotten – und machte sie mir noch sympathischer. »Komm, Rudi, auf den Schreck haben wir uns eine Stärkung verdient. Außerdem ist diese Kneipe unser Quartier für die nächsten Tage.« Ich wuchtete meinen großen Koffer aus dem Wagen, leinte meinen Hund an und sah mich ein wenig auf dem Dorfplatz um. Kleine, propere Steinhäuser standen wie zufällig angeordnet herum. Alle alt, aber sichtlich gut gepflegt und mit bunt lackierten Türen und Fensterläden. An vielen Fassaden rankten Rosen, vor den Eingangstüren standen üppig bepflanzte

Schalen, auf den Fensterbrettern Blumenkästen. Das Rathaus hatte sogar einige aufwendige Buntglasscheiben. Die Kirchturmglocke schlug gerade halb fünf, und ich erspähte ein schnuckelig aussehendes Café, das aber geschlossen war. Egal, das konnte ich mir morgen genauer anschauen.

Ich zog kräftig am Griff meines störrischen Rollkoffers und etwas zärtlicher an der Leine meines Dackels und navigierte beide zur Tür von *The Wise Pelican*, wie die Kneipe hieß. Der Name hatte mich schon bei der Buchung amüsiert, und ich war gespannt, wie sich die angebliche Weisheit der Pelikane wohl auswirkte. Kaum waren wir drinnen, blieben wir beide wie angewurzelt stehen. Ich, weil auf einem Regalbrett hinter dem Tresen ein riesiger ausgestopfter Pelikan thronte – was nun immerhin den Namen erklärte –, und Rudi, weil er sich Schnauze an Schnauze mit einem gigantischen schwarzen Neufundländer wiederfand, der wie ein Kaminvorleger mitten im Raum lag und ein Nickerchen hielt. Rudis stumme Überraschung hielt jedoch nur kurz an, dann sagte er dem Ungetüm, das ihn vermutlich mit einem Happs verzehren könnte, lautstark Bescheid.

Das schwarze Tier sprang erschrocken auf und wich zurück, was meinen größenwahnsinnigen Rauhaardackel erst recht anstachelte. »Schluss jetzt, Rudi«, fauchte ich ihn an – und war mir der zahlreichen Augenpaare, die uns neugierig musterten, mehr als bewusst.

»Hierher, Polly«, ertönte eine dunkle Männerstimme, und der Neufundländer flüchtete in Windeseile hinter den Bartresen.

Rudi stellte daraufhin glücklicherweise sein Gebell ein und beschränkte sich auf leises Knurren.

»Kann ich Ihnen helfen?«, fragte mich der Mann, der eben noch seinen feigen Riesenhund in Sicherheit gebracht hatte und nun mit einem herzlichen Lächeln auf den Lippen und einem karierten Gläserhandtuch über der Schulter zu mir kam. Er sah nicht so aus, wie ich mir einen typisch schottischen Pubwirt vorgestellt hatte, sondern eher wie ein gewisser sexy Duke aus einer legendären Regency-Serie, doch ich wollte mich sicher nicht beklagen. Noch ein Punkt mehr für diesen Ort.

»Ich bin Fanny. Fanny König«, stellte ich mich vor. »Ich habe für die nächsten Tage ein Zimmer reserviert.«

»Stimmt, das letzte, das noch frei war. Oder vielmehr kurzfristig wieder frei geworden ist, weil wir eine Stornierung hatten«, entgegnete er, nahm mir galant den Koffer ab und führte mich zum Tresen, der offenbar auch als Rezeption diente. »Ich bin übrigens Jon«, stellte er sich vor, als er am Computer meine Reservierung aufrief.

»Hallo, Jon«, sagte ich und freute mich über die unkomplizierte Vertrautheit, die hier herrschte. Auch der Tierarzt hatte sich gleich mit dem Vornamen vorgestellt. »Die Highland Games scheinen ein echter Besuchermagnet zu sein«, sprach ich weiter. »Ich bin echt froh, dass ihr eine Absage hattet. Im Bed & Breakfast war auch nichts mehr zu bekommen, und andere Übernachtungsmöglichkeiten gibt es im Ort ja nicht.«

»Einige Leute vermieten Privatzimmer für das Event, aber wir bauen gerade noch eine alte Scheune um. Da können wir noch zehn weitere Gästezimmer anbieten. Allerdings erst nächstes Jahr.« Jon tippte auf seiner Tastatur herum und druckte schließlich einen Anmeldebogen aus. »Hier bräuchte ich bitte eine Unterschrift«, erklärte er und reichte mir einen Kugelschreiber.

Ich kritzelte meinen Namen auf die Linie und schaute mich zum ersten Mal in Ruhe in dem großzügigen, aber sehr gemütlichen Gastraum um. Die Wände waren cremefarben gestrichen und mit einigen Farbflächen akzentuiert, die auf den zweiten Blick wie ein stilisierter Tartan wirkten. Dieselben Farben waren auch für die Sitzkissen der sichtlich alten, aber schön aufgearbeiteten Stühle verwendet worden. Eine Nische mit großem Kamin, vor dem gemütliche karierte Ohrensessel – natürlich im gleichen Farbschema – standen, war mit gut bestückten Bücherregalen vom Hauptraum abgetrennt worden. Das war bestimmt der perfekte Platz für einen verregneten Nachmittag. Vor meinem geistigen Auge sah ich mich schon mit einem dicken Schmöker in einem der Sessel zusammengerollt, während ich die Gänsehaut von dem Krimi mit dem warm prasselnden Kaminfeuer in Schach hielt.

Für einen Nachmittag mitten in der Woche war die Kneipe schon gut besucht. Etliche Tische waren besetzt, und nicht wenige von den Gästen schielten in meine Richtung, was ich wohl dem ungezogenen Rudi zu verdanken hatte, der nach wie vor leise, aber bedrohlich knurrte.

»Tut mir leid wegen dem Getöse«, murmelte ich und deutete seufzend auf meinen Hund. »Rudi hat leichte Akklimatisierungsschwierigkeiten in Schottland. Ich hoffe, das gibt sich. Aber er ist sauer, weil wir jetzt seit zwei Wochen unterwegs sind und er seine heimische Routine vermisst.«

»Und wo gibt's die heimische Routine?«, erkundigte sich Jon.

»In München.«

»Ist ja auch ein sehr schöner Fleck. Da kann ich es schon verstehen, wenn er etwas ungehalten ist.«

»Hm, ich fürchte, da muss er durch. So schnell geht's jedenfalls nicht zurück.«

»So?«

»Ich gönn mir gerade eine Auszeit und mache endlich den Trip, den ich schon vor über zwanzig Jahren geplant hatte.«

»Wenn das so ist, müssen wir wohl andere Geschütze auffahren.« Er angelte eine Blechdose von einem der höchsten Regalfächer, öffnete sie und holte zwei Kekse hervor. Dann kam er um den Tresen herum, hockte sich hin und hielt Rudi einen der Kekse vor die Schnauze. Der vergaß schlagartig seine Feindseligkeit, schnupperte mit verzückt verdrehten Augen und schnappte sich die Leckerei. »Das hilft hoffentlich gegen Heimweh«, sprach Jon weiter und verfütterte auch noch den zweiten Keks. Dafür erntete er ein halb empörtes, halb verzweifeltes Fiepen von der Neufundländer-Hündin, die seitlich hinter dem Tresen hervorlugte. »Nicht eifersüchtig sein, Polly. Wir müssen Rudi doch beweisen, dass es sich lohnt, in den Highlands zu sein.« Er streichelte Rudi, der ihn nun anhimmelte, als wäre er der Erlöser persönlich, über den Kopf und stand dann wieder auf.

»Ich schätze mal, du hast einen neuen Freund fürs Leben gefunden«, sagte ich zu Jon und blickte kopfschüttelnd zu meinem Dackel, der die Transformation vom Berserker zum Lämmchen binnen Sekunden absolviert hatte und nun aussah, als könnte er kein Wässerchen trüben. Ich wusste, dass das genauso schnell wieder umschlagen konnte, aber ich wollte mich nicht beklagen. War der Hund entspannt und gut gelaunt, war ich es ebenfalls.

»Davon kann man ja nie genug haben.« Er tätschelte Polly den Kopf, die einen weiteren vorsichtigen Kontaktversuch bei Rudi wagte. Der ließ es, milde gestimmt, gnädig über sich ergehen und wedelte sogar ein paarmal mit dem Schwanz. »Soll ich euch das Zimmer zeigen?«

»Gerne. Und anschließend brauche ich einen Tee mit allem Drum und Dran.«

»Das kriegen wir hin. Hier geht's lang.« Jon nahm meinen Koffer und lotste mich zu einem Durchgang, der zu einer knarzigen Holztreppe führte – und zu unserer Bleibe für die nächsten Tage.

• • •

»Wartest du auf einen Musenkuss?«

Ich sah von meinem Notizbuch hoch, über dessen makellos weißen Seiten ich die letzten Minuten gebrütet hatte. Vor meinem Tisch hatte sich eine imposante Gestalt aufgebaut. Betty Murray war eine bekannte Thrillerautorin und der Stolz der Gemeinde. Außerdem betrachtete sie mich als Kollegen, was mir etwas peinlich war, denn auch wenn ich mich offiziell als Schriftsteller ausgab, hatte ich bisher keine Veröffentlichung vorzuweisen. Zumindest nicht unter dem Namen, den ich aktuell benutzte.

»Eher auf ein Getränk«, antwortete ich ausweichend. »Doch das kann dauern, denn Ivy schäkert mit den Hupfdohlen, und Jon ist mit einem neuen Gast beschäftigt.«

»Darf ich dir Gesellschaft leisten?«, bat sie und nahm Platz, ohne auf eine Reaktion meinerseits zu warten. Sie zog ebenfalls ein Notizbuch hervor, und außerdem einen stylishen Markenlaptop, den sie auf den Tisch stellte und auch gleich aufklappte. »Wenn mir zu Hause nichts mehr einfällt, komme ich immer hierher zum Schreiben.«

»Hm«, brummte ich unbestimmt, war aber insgeheim beeindruckt, dass diese energische ältere Dame über eine derartige Hipster-Attitüde verfügte. Fehlte nur noch, dass sie sich riesige Kopfhörer über ihre weiße Langhaarmähne stülpte und sich bei der vermaledeiten Ivy eine Latte macchiato mit Kürbisgewürz und Low-Fat-Sojaschlagsahne bestellte – falls es so etwas gab. Ich selbst war dafür eindeutig zu altmodisch, obwohl ich mindestens fünfundzwanzig Jahre jünger war als sie.

»Woran schreibst du denn eigentlich?«, erkundigte sie sich neugierig und klemmte sich ihre Brille auf die Nase.

Gute Frage. Ihr Blick aus den blauen Augen wurde stechender. »Ähm, eine Art Gesellschaftsroman, in dem ich aktuelle … nun ja … Einflüsse aufs Korn nehme«, stammelte ich. Es war nicht ganz gelogen, entsprach aber auch nicht völlig der Wahrheit.

»Aha.« Sie sah auf ihren Monitor und ließ die Fingerknöchel knacken. Viel klischeehafter ging es wohl nicht, oder?

Irrationalerweise ärgerte ich mich gewaltig, dass ihr meine Antwort nicht mehr als ein neutrales »Aha« wert war. »Ich habe auch ein paar Ideen für einen Krimiplot, aber es wäre ja dumm, wenn ich damit unserer örtlichen Crime-Queen Konkurrenz machen würde«, fügte ich hinzu, ehe ich mich unter Kontrolle bekam. Der verdammte Specht und die schrille Kleiderfrau mit ihrem nervigen Hund hatten mich offenbar nachhaltig aus dem Gleichgewicht gebracht.

Prompt warf mir Betty über den Brillenrand hinweg einen Blick zu, den ich nur als mitleidig bezeichnen konnte. »Jeder muss schreiben, woran sein Herz hängt«, sagte sie jedoch erstaunlich gnädig und ging freundlicherweise nicht auf meine alberne Konkurrenz-Aussage ein.

Ich gab ein unbestimmtes Krächzen von mir. Über etwaige Herzensprojekte konnte ich derzeit gar nicht nachdenken. Stattdessen sollte ich endlich den verdammten Blogartikel über die Highland Games voranbringen. Also die Vorankündigung. Danach würde ich zweifellos noch ein vernichtendes Urteil über das eigentliche Event verfassen, aber davon durften weder die Krimikönigin noch sonst jemand hier im Ort etwas erfahren. Kellnerin Ivy schaute nun zum ersten Mal in meine Richtung, und ich winkte sie energisch her. »Darf ich dich auf etwas flüssige Inspiration einladen?«, fragte ich Betty, während Ivy sich aufreizend langsam auf unseren Tisch zubewegte.

»Sehe ich aus, als bräuchte ich flüssige Inspiration?«, konterte sie vergnügt und zwinkerte mir zu.

»Dann vielleicht etwas gegen den Durst?«

»Was darf's denn sein?«, erkundigte sich Ivy ungeduldig. Offensichtlich zog es sie heftig zurück zu den schnatternden Tänzerinnen.

»Für mich einen Assam-Tee und ein Gläschen aus der Whiskyflasche von unserem George hier«, bestellte Betty grinsend. »Ich bin nämlich eingeladen.«

»Ich nehme die Gin-Tonic-Kreation der Woche und ein paar Informationen über die Tanzbrigade da drüben. Außerdem musst du wohl eine frische Whiskyflasche anbrechen, die letzte habe ich vorgestern gekillt.«

»Alles klar«, nuschelte Ivy und ging zur Theke.

»Was für Informationen?«, hakte Betty misstrauisch nach.

»Das war nur ein Scherz«, beeilte ich mich zu sagen. Auf keinen Fall sollte sie den Eindruck bekommen, dass ich mich ernsthaft für die Highland-Tänzerinnen interessierte. Was ich auch nicht tat, also jedenfalls nicht privat. Für meinen Blogartikel allerdings sehr wohl. Diese folkloristische Tradition wurde hier erschütternd ernst genommen, und es gab etliche hoch dotierte Tanzwettbewerbe im Land und in der halben Welt. Etwas, das ich genauso wenig verstand wie das Wett-Tröten der Dudelsackbläser. So gesehen war ich wirklich ein ziemlich mieser Schotte, denn qua Geburt hatten wir schließlich alle stolz auf diese Dinge zu sein. Egal, ich musste es nicht verstehen, sondern nur darüber schreiben. Und ich wusste, dass Ivy gerne tratschte, wenn man ihr einen Anlass bot. Vielleicht sprangen ja ein paar brauchbare Anekdoten dabei heraus?

»Für deinen Gesellschaftsroman oder den Krimi? Oder hegst du eher privates Interesse an einer der Damen?«

»Weder noch«, behauptete ich und verwünschte mich für meinen unbedachten Kommentar. Betty Murray war nicht nur eine erfolgreiche Schriftstellerin, sondern eine scharfe Beobachterin und das Herz der örtlichen Klatschzentrale. Ihr entging so schnell nichts, und das Letzte, was ich brauchen konnte, war, in ihren Fokus zu geraten. »Ich wollte nur ein wenig Konversation machen und Interesse an den Belangen der Eingeborenen zeigen«, fügte ich noch so überheblich wie möglich hinzu und hoffte, dass mir mein gut gepflegtes Image als snobistischer Einzelgänger nützlich war. Je weniger man sich für mich interessierte, desto besser.

»Hmpf.« Betty klang nicht überzeugt, bohrte aber nicht weiter, sondern attackierte stattdessen in atemberaubender Geschwindigkeit ihre Tastatur – und ich war mir fast sicher, dass eine ihrer neuen Figuren Ähnlichkeiten mit mir haben würde. Fragte sich nur, ob es das Opfer oder der Täter war.

AFTERNOON TEA MIT FOLGEN

DAS ZIMMER WAR UNFASSBAR schnuckelig. Ein großes Bett, das mit einem kuschligen Tartan-Plaid bedeckt war, ein stylisher Sessel, ein alter Holzschreibtisch, auf dem ein Wasserkocher, schöne Keramiktassen, eine Keksdose und eine Tee-Auswahl standen, sowie ein Stuhl, der zum Schreibtisch passte. Im leeren Kamin lag ein kariertes Hundekissen, das so gemütlich aussah, dass ich mich notfalls auch selbst darauf zusammenrollen würde. Rudi ignorierte es jedoch und sprang erst auf die Polsterbank am Fußende des Bettes und dann direkt auf die Matratze, wo er mit einem tiefen Dackelseufzer umfiel und umstandslos die Augen schloss. Das Tier hatte es schon echt schwer.

Da ich keine Lust auf sinnlose Diskussionen mit meinem Vierbeiner hatte, ließ ich ihn ausnahmsweise gewähren und packte meinen Koffer aus. Meine Klamotten verstaute ich in dem antiken Holzschrank, der nach Lavendel duftete, und meine Kosmetika im kleinen, modernen Bad. Hier konnte man sich wirklich wohlfühlen.

Kurz überlegte ich, ob ich mir hier oben schnell selbst eine Tasse Tee machen und mich mit meinem Buch in den Sessel am Fenster kuscheln sollte – das wäre fast so gut wie unten vor dem Kamin –, doch im gleichen Moment lachte ich mich aus. Erstens hatte ich Hunger, und zweitens war ich hier, um selbst Abenteuer zu erleben und sie nicht nur zwischen Buchdeckeln nachzulesen.

»Komm, Rudi, wir gehen wieder runter«, rief ich meinem Hund zu, der brummend die Augen aufklappte, aber kein gesteigertes Interesse an einem Ortswechsel zu verspüren schien. »Los jetzt«, drängelte ich und leinte ihn an. »Vielleicht gibt's auch wieder einen Keks für dich.«

Unten im Gastraum waren inzwischen fast alle Tische besetzt, doch Jon, der Wirt, hatte mir netterweise ein Plätzchen frei gehalten. Von dem Zweiertisch direkt am Fenster aus hatte ich einen netten Ausblick auf den Dorfplatz und auch fast auf die komplette Kneipe. Ein paar Meter von mir entfernt saß ein Pulk junger Frauen, die sich aufgeregt unterhielten. Ich schnappte nur einige Fetzen auf. Es ging ums Tanzen und um irgendwelche Wettbewerbe. Womöglich der Highland-Dancing-Wettbewerb bei den Highland Games, die am kommenden Wochenende anstanden?

Ein etwas ungleiches Paar an einem anderen Tisch sah immer wieder in meine Richtung: eine stattliche ältere Frau mit weißer Wallemähne, die auf einem Laptop tippte, und ein Mann in meinem Alter, der mich wegen seines akkuraten Sommeranzugs und des Seidenhalstuchs mit Paisleymuster an einen britischen Adeligen erinnerte. Hier im Pub wirkte er jedenfalls einigermaßen deplatziert. Womöglich war er aber der lokale Earl oder Lord, wohnte in dem Herrenhaus, von dem ich auf dem Dorfschild erfahren hatte, und gab sich beim Kneipenbesuch betont volkstümlich?

Ich verfolgte meine Spekulationen nicht weiter, denn in diesem Moment servierte mir Jon gemeinsam mit einer jungen Kellnerin meinen Afternoon Tea. Die Frau goss mir hellgoldenen, duftenden Tee in eine zierliche weiße Porzellantasse, und Jon platzierte die üppig bestückte Etagere vor mir. »Wir haben Scones mit Clotted Cream und drei Sorten hausgemachter Marmelade«, begann er mit seiner Erklärung.

»Außerdem einen Blue-Cheese-Scone, zu dem besonders gut das Pflaumenmus passt. Und dann noch Gurkensandwiches, Lachsmousse, Wildleberpaté und Highland-Sushi.«

»Highland-Sushi?« Ich hob eine Braue. Besonders traditionell klang das nicht.

Er grinste. »Ein Experiment aus unserer Küche. Das sind gebeizte handgeangelte Forellen aus unserem Fluss auf einem Brunnenkresse-Sushireis-Bett.« Er deutete auf die beiden fraglichen Happen. »Außerdem habe ich hier noch etwas Shortbread, aber das kannst du auch gerne mit aufs Zimmer nehmen, wenn es zu viel wird.« Er deutete auf ein Extra-Schälchen und zwinkerte mir vielsagend zu.

»Davon könnten vermutlich drei hungrige Landarbeiter satt werden«, erwiderte ich mit einem leicht fassungslosen Blick auf die Speisenauswahl. »Das kann doch unmöglich für eine Person gedacht sein, oder?«

»Doch, doch, das hat alles seine Richtigkeit. Die gute Luft macht hungrig, und bis zum Abendessen sind es ja noch ein paar Stunden.«

»Abendessen? Ich kann mir nicht vorstellen, dass ich danach heute noch etwas anderes runterbringe.« Allerdings lief mir beim Anblick der Köstlichkeiten nun wirklich das Wasser im Mund zusammen, und ich konnte es kaum erwarten, endlich anzufangen.

»Wir werden sehen«, entgegnete er vergnügt und zog dann aus seiner Hosentasche noch einen der knochenförmigen Hundekekse für Rudi hervor, der ihn ohne langes Zögern sofort verschlang.

Ich jedoch konnte mich kaum entscheiden, was ich zuerst probieren sollte, es war alles so verführerisch, also trank ich erst mal einen Schluck von dem Tee. Zu Hause in München war ich eher auf Kaffee programmiert, aber hier in Schottland wollte ich mich auf die örtlichen Gepflogenheiten einlassen. Als ich die Tasse absetzte, schaute der schicke Lord schon wieder zu mir herüber – ein leichtes Stirnrunzeln unter seinem grau melierten dunkelbraunen Schopf. Offenbar hatte ich mir aus irgendwelchen Gründen seine Missbilligung eingehandelt.

Sein Problem, nicht meines. Ich prostete mit meiner Teetasse in seine Richtung und schenkte ihm mein breitestes Zahnpastalächeln, dann kümmerte ich mich um meine Etagere und startete mit einem Gurkensandwich. Irgendwo hatte ich nämlich mal gelesen, dass diese eher fade Kreation den Gaumen für die echten Genüsse bereit machen sollte. Doch ich wurde von einer wahren Geschmacksexplosion überrascht. Es fing damit an, dass das Weißbrot viel mehr Geschmack hatte als das übliche Toastbrot, das in der Regel so aromatisch wie Pappmaché war. Der Frischkäse war mit irgendeinem Gewürz aromatisiert, das ich nicht identifizieren konnte, und auch die gehobelten Salatgurken hatten irgendwie mehr Pep, obwohl sie völlig normal aussahen. Als Nächstes gönnte ich mir einen der Sushi-Happen und schloss vor Entzücken die Augen. Es war unfassbar gut. Als ich meine Lider wieder hob, stand ein wissend lächelnder Jon neben meinem Tisch – ein Tablett in der Hand.

»Vielleicht hast du Lust, unseren Gin Tonic der Woche zu probieren?«, fragte er mich und platzierte, ohne eine Antwort abzuwarten, ein Longdrink-Glas neben meiner Teetasse. Darin steckte ein Rosmarinzweig zwischen den Eiswürfeln. »Das hier ist der Sommer-Gin unserer lokalen Destillerie«, erklärte mir Jon. »Er besticht durch duftige Kräuternoten und eine kräftige Wacholderbasis. Wir servieren ihn diese Woche mit Rosmarin und frischen Blaubeeren und einem spritzigen, leicht zitronigen Tonic«, fuhr er fort und zeigte mir ein Schälchen, in dem einige der dunklen Beeren lagen. Er drückte die prallen Früchte leicht an und löffelte sie in mein Glas. Darüber goss er eine durchaus beachtliche Menge Gin und stellte das Tonic-Fläschchen daneben. »Slàinte mhath – zum Wohl!«, wünschte er mir und überließ mich, leicht überrumpelt, wieder meinen Genüssen.

Im Gin konnte ich einige violette Schlieren entdecken, die von den zermatschten Beeren stammten. Seit meinem Studium in London vor gefühlt hundert Jahren liebte ich Gin Tonic – lange bevor sich der Longdrink in Deutschland als Kultgetränk etabliert hatte –, aber dass das auch hier im schottischen Hochland angesagt war? Da war doch eher Whisky das Gift der Wahl, nicht wahr?

Und irgendwie hatte ich auch gedacht, dass die örtliche Destillerie Whisky brannte und keinen Gin. Egal, das würde ich alles in den nächsten Tagen herausfinden. Ich schnupperte an dem Glas und nippte einen Schluck pur. Wie schon bei dem Gurkensandwich und dem Forellensushi traf eine Geschmacksattacke meine Zunge, voller Aromen, die ich nicht mal ansatzweise definieren konnte, die aber ein fantastisches Gesamtbild ergaben.

Allerdings war ich nur eine Schneiderin aus München und nicht so trinkfest wie die legendäre Queen Mum, die sich der Legende nach den Gin am liebsten pur hinter die Binde gekippt hatte. Daher goss ich das Tonic darüber und probierte einen weiteren Schluck. Verdammt, war das eine süffige Mischung – sommerlich, spritzig und leicht. Wobei Letzteres zweifellos ein Trugschluss war, also nahm ich mir einen der noch warmen Mini-Scones, halbierte ihn und bestrich ihn großzügig mit Clotted Cream und Erdbeermarmelade.

»Oh Gott, Rudi, das ist so gut«, sagte ich zu meinem Hund, weil ich es sonst niemandem erzählen konnte. Wobei, das stimmte ja gar nicht. Ich griff nach meinem Handy, knipste ein paar Fotos von der Etagere und der hübschen Teekanne. Danach machte ich noch ein fröhliches Selfie mit dem Longdrink-Glas in der Hand und schickte die Bilder mit dem Kommentar *Mir geht's blendend!* an meine Lieben.

Meine Freundinnen in München betrachteten mein Schottland-Abenteuer mit gemischten Gefühlen, mein Sohn fand es gewöhnungsbedürftig, und der Rest? Der durfte sich seine Meinung getrost an den Hut stecken.

Denn mir ging's wirklich hervorragend. Selbst wenn ich mich an das Alleinreisen erst noch gewöhnen musste, war es doch die beste Entscheidung überhaupt gewesen. Vermisste ich meine Heimat? Sicher längst nicht so sehr wie Rudi. Und auch wenn ich noch keine Ahnung hatte, wie lange ich tatsächlich in Schottland bleiben würde – ob drei Wochen oder drei Jahre –, war der Ruf des Abenteuers so verführerisch, dass er alle kritischen Stimmen übertönte. Die von meinem Umfeld und meine eigene. Egal, was »man« sagte, ich war der Meinung, dass man auch als mittelalte Fünfundvierzigjährige noch das Recht auf einen kompletten Neuanfang hatte.

Mit diesem zuversichtlichen Gedanken machte ich mich über mein nachmittägliches Festmahl her und merkte, wie ich mich von Minute zu Minute mehr entspannte. Gelegentlich spürte ich ein paar neugierige Blicke auf mir – von dem schicken Lord und seiner wild tippenden Begleiterin, aber auch von anderen Gästen. Das machte mir jedoch nichts aus. Ich war es gewohnt, dass andere Leute sich über meine Kleiderwahl das Maul zerrissen, und es interessierte mich nicht die Bohne, was sie tatsächlich darüber dachten.

Ich hatte meinen eigenen Stil – was nur die wenigsten anderen Menschen von sich behaupten konnten – und war stolz darauf. Schließlich war ich jahrelang die beste Werbefläche für mein eigenes Geschäft gewesen. Auch wenn mein Schneideratelier nicht mehr existierte und in der bisherigen Form vermutlich nie wieder aufleben würde, blieb ich meinem Image weiterhin treu. Da spielte es auch nicht die geringste Rolle, dass Dirndl in Schottland nicht ganz so ins Straßenbild passten wie in Bayern. Denn Männer, die in karierten Röcken herumliefen und als Freizeitbeschäftigung Baumstämme oder Felsbrocken warfen, brauchten sich da kein Urteil zu erlauben.

Aus dem Augenwinkel nahm ich wahr, wie eine aufgebrachte junge Frau mit einem Kleidersack über dem Arm in den Pub gestürmt kam und zum Tisch der mutmaßlichen Tänzerinnen lief. »Ich bin komplett ruiniert«, schluchzte sie derart lautstark, dass ihr die geballte Aufmerksamkeit aller Kneipenbesucher sicher war.

»Was ist denn los?«, erkundigte sich eine aus der Gruppe.

»Jemand hat mein Kostüm zerstört!« Die Frau zerrte ein blau-weiß gemustertes Kleid aus der Hülle, und selbst aus der Entfernung konnte ich erkennen, dass es von seltsamen Flecken und tiefen Rissen oder Schnitten verunziert war.

Das einsetzende Stimmengewirr der anderen Frauen klang nach kollektivem Entsetzen und Mitgefühl, auch wenn ich keine Einzelheiten mehr verstehen konnte. Ich redete mir ein, dass mich das Drama nichts anging – was ja auch stimmte –, und konzentrierte mich auf die restlichen Delikatessen meines Afternoon Tea.

»Kann ich dir noch etwas bringen?«, erkundigte sich die junge Kellnerin, die vorhin den Tee serviert hatte und nun zu mir gekommen war, um die leer gefutterte Etagere abzuräumen.

»Ich werde nie wieder etwas essen können«, stöhnte ich. »Ein Bissen mehr, und ich platze aus meinem Mieder.« Ich ließ ein gespielt dramatisches Seufzen hören.

Sie lachte, doch dann schien sie mich zum ersten Mal genauer wahrzunehmen. »Das mit dem platzenden Mieder halte ich für sehr unwahrscheinlich, aber das Kleid ist wirklich schön. Es sieht fast aus wie das Kostüm einer Highland-Tänzerin.« Ihr Blick huschte zu der Frauengruppe, wo immer noch enorme Aufregung herrschte.

»Was ist denn da los?«, erkundigte ich mich.

»Irgendjemand hat Gwens Showkostüm zerstört«, berichtete sie und beugte sich ein Stückchen näher zu mir. »Ein Kleid, für das sie mehrere Hundert Pfund gezahlt hat. Eine Maßanfertigung, ziemlich aufwendig und so. Angeblich soll es ihre Tanzbewegungen besonders effektvoll unterstreichen. Ich verstehe ja nichts davon, aber angeblich kann das richtige Kleid den Unterschied zwischen dem ersten und dem zweiten Platz ausmachen.«

»Ach, das kann ich mir schon vorstellen«, entgegnete ich. »Aber wie kann das passiert sein? Ich meine, denkt Gwen wirklich, dass jemand das Kleid absichtlich kaputt gemacht hat? Und wenn ja, warum?«

»Natürlich denkt sie das! Sie ist eine der Favoritinnen und hat angeblich die Aussicht auf lukrative Auftritte. Und sie ist nicht besonders beliebt in der Truppe. Den anderen Mädels ist sie zu arrogant und zu eingebildet. Ich könnte mir schon vorstellen, dass jemand mit so einer Aktion Gwens Auftritt verhindern möchte, um sich selbst bessere Chancen zu verschaffen.«

Ich konnte da nur den Kopf schütteln. Das Ganze schien mir ziemlich absurd zu sein.

»Ich bin übrigens Ivy«, stellte sich die Kellnerin vor. Offenbar war sie der Meinung, dass wir uns nach diesem interessanten Austausch auch mit Namen ansprechen könnten. »Möchtest du noch einen Gin Tonic?«

»Fanny«, entgegnete ich. »Und nein. Oder? Ach, weißt du, was? Ich hab ja Urlaub oder so. Da kann ich mir schon etwas gönnen. Also gerne noch einen.«

Ivy nickte grinsend, sammelte mein abgefressenes Geschirr zusammen und verschwand in Richtung Küche. Ich dagegen saß mit gespitzten Ohren da und versuchte, aus der hitzigen Diskussion am Tänzerinnentisch noch ein paar konkrete Aussagen herauszuhören. Aber dann klingelte blöderweise mein Handy, mit der Polizeisirene, die ich als Klingelton für Poldi eingestellt hatte.

Rudi, der zufrieden unter dem Tisch geschlafen hatte, sprang mit einem heiseren Japsen auf und sah sich um, als würde sein Ex-Herrchen gleich leibhaftig auftauchen. Die beiden verband eine innige Hassliebe, doch ich vermutete, dass sich Rudi über einen Auftritt von Leopold Hofreiter in diesem Moment tatsächlich freuen würde. Weil nun leider auch die anwesenden Zweibeiner interessiert in meine Richtung blickten, musste ich mich entscheiden: Anruf annehmen oder wegdrücken?

»Seit wann trinkst du schon um sechs Uhr harte Sachen?«, sagte Poldi, ohne sich mit einer Begrüßung aufzuhalten, sobald ich das Gespräch angenommen hatte.

»Es ist hier sogar erst fünf«, korrigierte ich ihn.

»Was?«

»Ja. Zeitverschiebung. Was kann ich für dich tun, Poldi?«

»Nichts. Ich frage mich nur, ob ich was für dich tun kann. Da hört man tagelang nichts von dir, und dann schickst du ein paar Fotos mit den dürren Worten ›Mir geht's blendend!‹. Was soll man davon halten?«

»Dass es mir blendend geht?«, schlug ich vor und unterdrückte ein genervtes Seufzen. Poldi und ich waren seit gut drei Jahren geschieden, aber bis heute war er einer meiner besten Freunde. Auch wenn er nicht verstehen konnte, warum ich mir das schottische Sabbatical gönnte, wie ich meinen Ausflug offiziell nannte.

»Tagsüber zu trinken spricht nicht dafür, dass es dir blendend geht«, behauptete er knurrig. »Wo bist du überhaupt?«

»Ich bin in einem kleinen Dorf in der Nähe von Inverness. Am Wochenende finden hier Highland Games statt, die will ich mir ansehen, und was ich danach mache, weiß ich noch nicht«, berichtete ich artig, um ihn zu beruhigen. »Es ist sehr hübsch hier. Ich habe mein Quartier im lokalen Pub bezogen und muss heute nicht mehr mit dem Auto fahren, und der Gin Tonic ist verdammt lecker.«

»Trotzdem«, brummte er.

»Trotzdem was?«

»Ich hab halt kein gutes Gefühl dabei, dass du mutterseelenallein durch die Weltgeschichte gondelst. In einem fremden Land mit einer fremden Sprache. Was, wenn dir irgendwas passiert?«

»Was soll mir schon passieren? Ich bin in einer Gegend, wo das aufregendste Mysterium immer noch das Ungeheuer von Loch Ness ist. Außerdem ist Schottland nicht aus der Welt, und ich spreche fließend Englisch. Im Gegensatz zu dir.«

»Ja, eben«, beharrte er.

»Ich will gar nicht wissen, was du mir damit sagen willst«, entgegnete ich augenrollend und nickte Ivy dankbar zu, die mir einen frischen Gin Tonic servierte und die Blaubeeren ebenso liebevoll zerquetschte wie vorhin ihr Chef. »Hör auf, dir Sorgen um mich zu machen. Ich kann sehr gut auf mich aufpassen, außerdem habe ich ja noch den Rudi. Und jetzt muss ich aufhören, weil ich die Tänzerinnen am Nebentisch belauschen will. Da gibt es nämlich ein Drama um ein zerstörtes Auftrittskostüm. Servus, Poldi. Bussi.«

Damit legte ich auf und schaltete gleich auch noch mein Telefon stumm, um mir die Belehrung zu ersparen, dass er sich natürlich immer völlig zu Recht Sorgen machte, denn seiner Meinung nach hatte ich ein Talent dafür, mich in Schwierigkeiten zu bringen. Was ganz und gar nicht der Wahrheit entsprach. Die Schwierigkeiten kamen immer von allein – ganz ohne Talent meinerseits.

»Ärger?«, wollte Ivy wissen, die gerade den Gin über das Eis und die Beeren goss.

»Nicht wirklich. Nur ein verständnisloser Ex-Angehöriger, der nicht begreifen will, was ich hier mache.«

Ivy sah mich fragend an, bohrte aber glücklicherweise nicht weiter nach.

»Keiner wird mir auf die Schnelle ein neues Kleid nähen können«, tönte es nun wieder klar und deutlich vom Nebentisch herüber, und wir wandten uns beide um. Gwen stand mit ihrem zerstörten Kleid im Arm und verweinten Augen neben dem Tisch und schien auf eine angemessene Reaktion der anderen jungen Frauen zu warten. Als nur betretenes Schweigen als Reaktion kam, machte sie auf dem Absatz kehrt und lief in Richtung Ausgang.

»Gwen?«, rief ich. »Gwen?«

»Ja?« Die zierliche Blondine starrte mich verwundert an.

»Das mag jetzt seltsam klingen, aber ich habe am Rande mitbekommen, dass dein Kleid ruiniert ist«, sagte ich und räusperte mich, um meine innere Stimme, die eindeutig in Poldis Tonlage zu mir sprach, zu übertönen. »Ich könnte dir vielleicht helfen.«

Und damit war es amtlich: Die Schwierigkeiten fanden mich. Doch was genau das bedeutete, davon hatte ich im Augenblick noch nicht die leiseste Ahnung.

SCHMETTERLINGSGETÖSE

ICH LAS MIR DIE EBEN geschriebenen Zeilen noch einmal durch und seufzte frustriert. Ich hatte schon bessere Artikel auf meinem Blog. Genau genommen war dieser hier sogar einer der mieseren, doch immerhin war er fertig. Vorhin im Pub hatte ich doch tatsächlich zwei Leute belauscht, die sich gewundert hatten, dass »The King's Speech« sich noch nicht zu den Highland Games geäußert hatte und in den letzten Tagen überhaupt auf Tauchstation gewesen war. Das war ganz schlecht fürs Image. Nicht dass überhaupt jemand wusste, dass ich hinter dem Blog steckte, aber trotzdem. Das lange Schweigen war nicht gut. Insofern war ich froh, dass ich jetzt diese bissigen Zeilen zustande gebracht hatte, denen zwar die elegant verbrämten Spitzen fehlten, für die ich mich sonst rühmte, die aber deutlich meine Meinung zum Ausdruck brachten.

Wenn ich allein an den Auftritt dieser Tänzerin dachte, die hysterisch kreischend den Pub betreten und die mutwillige Zerstörung ihres Gewandes beweint hatte ... Darüber hätte ich ebenfalls noch schreiben können, aber ein kaputtes Kleid war dann doch selbst mir zu banal. Außerdem würde mir Betty Murray vielleicht auf die Schliche kommen, wenn ich es erwähnte. Die Gute war mir eindeutig zu neugierig und hatte die aufgeregten Tänzerinnen amüsiert kommentiert. Nein, es war besser, mit einem miesen Artikel rauszugehen, als mit einem brillant formulierten, der womöglich meine Tarnung auffliegen ließ. Alles war gut, solange ich nicht darüber nachdachte, was ich in meinem früheren Leben geschrieben hätte. Zunächst mal sicher nicht über ein drittklassiges Event in einem bedeutungslosen Kaff. Oder wenn, dann unter ganz anderen Vorzeichen.

Früher wäre ich davon ausgegangen, dass ein solches Konstrukt nur die Fassade für etwas sein konnte, das tiefer lag und viel, viel größer war. Und gefährlicher. Verdammt gefährlich. Doch das war Sizilien gewesen und nicht Schottland.

Andererseits hatten meine recht oberflächlichen Recherchen ergeben, dass diese Events einiges an Geld umsetzten und es in der Szene der Aktiven – Tänzer und Athleten – reichlich bösartigen Konkurrenzkampf gab. War das, was vordergründig als harmloses Folklore-Vergnügen daherkam, am Ende ein verdammt undurchsichtiges Geschäft mit Strippenziehern im Hintergrund? Genau wusste ich das noch nicht, daher wollte ich mich erst noch mit ein paar Teilnehmenden unterhalten. Ich lachte bitter ob meiner Überlegungen, denn es war realistisch gesehen doch sehr unwahrscheinlich, dass hier irgendetwas größer war als das Ego des Bürgermeisters. Ich seufzte und wusste nicht so recht, ob ich diesen Umstand bedauern oder feiern sollte.

Ich beschloss, dass ich darüber nicht final entscheiden musste. Genauso wenig wie darüber, ob meine derzeitige Existenz beschaulich oder erbärmlich war. Stattdessen drückte ich auf den »Veröffentlichen«-Knopf und stellte den Artikel online. Danach ging ich ins Bett. Morgen war ein brandneuer Tag – und wer wusste schon, ob sich nicht doch mal etwas Aufregenderes zeigte als eine deutsche Touristin mit fragwürdigen Klamotten.

• • •

Gwen hatte sich in einem Cottage des luxuriösen Bed & Breakfast *The Cosy Thistle* eingemietet, was ich insgeheim ziemlich beeindruckend fand. Ich hatte mir im Internet die Preise angeschaut, und mal abgesehen davon, dass es ohnehin komplett ausgebucht war, hätte ich mir einen Aufenthalt dort auch nicht leisten können. Trotz des Geldes, das ich von der Versicherung bekommen hatte. Für Gwen, die, wie ich inzwischen wusste, dreiundzwanzig und professionelle Highland-Tänzerin war, schien das jedoch kein Problem zu sein. Das ließ nur zwei Schlüsse zu: Entweder hatte sie von Haus aus reichlich Kohle, oder diese Tanzerei war lukrativer als gedacht.

Ihr Kleid war jedenfalls nicht zu retten, das hatte ich gestern gleich erkannt, als ich es mir genauer angeschaut hatte. Es war sehr kunstvoll gearbeitet und hatte zweifellos eine Stange Geld gekostet. Doch die Schneiderin saß in Edinburgh, und ein Ersatz war auf diesem Weg so rasch nicht zu bekommen. Komplizierter als meine Dirndlkleider war so ein Tanzkostüm aber auch nicht. Der Grundschnitt war praktisch identisch, nur dass mehr Stoff für den Rock verarbeitet wurde, damit er besonders hoch flog, wie mir Gwen erklärte. Ich hatte meine Nähmaschine dabei, aber natürlich keine Stoffe, die ich verwenden konnte. Das war für den Moment die größte Herausforderung. Vielleicht gab es in Inverness einen Laden, der uns weiterhelfen konnte, oder aber die Weberei in Monroe Manor, dem örtlichen Herrenhaus, das ich fälschlicherweise als Schloss bezeichnet hatte. Dorthin waren wir gerade unterwegs.

Colleen Murray Fraser, die das Bed & Breakfast zusammen mit ihrem Mann betrieb, hatte uns den Tipp gegeben und unseren Besuch in der *Kirkby Tartan Mill* bereits telefonisch angekündigt. Ich war gespannt, was uns erwartete – und ob wir den schicken Schnösel aus dem Pub dort antreffen würden.

»Ich müsste eigentlich trainieren«, jammerte Gwen, die im Nieselregen neben mir lief und zunehmend ungehaltener wurde, weil Rudi alle drei Meter stehen blieb, um zu schnüffeln und seine eigene Markierung zu setzen.

»Und ich müsste eigentlich Urlaub machen und das Ungeheuer von Loch Ness suchen«, entgegnete ich trocken, was Gwen abrupt zum Verstummen brachte. Ich konnte sie nicht so recht einschätzen. Die Tanzerei schien ihr wichtiger zu sein als alles andere, dabei verströmte sie einen unangenehmen Ehrgeiz und eine merkwürdige Aura der Unbesiegbarkeit. Kein Wunder, dass eine ihrer Konkurrentinnen zu unfairen Mitteln gegriffen hatte. Nicht dass ich das guthieß, aber irgendwie wurde ich das Gefühl nicht los, dass Gwen es womöglich provoziert hatte. Vielleicht war es keine gute Idee, ihr zu helfen, aber ganz sicher würde ich mir meine entspannte Urlaubsstimmung nicht durch ihr Genöle verderben lassen.

Wir folgten einem besseren Feldweg, der zwischen sattgrünen Weiden hindurchführte, die zum Teil von Hecken oder Steinwällen begrenzt waren und auf denen zahllose Schafe grasten. Nach gut zwanzig Minuten Fußmarsch hatten wir das imposante Herrenhaus erreicht. Aus der Nähe betrachtet wirkte es definitiv wie ein Schloss, aber was wusste ich schon? Ich fühlte mich spontan in eine Episode von *Downton Abbey* versetzt, nur dass Monroe Manor nicht so klösterlich streng wirkte, sondern, nun ja, recht bunt zusammengewürfelt.

Das Haus machte den Anschein, als hätte es über die Jahrhunderte immer wieder neue Anbauten bekommen und als hätte jeder Bauherr hatte seine eigene stilistische Duftmarke hinterlassen wollen. Ich verstand nicht viel von Architektur oder den Stilen früherer Epochen, aber selbst mir fiel die völlige Hemmungslosigkeit der Mischung auf. Ein Märchenturm hier, mehrere mittelalterliche Erker dort, dann wieder barock anmutende Fassaden, was erstaunlicherweise ein recht harmonisches Gesamtbild ergab.

Ein Schild mit der Aufschrift »Kirkby Tartan Mill« lotste uns weg vom Hauptportal und zu einem Nebenflügel, der einen Ballsaal für Hochzeiten und andere Events im Erdgeschoss und Gästezimmer im ersten Stock sowie einen Kinosaal im Keller enthielt, wie ich den Flyern entnahm, die in dem eher kargen Foyer auslagen. Mit dem schwarz-weißen Steinfußboden und den schlichten weißen Wänden wirkte es längst nicht so feudal, wie ich es mir ausgemalt hatte. Nur eine wundervoll gearbeitete große Reiterstatue aus Keramik bot dem Auge einen Anker. Schilder zur Weberei und einigen Büros führten uns nach weiter oben.

Wir stiegen die abgewetzte, ausladende Steintreppe hinauf und erreichten nach gefühlt drei Millionen Stufen schwer keuchend den zweiten Stock. Zumindest Rudi und ich schnauften, Gwen hatte nicht mal eine Schweißperle auf der Stirn. Diese Tanzerei sorgte anscheinend nicht nur für eine fantastische Figur, sondern auch für eine großartige Kondition. Beneidenswert – dachte ich, denn sprechen konnte ich im Augenblick noch nicht.

Rudi dagegen fand seine Stimme sehr schnell wieder – als er sich nämlich einem hochbeinigen rotbraunen Königspudel gegenübersah, der sich von dem Dackelgepöbel jedoch nicht so leicht beeindrucken ließ wie gestern die Neufundländer-Hündin. Stattdessen ließ er ein bedrohliches Knurren hören, das Rudi zum Schweigen und Gwen zum Erblassen brachte. Erstaunlich. Ehe ich eine geeignete

Strategie entwickeln konnte, um dieses Hindernis aus dem Weg zu räumen, eilte eine Frau herbei, deren Haarfarbe exakt der Fellfarbe des Hundes entsprach, den sie mit knappen Worten zurechtwies.

»Ich bin Ainslee Ferguson«, stellte sie sich uns lächelnd vor und hielt Jules, wie der majestätische Pudel hieß, mit eisernem Griff am Halsband fest. »Ihr müsst Fanny und Gwen sein. Colleen hat schon Bescheid gegeben. Wie genau kann ich euch helfen?«

Gwen schilderte mit knappen Worten ihr Dilemma und zeigte Ainslee das ruinierte Kleid.

»Das ist wirklich ein Sakrileg«, stieß unsere Gastgeberin entsetzt hervor. Sie führte uns in einen Raum, der für mich wie die Schatzkammer von Ali Baba und den vierzig Räubern wirkte. In hohen Regalen stapelten sich die wundervollsten Stoffe, die man sich nur vorstellen konnte. Ich hatte in meinem Atelier auch einen großartigen Materialfundus gehabt, mit Schätzen aus aller Welt, Flohmarktfunden, Internet-Schnäppchen und Reisesouvenirs. Das alles war dem Brand zum Opfer gefallen.

»Wow, das ist der Wahnsinn«, hauchte ich ehrfurchtsvoll. »Das hast du sicher über Jahre hinweg zusammengesammelt, oder?«

»Ja, und ich konnte auch einige Sammlungen günstig aufkaufen.«

»Und welche Art von Stoffen stellt ihr selbst her?«

»Wollstoffe in den unterschiedlichen Qualitäten für Möbel, Heimtextilien, Mäntel, Schals und Kilts. Nichts, was für ein Tanzkleid geeignet wäre. Wenn du willst, kann ich euch die Webstühle zeigen.«

»Das wäre toll«, erwiderte ich enthusiastisch, doch Gwen grätschte dazwischen.

»Das wäre die totale Zeitverschwendung. Jede Sekunde zählt«, zeterte sie. »Wir wissen ja nicht mal, ob wir hier überhaupt fündig werden.«

Ich wechselte einen vielsagenden Blick mit Ainslee und zuckte mit den Schultern. Die Webstühle würden mir nicht davonlaufen, aber ein lukrativer Auftrag, der meine Reisekasse zwischendurch aufbesserte, konnte nicht schaden. »Wir werden bestimmt etwas finden«, entgegnete ich zuversichtlich, und auch Ainslee nickte. In Windeseile hatte sie zehn Ballen aus den Regalen gezogen, mit Stoffen in der passenden Qualität und der nötigen Menge. Leider war Gwen auf Blautöne fixiert, denn die Strümpfe und anderen Accessoires mussten auch zu dem neuen Kleid passen, und der einzige blaue Stoff war nicht kariert, sondern mit wunderschönen Schmetterlingen bedruckt.

»Das ist ja doof«, maulte Gwen.

»Ist es eine feste Regel, dass die Kleider kariert sein müssen, oder nur eine Tradition?«, wollte ich wissen.

»Weiß nicht.« Gwen klang wie ein bockiger Teenie, dabei entging mir jedoch nicht ihr sehnsüchtiger Blick. Sie hatte sich in den Stoff verliebt, so viel war sicher.

»Soweit ich weiß, ist es nur eine Tradition«, warf Ainslee ein.

»Dann spricht ja wohl nichts dagegen, ihn zu nehmen. Damit wirst du noch mehr herausstechen also ohnehin schon. Ein flatternder Schmetterling auf dem Tanzboden wird alle Blicke auf sich ziehen. Da können die Preisrichter gar nicht anders, als dir den ersten Preis zu verleihen«, schmeichelte ich ihr.

Gwen überlegte kurz und nickte dann. »Da ist was dran.« Schließlich hellten sich ihre Gesichtszüge wieder vollständig auf. »Wer auch immer mein Kleid zerstört hat, dem wird es noch leidtun.«

»Vermutlich«, murmelte Ainslee, behielt aber ein freundliches Pokerface bei. Das hatte sie besser drauf als ich, wie ich neidlos anerkennen musste.

»Dann werde ich das zerstörte Kleid als Vorlage nehmen und ein neues nähen«, schlug ich vor.

»Schaffst du das denn zeitlich bis Freitagvormittag?«, erkundigte sich Gwen besorgt.

»Wenn ich den Turbo zünde, sollte ich es bis morgen Abend fertig haben – vorausgesetzt, ich finde einen geeigneten Platz zum Arbeiten.«

»Du kannst bei uns im Atelier arbeiten, wenn du möchtest«, bot Ainslee an. »Wir haben Platz genug.«

»Das wäre ein Traum. Dann würde ich jetzt zurück zum Pub laufen und mit meiner Nähmaschine im Auto zurückkommen.« Auch wenn ich bis gestern noch voll im Urlaubsmodus gewesen war, freute ich mich jetzt unbändig darauf, ein paar Tage zu arbeiten.

»Und was ist mit mir?«, wollte Gwen wissen.

»Du wolltest doch trainieren.« Ich grinste sie an. »Und auf dem Weg in den Ort besprechen wir das Finanzielle.«

• • •

Der Tag ließ sich gut an. Schon am frühen Morgen lagen sieben wütende Kommentare unter meinem Blogartikel vor und einige sehr hämische, die offenbar aus den Nachbargemeinden stammten. Auch auf mehreren Social-Media-Seiten war der Artikel schon geteilt und heftig kommentiert worden. Kein schlechter Schnitt für einen höchstens mittelprächtigen Bericht.

Ich beschloss, mir ein paar Live-Stimmen zu gönnen, und machte mich gegen zehn auf ins Dorf, um mir in *Kristie's Old Bakery* ein zweites Frühstück zu gönnen. Oder ehrlich gesagt ein erstes, denn die Tasse Kaffee zählte nicht. In dem netten kleinen Bäckerei-Café war die erste große Welle schon abgeebbt, denn die braven und fleißigen Bürger von Kirkby frühstückten vor ihrer Arbeit, die gefühlt vor Sonnenaufgang begann. Um diese Zeit saßen vor allem Touristen an den Tischen, und Einheimische, die sich einen Vormittagssnack mit etwas Muße zum Quatschen gönnten.

»Guten Morgen. Zwei Käsescones und eine Kanne Breakfast-Tee«, orderte ich bei Ella, deren etwas rundlich-matronenhaftes Erscheinungsbild mit den grau melierten, kastanienbraunen kurzen Locken weder zu ihrem Namen noch zu ihrem Wesen passte. »Ist Kristie nicht da?«, erkundigte ich mich noch, ehe ich mich nach einem günstig gelegenen Tisch umsah, an dem ich alles mitbekam.

»Kristie ist mit den Vorbereitungen für den Tanzwettbewerb beschäftigt«, berichtete Ella. Dann beugte sie sich über den Verkaufstresen und raunte verschwörerisch: »Hast du den neuesten Artikel von diesem Schmierenschreiber schon gelesen?«

»Wenn du ›The King's Speech‹ meinst, dann hab ich ihn grob überflogen«, sagte ich betont desinteressiert.

»Kristie ist deswegen auf hundertachtzig. Und nicht nur sie«, sprach Ella weiter. »Ich finde, damit ist er endgültig einen Schritt zu weit gegangen.«

»Ich dachte, zwei Schritte zurück?« Ich musste mir mit aller Macht ein Grinsen verkneifen, doch bei Ellas verständnislosem Gesichtsausdruck erklärte ich: »Das war doch die Überschrift des Artikels.«

»Ach so, ja. Das macht es nicht besser«, knurrte sie empört. »Zu behaupten, dass die Highland Games ein Rückschritt sind, ist wirklich eine bodenlose Unverschämtheit. Das ganze Dorf fiebert doch mit und freut sich drauf. Ich sehe es wie Collum: dass es ein neuer Meilenstein für Kirkby ist.«

»Und warum ist Kristie so sauer?«

»Na, weil dieses Event doch eine Megawerbung für ihre Tanzschule ist. Wenn eine ihrer Schülerinnen eine gute Platzierung hinlegt, hilft das ihrem Renommee ganz enorm. Und dass dieser Schmierfink von ›Hupfdohlen‹ schreibt, hat sie echt erschüttert.« Ella schob mir das Tablett mit den beiden Scones, einem Schälchen Butter, einem mit Clotted Cream und zwei verschiedenen Marmeladen über den Tresen. »Den Tee bring ich dir gleich.«

Ich trug mein Frühstück zu einem Tisch mitten im Raum und nahm ein wenig nachdenklich Platz. Es tat mir leid, dass Kristie sauer und enttäuscht war. Das hatte ich nicht beabsichtigt – auch wenn ich ihre Besessenheit vom Highland Dancing nicht ganz nachvollziehen konnte. Ja, es war eine alte Tradition, und ich hatte nichts dagegen, dass die gepflegt wurden. Ganz im Gegenteil, Neues konnte nur dann entstehen, wenn man sich auf seine Wurzeln konzentrierte. Aber dass Kristie sich für diese alberne Show-Veranstaltung so engagierte, verstand ich nicht. Schließlich war ihr Hauptjob doch diese Bäckerei und …

Ich unterbrach abrupt meine eigenen Gedanken, denn ich näherte mich ganz dünnem Eis. Schließlich hatte ich mich selbst ziemlich weit von meinem Hauptjob entfernt und konnte noch nicht einmal behaupten, dass mich der Ersatz besonders begeisterte. Gott, wann war ich zum zynischen alten Sack mutiert?

Glücklicherweise wurde meine innere Selbstgeißelung gleich im Ansatz abgewürgt, als Bürgermeister Collum McDonald in die Bäckerei rauschte. »Ich nehme alle Schokocroissants, die noch da sind!«, rief er Ella zu, die gerade noch eine andere Kundin bediente.

»Es sind nur noch drei«, entgegnete sie bedauernd. »Was ist los?«

»Was los ist?«, schnaubte er. »Wir haben gleich ein Treffen mit zwei Mitarbeitern vom schottischen Fremdenverkehrsamt, wegen der Highland Games, und ich werde mit Presseanfragen bombardiert, ob ich ein Statement zu dem bösartigen Blogartikel abgeben möchte und ob an den haltlosen Unterstellungen etwas dran ist. Außerdem haben zwei Athleten plötzlich Bedenken, ob es gut für ihr Image ist, wenn sie bei unserem Event starten.«

»Und wie können da Schokocroissants helfen?« Ich beglückwünschte Ella innerlich zu dieser Frage, denn ich konnte da ebenfalls keinen Zusammenhang sehen.

»Nervennahrung für meine Mitarbeiterinnen und mich. Oh, ich schwöre dir, falls ich diesen Typen in die Finger bekomme, dann kann er was erleben.« Collums Augen funkelten wütend.

Derart aufgebracht hatte ich unseren smarten Bürgermeister noch nie erlebt. Da hatte ich wohl wirklich einen Nerv getroffen.

»Hast du denn eine Ahnung, wer hinter dem Blog stecken könnte?«, fragte Ella. »Ich wüsste nämlich noch ein paar Leute mehr, die ihm gern die Meinung geigen würden.«

»Nein, leider nicht. Aber ich finde es heraus, darauf kannst du dich verlassen. Ich gehe davon aus, dass es jemand aus der Gegend ist. Womöglich sogar ein Bürger von Kirkby – und irgendwann wird er einen Fehler machen, und dann hab ich ihn.« Collum nahm die Tüte mit seinen Gebäckstücken entgegen und bezahlte.

»Vielleicht kann man jetzt schon Anzeige wegen Verleumdung erstatten«, schlug Ella vor. »Die Polizei könnte herausfinden, wer den Blog betreibt.«

Collum schüttelte den Kopf. »Ich hab schon unsere IT-Leute darauf angesetzt, aber dieser Typ – falls es ein Mann ist – hat es ziemlich geschickt eingefädelt. Wir konnten nicht einmal feststellen, wo die Seite gehostet wird, geschweige denn wer dahintersteckt.«

Ich blätterte geräuschvoll meine Zeitung um, um den Anschein aufmerksamen Lesens zu erzeugen, auch wenn vermutlich niemand auf mich achtete. Das war ja interessant, dass Collum schon einigen Aufwand betrieben hatte, um mir auf die Schliche zu kommen.

»Vielleicht operiert er aus dem Darknet?«, spekulierte Ella mit vor Aufregung geröteten Wangen.

»Was weißt du denn vom Darknet?« Collum war verblüfft.

»Entschuldige mal, ich mag zwar alt sein, aber ich lebe nicht unter einem Stein«, empörte sich Ella.

»Du bist doch nicht alt«, beschwichtigte Collum. »Aber mit dem Darknet könntest du recht haben. Womöglich hat unser werter Autor noch andere Leichen im Keller und hat weit Schlimmeres vor, als uns durch den Kakao zu ziehen?«

Du hast ja keine Ahnung, dachte ich und raschelte erneut mit der Zeitung. »Ich würde mir nicht zu viele Gedanken machen«, warf ich ein. »Vermutlich ist das nur ein frustrierter Spinner, der seine schlechte Laune nicht anders kanalisieren kann.« Das war die schlichte Wahrheit, doch damit konnte man ja bekanntlich nicht allzu viel erreichen.

Collum warf mir einen abschätzenden Blick zu, so als hätte er mich gerade zum ersten Mal wahrgenommen. »Selbst wenn das stimmt, macht es die Sache nicht besser. Der Typ soll seine miese Laune anderweitig ausleben. Ich werde mir das jedenfalls nicht länger bieten lassen.« Er nickte mir kurz zu und wandte sich dann wieder an Ella. »Ich muss jetzt zurück ins Rathaus. Halt die Ohren offen, falls die Leute reden, ja?«

»Mach ich«, versprach Ella und sah dann zu mir. »Ist was?«

»Mein Tee wäre schön. Falls es nicht zu viel Mühe macht«, erinnerte ich sie mit sanfter Ironie, die sie jedoch offenbar nicht recht zu würdigen wusste.

»Natürlich, Mylord, kommt sofort«, erwiderte sie mit hochgezogener Braue und reichlich unangemessenem Sarkasmus in der Stimme.

»Ich bin kein …«, begann ich.

»Da wär' ich nie drauf gekommen«, schnappte sie, drehte sich um und machte sich endlich an meinem Tee zu schaffen.

Ich seufzte. Offenbar hatte ich meine Rolle inzwischen besser verinnerlicht als geplant. Doch ehe ich mich in ungesunder Selbstzerfleischung ergehen konnte, wurde ich von der nächsten Kundin abgelenkt. Die bunte Kleiderfrau von gestern betrat mit ihrem Dackel die Bäckerei, und diese impertinente Töle hatte nichts Besseres zu tun, als einen übergewichtigen blonden Labrador anzublaffen, der seine ebenfalls etwas rundlichen Besitzer am Tisch neben mir hypnotisierte.

»Klappe, Rudi!« Die Frau trug heute wieder ein Trachtenkleid, diesmal aus einem schimmernden flaschengrünen Stoff, der mit kleinen weißen Blüten bestickt war. Unterm Mieder hatte sie ein weißes Herrenhemd mit Manschetten an, die aus den Ärmeln des knallpinken Trenchcoats herausspitzten. Der wiederum bildete einen merkwürdigen Kontrast zu ihren langen rotblonden Haaren, die sie zu einer Gretelfrisur geflochten hatte. Es war eine bizarre Kombination, die aber auf seltsame Weise funktionierte. Trotzdem fühlte ich mich von der Frau unangenehm provoziert. Musste wohl an ihrem nervigen Köter liegen, der jetzt von dem Labrador abgelassen hatte und stattdessen unter meinem Tisch nach Krümeln suchte, wobei er rustikal mein Bein wegrempelte.

»He!«, knurrte ich Frau und Hund gleichermaßen an.

»Tut mir leid.« Sie warf mir ein entschuldigendes Lächeln zu und zerrte ihren Hund von meinem Tisch weg. »Er ist leider etwas ungezogen und sehr verfressen.«

»Dann wäre es wohl Ihre Aufgabe, an Ersterem etwas zu ändern, oder?«, entfuhr es mir schärfer als beabsichtigt, doch sie ließ sich nicht einschüchtern.

»Sie hatten noch nie einen Dackel, was?«, konterte sie.

»Nein, aber was tut das zur Sache?«

Sie winkte ab. »Vergessen Sie's.« Dann ging sie mit ihrer grummelnden Zwergbestie zum Verkaufstresen.

»Herzlich willkommen in *Kristie's Old Bakery*«, begrüßte Ella die bunte Frau freundlich. »Ich bin Ella, wie kann ich helfen?«

»Ich bin Fanny«, stellte sie sich vor und ließ ihren Blick über die üppig gefüllten Vitrinen schweifen. »Ich bin gestern im Pub abgestiegen und habe zum Tee und heute zum Frühstück schon einiges von eurem sagenhaften Gebäck probiert. Jetzt bin ich auf dem Weg in die Weberei und möchte den Mädels ein paar Leckereien mitbringen, als Dank dafür, dass sie mich in ihrem Atelier arbeiten lassen.«

Ich sah hinter meiner Zeitung auf, in der ich ehrlich gesagt noch kein einziges Wort gelesen hatte. Zwei interessante Dinge hatte ich erfahren: Die Kleiderfrau hieß Fanny, und sie wollte in der Weberei arbeiten. Doch warum zur Hölle? War sie nicht eine normale Touristin, die für die Highland Games hier in Kirkby war und das übliche Ferienprogramm abspulen sollte?

»Na da kann ich auf jeden Fall helfen«, entgegnete Ella fröhlich. »Vielleicht eine Box mit Shortbread? Wir haben heute Morgen eine Ladung mit dem eingestempelten Logo von unseren Highland Games gebacken.«

Ich versteckte mein Augenrollen hinter der Zeitung. Wen interessierten geprägte Kekse? Und warum fragte Ella nicht neugierig nach?

»Toll. Und so passend.« Fanny nickte zufrieden. »Die Highland Games sind nämlich genau der Grund, warum ich einen Arbeitsplatz brauche. Ich habe einer Tänzerin angeboten, ihr ein neues Kostüm zu nähen, weil jemand ihres mutwillig zerstört hat.«

Ach, jetzt wurde es interessant. Von dem Drama hatte ich gestern im Pub natürlich einiges mitbekommen, nicht aber, dass diese Fanny die Retterin in der Not geben wollte.

»Ja, das hat mir Kristie heute früh erzählt. Sie war ziemlich erschüttert, dass jemand einen Sabotage-Akt gegen Gwen verübt hat.« Ella winkte Fanny näher zu sich heran, doch ich saß nahe genug, dass ich ihre nächsten Worte trotzdem hören konnte. »Ich könnte mir denken, dass es derselbe Typ war, der auch den fiesen Artikel über unser Event geschrieben hat.«

Was? Ich räusperte mich. Zu viel Fantasie war für manche Leute echt schädlich.

»Welcher Artikel?« Fanny war völlig ahnungslos.

»Es gibt einen Blog, ›The King's Speech‹ heißt er, und der Autor nimmt seit Monaten die Highlands aufs Korn. Oft sind es ganz witzige Artikel, aber jetzt hat er sich unsere Highland Games vorgenommen – auf unverschämteste Art und Weise, und da hört für mich der Spaß auf. Ich kann mir gut vorstellen, dass er auch nicht davor zurückschreckt, die Favoritin der Tanzwettbewerbe zu sabotieren, nur um dann einen weiteren fiesen Bericht abzusetzen.« Sie schnaubte empört. »Auch wenn diese Gwen nicht so schrecklich beliebt sein soll, finde ich es gut, dass du ihr hilfst.« Sie strahlte Fanny mit einem zufriedenen Lächeln an. »Bist du Schneiderin oder so?«

»Ja, bin ich. Ich habe mich vor vielen Jahren auf traditionelle bayerische Dirndl spezialisiert.« Sie deutete auf ihr eigenes Kleid. »Und weil die vom Prinzip her ganz ähnlich sind wie die Tanzkostüme, ist es keine große Sache für mich. Ainslee hat Gwen einen tollen Stoff verkauft und mir netterweise einen Platz in ihrem Atelier angeboten.«

»Wow, das ist richtig cool. Das mag ich an unserem Dorf so sehr – der Zusammenhalt ist einfach großartig. Und dass du als Besucherin mit einspringst, ist der Hammer! Du hast doch bestimmt andere Pläne gehabt, als in deinem Urlaub zu arbeiten, oder? Dein Kleid ist übrigens wunderschön.« Ella war nun regelrecht enthusiastisch.

Was das Kleid betraf, musste ich ihr recht geben. Es war ein mehr als ungewöhnliches Outfit, aber Fanny konnte es eindeutig tragen.

»Danke.« Sie freute sich über das Kompliment. »Ein richtiger Urlaub ist es nicht. Eher eine Auszeit von unbestimmter Länge. Ich wollte schon lange mal durch Schottland reisen und irgendwo vielleicht sogar länger Zeit verbringen, da schadet es nicht, zwischendurch ein bisschen Geld zu verdienen.« Sie winkte ab, als sei das keine große Sache. »Ist eine lange Geschichte.« Sie bezahlte das Shortbread, verabschiedete sich und rauschte aus dem Café, ohne mich eines weiteren Blickes zu würdigen. Irgendwie schade.

Ich verbrachte noch ein knappes Stündchen im Café und lauschte den diversen Schmähreden über meinen Blogbeitrag, der die Gemüter reichlich erhitzte, bis mein Handy klingelte. Als ich die Nummer sah, schlug mein Herz plötzlich schneller. Leider nicht auf die gute Art, sondern eher ungesund. Es war unmöglich, den Anruf hier vor Zeugen entgegenzunehmen, Ignorieren ging allerdings auch nicht. Also meldete ich mich brüsk und kündigte, ohne mir erst das Anliegen anzuhören, meinen Rückruf in wenigen Minuten an.

»Manieren, Mylord, Manieren«, kommentierte Ella mein Telefonverhalten und schüttelte wie eine enttäuschte Gouvernante den Kopf.

Ich sparte mir eine Replik und hastete nach Hause.

»Bitte sag, dass ich endlich mit diesem Versteckspiel aufhören kann«, rief ich ins Telefon, sobald ich Matteo wieder am Apparat hatte. »Ich habe es so satt. Ich sterbe vor Langeweile hier in diesem Kaff, in dem ich nichts tun kann, was mir Spaß macht«, beklagte ich mich weiter.

»An Langeweile stirbt man nicht, an Kugeln schon«, entgegnete Matteo jedoch gnadenlos. »Und nein, du kannst nicht damit aufhören. Ich würde vorschlagen, dass du dich endlich mit der Situation abfindest. Du kannst froh sein, dass du noch lebst und sie dich bis heute nicht erwischt haben. Aber das bedeutet nicht, dass es so bleibt. Also halt den Ball flach und such dir eine Beschäftigung, die dich besser ausfüllt als dieser alberne Blog.«

»Das, was ich wirklich schreiben will, darf ich nicht«, presste ich knurrend hervor. Ich hatte geahnt, dass Matteo keine bessere Nachricht für mich haben würde, aber ich hatte es trotzdem gehofft.

»Dann schreib doch endlich den Roman, von dem du seit Jahren redest, Giorgio«, tönte er aus dem Telefon, und ich hörte seiner Stimme an, dass er mit aller Macht seine Ungeduld zu unterdrücken versuchte.

»Ja, und dann? Stell dir vor, es wird ein Bestseller und ich stehe plötzlich wieder im Fokus der Öffentlichkeit. Willst du das?«

»Schreib erst mal die Geschichte. Über die anderen Dinge machen wir uns Gedanken, wenn sie relevant werden.«

Matteo atmete forciert aus, konnte seinen Ärger über mich aber nicht länger unterdrücken. »Ich glaube, du weißt gar nicht, in was für einer privilegierten Situation du dich befindest. Du bist in Sicherheit und finanziell unabhängig. Du könntest ein ganz neues Leben anfangen – worum dich etliche Kollegen glühend beneiden. Aber stattdessen …« Er ließ den halb angefangenen Satz in der Luft hängen, doch es war auch nicht nötig, ihn zu Ende zu führen. Ich wusste ja, was er sagen wollte. Ich wusste auch, dass es stimmte, aber leider änderte das nichts an meinem Frust über die Gesamtsituation. Auch wenn nichts und niemand und am wenigsten ich selbst etwas daran ändern konnte.

»Du hast ja recht«, lenkte ich schließlich ein. Weniger um ihn zu bestätigen, als um ihn aus der Leitung zu kegeln, damit ich wieder in Ruhe in meinem Selbstmitleid versinken konnte. »Ich denke über den Roman nach«, versprach ich noch und beendete dann das Gespräch.

RUDIS GESPÜR FÜR UNGEHEUER

MEIN ERSTER RICHTIGER URLAUBSTAG in Kirkby startete mit derart tief hängenden dunkelgrauen Wolken, dass man ihn kaum Tag nennen konnte, so düster war es. Im Gegensatz zu gestern, wo sich der schottische Sommer von seiner besten Seite gezeigt hatte, mit reichlich Sonne und Schäfchenwolken am sonst blauen Himmel. Davon hatte ich nur nichts gehabt, weil ich wie eine Irre das Kleid von Gwen hatte nähen müssen. Nein, hatte nähen dürfen! Es hatte nämlich großen Spaß gemacht, bei Ainslee und ihrer Geschäftspartnerin Harriet zu arbeiten.

Hier war, wenn nötig, immer eine Extra-Hand zu haben, und finanziell gelohnt hatte sich die Mühe auch. Gwen war absolut hingerissen gewesen, als sie ihr Kleid gestern Abend anprobiert hatte, und wollte nach dem Wettbewerb noch über zwei weitere Kostüme mit mir reden. Den blauen Schmetterlingstraum hatte sie jedenfalls direkt und in bar bezahlt. Genau wie den Stoff. Das fand ich erstaunlich, denn die jungen Leute hatten doch kaum noch Bargeld bei sich. Mein Sohn Louis empfand es ja schon als Zumutung, eine Karte »mit sich herumzuschleppen«, und zahlte am liebsten mit seiner Handy-App. Aber gut, ich wollte mich sicher nicht beklagen.

Zwei weitere Aufträge hatten sich ebenfalls schon ergeben. Die sehr nette und sehr bürgerliche Schlossherrin Heather Stewart hatte mich um ein Kleid gebeten. Ein schottisches Dirndl genauer gesagt, mit dem schönen Familienmuster, das ihre Vorzüge genau so in Szene setzte, wie es meine

Kleider taten. Ihre Tochter wünschte sich einen Trenchcoat aus einem leichten Wollstoff mit dem Familientartan. Eine Idee, die ich so cool fand, dass ich mir ebenfalls einen Mantel nähen wollte. Doch das hatte alles Zeit, bis ich wiederkam. Ab Montag war mein Pub-Zimmer nämlich anderweitig vermietet, und ich hatte erst in ein paar Wochen wieder die Chance auf eine Unterkunft in Kirkby. Glücklicherweise hatten Heather und ihre Tochter keine Eile. Morgen startete das dreitägige Highland-Games-Spektakel, doch heute wollte ich endlich mal einen großen Punkt auf meiner »Must see«-Liste abarbeiten und mich auf die Suche nach Nessie, dem Ungeheuer von Loch Ness, begeben. Ich hatte gestern online eine Schiffstour für neun Uhr gebucht.

»Ich dachte, du schläfst heute mal aus«, sagte Jon zur Begrüßung, als ich mit Rudi um halb acht den Gastraum betrat, um zu frühstücken. »Aber heute bist du ja noch früher dran als die letzten Tage.« Er hatte gestern mitbekommen, dass Gwens Kleid fertig war.

»Rudi und ich haben die frühestmögliche Loch-Ness-Tour gebucht«, erklärte ich ihm grinsend. »Damit das Ungeheuer noch nicht übersättigt ist von den vielen Touristen.«

Jon lachte. »Verstehe. Aber bei dem Wetter …« Er sah vielsagend durchs Fenster.

»Ich schätze, Nessie ist das Wetter egal.«

»Damit könntest du recht haben. Und du hast sogar das passende Outfit an.« Er musterte mich und deutete auf meine knallroten, knöchelhohen Gummistiefel. »Ich frag mich, wie du das alles in deinem kleinen Auto unterbringst.«

»So winzig ist der Mini gar nicht, und so viele Sachen habe ich auch nicht dabei. Außerdem habe ich gelesen, dass Gummistiefel zur Basisausstattung für einen Schottland-Besuch gehören.« Ich linste nun ebenfalls zum Fenster.

»Absolut richtig. Übrigens, unter uns: Ich habe noch nie eine Tour auf dem Loch Ness gemacht.«

»Machen vermutlich nur Touristen, was?« Ich zuckte mit den Schultern. Mir war's egal, ob er mich für durchgeknallt hielt.

»Gar nicht. Es gibt viele Leute in der Gegend, die schwören Stein und Bein darauf, dass Nessie wirklich existiert. Ich selbst habe noch keine abschließende Meinung dazu, auch wenn ich einmal sogar schon eine Sichtung hatte. Allerdings stellte sich da recht schnell heraus, dass es kein Ungeheuer, sondern ein Alpaka in Seenot war. Polly hat es todesmutig herausgezogen, und jetzt lebt es in der Alpakaherde der Destillerie.«

»Echt? Das ist ja cool. Die Destillerie steht auch noch auf meinem Besichtigungsplan, da kann ich mir die Alpakas anschauen.«

»Man kann sogar Wanderungen mit ihnen machen. Die kommen bei den Besuchern auch sehr gut an.«

»Mal sehen. Vermutlich passt das Rudi wieder nicht in den Kram. Er ist ja etwas eigen.« Ich seufzte.

»Aber mit Polly hat er sich doch inzwischen angefreundet.«

Als Anfreunden hätte ich den Nichtangriffspakt nicht bezeichnet, der zwischen der stattlichen Neufundländer-Dame und meinem Giftzwerg herrschte. Aber immerhin konnten wir mittlerweile den Gastraum betreten, ohne dass Rudi der Hündin lautstark die Meinung geigte und sie sich mit entsetzten Quietschern hinterm Tresen verschanzte. Kleine Fortschritte. Aber Alpakas? Doch das war ein Problem für einen anderen Zeitpunkt. Heute stand ein Seeungeheuer auf dem Programm, das je nach Sichtweise ein prähistorischer Wassersaurier war oder eine Legende, die Touristen ins schottische Hochland locken sollte.

»Für so ein Abenteuer braucht man aber eine gute Unterlage«, sprach Jon weiter und bezog sich offensichtlich wieder auf meine Monster-Expedition. »Nessie begegnet man am besten mit einem Full Scottish Breakfast im Magen. Darf ich dir das servieren?«

Ich zögerte. Ich aß wirklich gern und – wenn man der Jeans Glauben schenken durfte, die ich heute wetterbedingt ausnahmsweise trug – auch gerne reichlich. Aber gebratene Würstchen, Blutwurst und Bohnen schon am frühen Morgen? Ich gehörte eher der Scones-Marmelade-Fraktion an. Andererseits musste man gelegentlich auch mal über seinen Schatten springen. »Hm«, brummte ich unschlüssig.

»Na komm schon. Ich verspreche, du wirst es nicht bereuen.« Jon wartete meine Antwort nicht ab, sondern verschwand sofort wieder in der Küche.

Was ich an diesem Pub ganz besonders mochte, war die Tatsache, dass es kein Buffet gab, sondern alles individuell zubereitet und serviert wurde. Das war zwar zweifellos mehr Arbeit für die Küchen- und Servicecrew, aber es war erheblich nachhaltiger und sparte Müll und Rohstoffe. Wenn man sich in anderen Hotels zur Frühstückszeit mal umschaute, wusste man, dass das Konzept Buffet eigentlich nicht mehr zeitgemäß war. Die Leute schaufelten sich grundsätzlich zu viel auf ihre Teller und ließen dann die Hälfte stehen. Entweder weil sie satt waren oder weil sie noch etwas anderes probieren wollten. Und damit das Buffet immer appetitlich wirkte, wurde ständig nachgeladen. Was für eine Verschwendung von Lebensmitteln – und von Qualität, was die logische Konsequenz war.

Hier dagegen wurde alles frisch gekocht oder gebacken und war einfach himmlisch köstlich. Das war eine gute Nachricht für die Gäste und die Umwelt – und eine ganz schlechte für meine Taille. Sicherheitshalber öffnete ich schon meinen Hosenknopf.

Das Full Scottish Breakfast à la *The Wise Pelican* stellte sich Minuten später als hübsch arrangierter Teller heraus, auf dem die Delikatessen in mundgerechten Happen präsentiert wurden. Das sah erfreulich übersichtlich aus.

»Das ist unser Probierteller«, kündigte Jon das Arrangement an. »Du kannst jederzeit nachordern. Den Porridge bringe ich gleich zusammen mit deinem Kaffee.«

Rudi schnupperte verzückt. Derartige Aromen war er von meinem Frühstücksteller sonst nicht gewohnt, aber die »Black Pudding« genannte Blutwurst, die gebratenen Würstchen und Pilze versetzten ihn in Ekstase.

»Nichts da«, sagte ich zu ihm, schüttelte ihn von meinem Bein und trat dann auf die Leine, damit er weitere Klettersuche unterließ. Todesmutig schnitt ich ein Eckchen von der Blutwurst ab und steckte sie mir in den Mund. Gar nicht so übel. Bis Jon mit meinem Kaffee und dem angekündigten Schälchen Porridge kam, hatte ich die Hälfte meines Frühstücks verputzt – untermalt von frustriertem Gegrummel unterm Tisch.

»Nicht schlecht, was?« Jon lächelte zufrieden und zog zwei der Hunde-Wunderkekse aus der Hosentasche, um Rudi zu besänftigen.

»Überhaupt nicht«, gab ich zu. »Aber jeden Morgen brauch ich das trotzdem nicht.«

»Wir werden sehen, du kennst meinen Ehrgeiz und meine Beharrlichkeit noch nicht. Aber jetzt weiterhin guten Appetit, und gib Bescheid, wenn du einen Nachschlag haben möchtest.«

Es war so lecker, dass ich theoretisch von allem eine zweite Portion hätte haben wollen, doch die Vernunft – und mein

Hosenbund – gewann die Oberhand. Nachdem ich auch noch den Porridge verdrückt hatte, der mit reichlich Sahne, Honig und Früchten zubereitet war, fühlte ich mich angenehm satt und schon fast wieder ein wenig schläfrig. Ein Nickerchen im warmen Bett schien mir plötzlich eine verheißungsvollere Option zu sein als eine Ausflugsfahrt auf einem düsteren See. Doch ich gab mir einen Ruck. Ich würde das jetzt durchziehen.

Glücklicherweise hatte ich meine Jacke und meine Handtasche schon zum Frühstück mit runtergenommen, denn ein Umweg übers Zimmer hätte meine Entschlossenheit womöglich wieder zunichtegemacht. Also schlüpfte ich in meinen schweren, gewachsten Barbour-Parka, zog mir die Kapuze über den Kopf und ging mit Rudi zum Auto. Es regnete im Moment zwar nicht, aber trocken war es auch nicht. Irgendwie fühlte sich die Luft schon nass an. Nass und kalt und ungemütlich. Aber trotzdem auf morbide Art wunderschön. Ich hätte mich jedenfalls nicht gewundert, wenn hinter einem Baum oder aus dem kleinen Bach plötzlich Waldgeister und Wassernymphen aufgestiegen wären. Doch der Anblick der stoisch Gras mampfenden Highland-Rinder und Schafe brachten meine Fantasie wieder auf den Boden der Tatsachen zurück. Feen, die zwischen Nutzvieh tanzten? Eher nicht. Auf der kurzen Fahrt nach Drumnadrochit wurde es noch düsterer, und in einer Senke hing reichlich Nebel. Irgendwie gruselig.

Ich parkte meinen Wagen vor dem Nessie-Erlebniscenter, um mein bestelltes Ticket abzuholen. Außer mir und Rudi waren nur sieben weitere Gestalten angerückt, darunter ein junges asiatisches Pärchen, das kichernd vor der Nessie-Skulptur auf dem Parkplatz posierte und sich gegenseitig fotografierte. Vielleicht sollte ich auch lieber ein Selfie mit dem Plastik-Ungeheuer machen, statt die nächsten zwei Stunden über den See zu schippern? Der See – oder vielmehr der Loch – sah nämlich nicht sehr einladend aus, sondern irgendwie unheilschwanger. Die Wolken hingen so tief, dass man die Konturen der umliegenden Berge gar nicht genau erkennen konnte. Berge, die nicht besonders hoch waren – zumindest verglichen mit den Alpen. Die Wolken vermischten sich mit Nebelschwaden, die das gruselige Gesamtbild noch verstärkten. Rudi war ebenfalls keine Hilfe. Er knurrte das asiatische Pärchen an und hob dann das Bein an der Skulptur. Klare Aussage dazu, was er von dem Ausflug hielt.

Sollten wir vielleicht einfach zurückfahren und einen gemütlichen Vormittag im Pub verbringen? Mit einem Buch vor dem knisternden Feuer in der gemütlichen Kaminecke? Denn ganz im Ernst, das Ungeheuer gab es nicht! Und bei dem Mistwetter konnte ich noch nicht mal lustige Fotos für meine Lieben schießen, die sich mutmaßlich ohnehin nicht besonders dafür interessierten. Wie für meine gesamte Reise. Ich war drauf und dran, meinen Dackel zu schnappen und zurück zum Auto zu marschieren, als unser Guide auftauchte. Im Kilt! Mit einem knallgelben Friesennerz darüber und einem verschmitzten Grinsen im Gesicht.

»Bereit für ein Abenteuer?«, fragte er. Zumindest glaubte ich das, denn sein Dialekt war mehr als breit. »Ich bin Jamie«, fuhr er fort – und spätestens da hatte er mich und die Asiatin, die einen verliebten Seufzer ausstieß. »Und wir haben das absolut perfekte Wetter für eine Sichtung. Folgt mir jetzt bitte aufs Schiff.«

Wir trotteten zum Schiffsanleger, an dem ein mittelgroßes Motorboot auf uns wartete – glücklicherweise mit einer überdachten Fahrgastkabine und großen Panoramascheiben. Offensichtlich war man hier auf Schlechtwetterforscher bestens eingestellt. Aber als ich es mir mit Rudi bequem machen wollte, beklagte sich eine ältere Frau bei Jamie. Die Frau war von Kopf bis Fuß derart mausgrau, dass sie mir gar nicht aufgefallen war. Jetzt bebte ihre Stimme jedoch vor Erregung, während sie mit lauten Worten ihr Problem schilderte. Beziehungsweise in seine Richtung gestikulierte. Ihr Problem hieß nämlich Rudi. Offenbar war sie hochgradig allergisch gegen Tierhaare und befürchtete in der vergleichsweise kuschelig engen und gut geheizten Kabine einen anaphylaktischen Schock, wenn mein Vierbeiner in ihrer Nähe war.

Jamie versuchte es mit allen möglichen Beschwichtigungsmitteln. Bot ihr und ihrem ähnlich mausgrauen Begleiter Ersatztickets für einen anderen Termin an und versuchte, ihr das Außendeck schmackhaft zu machen. Doch sie wollte von alldem nichts wissen, sondern beharrte auf ihren Rechten als beeinträchtigte Person. Oder so ähnlich, ganz genau verstand ich es nicht, denn Rudi fühlte sich augenscheinlich gekränkt und am Ausleben seiner hündischen Natur gehindert, was das unwillkürliche Abwerfen von Haaren einschloss. Er protestierte lautstark.

»Na schön, dann gehen halt wir und machen bei einer der nächsten Touren mit«, sagte ich resigniert und dachte erneut an das verheißungsvolle Feuer im Pub-Kamin. So wichtig war mir das Ungeheuer dann auch wieder nicht. Also beide: das mythische, das sich nie blicken ließ, und das keifende, das mir böse Blicke aus mausgrauen Augen zuwarf.

»Das wäre aber ausgesprochen schade«, entgegnete Jamie mit tiefer, rauer Stimme. Ich wettete mit mir selbst, dass er in Wirklichkeit gar nicht Jamie hieß, sondern vermutlich Kevin oder so, und sich den Namen des heißesten Highlanders der Geschichte als werbewirksames Pseudonym zugelegt hatte. Doch egal, es wirkte.

»Stimmt, aber wir wollen doch keinen allergischen Schock bei der Dame und Trommelfellverletzungen beim Rest von uns provozieren«, entgegnete ich über das zweistimmige Getöse von Rudi und der Mausgrauen hinweg.

»Du könntest zu mir an Deck kommen«, schlug Jamie vor. »Da ist die Sicht ohnehin besser.«

»Hm, aber es ist auch viel kälter und nasser«, gab ich zu bedenken.

Jamies Antwort wurde von einer weiteren Lärmquelle übertönt: Der Kapitän hatte Fakten geschaffen und den Motor angeworfen. Ehe ich noch protestieren und von Bord gehen konnte, nahmen wir bereits Fahrt auf und tuckerten auf den See hinaus. Also blieb mir gar nichts anderes übrig, als mit Rudi die warme Kabine zu verlassen und aufs Deck zu wechseln, wo zu der feuchten Kälte des Morgens nun auch noch eisiger Fahrtwind dazukam.

Nun, ich war nicht aus Zucker und beschloss, mir nichts anmerken zu lassen. Der Wind zerrte an meiner Kapuze und an Jamies Kilt. Kurz flogen die schweren Wollstoff-Falten ein bisschen hoch. Nicht allzu weit, aber immerhin so, dass ich ein Stückchen nackte Männerschenkel zu Gesicht bekam. Ich war mir eigentlich sicher gewesen, dass er unter dem Kilt und den betont hochgezogenen Wollstrümpfen eine lange Unterhose anhatte, doch offenbar war der Kerl hart im Nehmen und Traditionalist. Wobei, ob sein Sinn für ausgelebte Tradition, sprich: gut gelüftete und frei schwingende Kronjuwelen, tatsächlich voll ausgeprägt war, konnte ich natürlich nicht beurteilen. Das durfte aber auch gerne so bleiben, denn schließlich war ich wegen des Monsters hier und nicht …

Mit aller Gewalt fing ich meine abschweifenden Gedanken wieder ein und ließ meinen Blick stattdessen über die bleigraue Wasseroberfläche gleiten. So düster, wie dieser See heute aussah, konnte man sich problemlos vorstellen, dass gleich ein hungriger Wassersaurier seinen Kopf neben dem Schiff hochrecken und nach einem Snack Ausschau halten würde. Sicherheitshalber fasste ich Rudis Leine kürzer. Dem Dackel schien der Ausflug jedoch weit mehr Spaß zu machen als mir. Er hatte sein Gekläffe eingestellt und stand nun mit zuckender Schnauze witternd im Wind. Solche Düfte kannte er von der Isar nicht.

Wir erfuhren, dass der Loch Ness zwar flächenmäßig nur der zweitgrößte See Schottlands war – nach dem Loch Lomond –, aufgrund seiner enormen Tiefe aber der mit Abstand wasserreichste. Weil er so tief war – an einigen Stellen bis zu zweihundertdreißig Meter –, galt er als ideales Terrain für Nessie und ihre Anverwandten, denn zumindest laut Jamie machte das Urzeitmonster nur Sinn, wenn es in einem Familienverband existierte. Wir nahmen Kurs auf die Burgruine Urquhart Castle, die sehr nah am Ufer lag. Auf dem zugehörigen Gelände konnten wir zahllose farbenfrohe Regenjackenträger erkennen, die dem schottischen Mistwetter eine gehörige Portion Trotz entgegenstellten und auf die Sehenswürdigkeit nicht verzichten wollten. Es hatte nämlich wieder zu regnen angefangen. Also so richtig, mit geöffneten Himmelsschleusen. Es fühlte sich an wie die legendäre Ice-Bucket-Challenge, nur dass der Eimer Eiswasser da nach einer Sekunde Geschichte war, während es hier anhaltend schüttete.

Jamie blieb stoisch und plauderte, unbeeindruckt von der Witterung, in sein Mikrofon. Zweifellos versorgte er die Gäste in der Kabine mit launigen Anekdoten, von denen ich wegen des Regengetöses nichts mitbekam, obwohl er nur höchstens einen Meter von mir entfernt stand. Ich hätte gern ein bisschen gejammert und einer wohlmeinenden Seele mein Leid geklagt, doch da war wohl nichts zu machen. Also biss ich meine klappernden Zähne aufeinander und beglückwünschte mich zu meiner Entscheidung, heute auf ein Kleid zu verzichten und eine Jeans anzuziehen. Die war zwar ab Oberschenkelmitte abwärts auch völlig durchnässt, doch ein Kleid wäre ruiniert gewesen.

Weil ich ohnehin nichts von dem verstand, was Jamie erzählte, ging ich auf das hintere Deck. Da war es sogar etwas windgeschützt, und ich wurde nur nass und nicht auch noch durchgepustet. Rudi kriegte sich gar nicht mehr ein, er schnupperte, was das Zeug hielt. Duftete das Seemonster am Ende so verheißungsvoll wie eine läufige Hündin? Falls ja, wäre das vielleicht ein vielversprechendes Geschäftsmodell. Andere Menschen hatten Trüffelhunde, ich einen Ungeheuer-Spürhund.

Bei diesem absurden Gedanken musste ich über mich selbst lachen. Offensichtlich hatte sich mein Verstand beim ersten Schwall Regen endgültig verabschiedet. Plötzlich zog Rudi wie ein Irrer an der Leine und bellte, was die Hundelungen hergaben. Hatte er wirklich einen siebten Sinn für Nessie? Ich schlidderte hinter ihm zur Reling und blickte aufs Wasser. Da war tatsächlich etwas. Es sah jedoch nicht wie ein Seeungeheuer aus, sondern …

Oh mein Gott! Mir entfuhr ein Schrei, als ich lange blonde Haare erkannte und eine sehr weiße Hand. Die Leine glitt mir aus der Hand, doch das war mir egal. Entsetzt stolperte ich wieder nach vorne und brüllte Jamie an: »Da schwimmt eine Wasserleiche!«

• • •

Was hatte Matteo gesagt? Ich möge mir ein echtes neues Leben aufbauen und endlich den Roman schreiben, den ich im Sinn hatte? Das war sicher nett gemeint, aber einfach nicht das, wofür ich wirklich brannte. Ich hatte ja bereits ein Buch geschrieben. Keinen Roman, sondern einen schockierenden Tatsachenbericht über die Machenschaften der sizilianischen Mafia, der sich seit Jahren verkaufte wie geschnitten Brot und mir einen netten Verdienst sicherte. Und blöderweise auch meine aktuelle Lage verursacht hatte. Denn leider war trotz aller Vorsichtsmaßnahmen herausgekommen, wer hinter dem Pseudonym Lorenzo Russo steckte – und ich war einem unschönen Tod vor zwei Jahren nur um Haaresbreite entgangen. Seitdem lebte ich in diesem schottischen Kaff, unter einem Namen, der mit dem in meinem Pass auch nicht viel gemein hatte. Und in diesem Doppelhaus, das zum weitläufigen Immobilien-Portfolio meiner Familie gehörte. Mein älterer Bruder hatte es mir gnädigerweise zur Verfügung gestellt, weil es weit genug von ihm und meinen übrigen Angehörigen entfernt war, die »es ja schon immer gewusst hatten«. *Es* war in diesem Fall meine in ihren Augen unglückliche Berufswahl als Investigativjournalist in Italien. Das schickte sich nicht für den zweiten Sohn eines Earls und Karriere-Diplomaten. Dabei waren es meine Eltern gewesen, die mich in meiner Kindheit und Jugend von Land zu Land geschleppt hatten.

Meine Pubertätszeit hatte ich komplett in Rom verbracht – eine prägende Phase in mehr als einem Wortsinn – und war zum Studieren nach Palermo gegangen, weil dort mein bester Jugendfreund lebte. Ich sprach fließend Italienisch und ging mit meinen dunklen Haaren und Augen als Italiener durch, wenn ich das wollte. Ich hatte bei einer Zeitung angefangen und mich recht schnell auf die Investigativschiene spezialisiert. Ich seufzte bei der Erinnerung an diese Zeiten. Es war aufregend und schnelllebig gewesen, gefährlich und spannend – und unglaublich intensiv. In jeder denkbaren Beziehung.

Mal war ich der schrille Paradiesvogel gewesen, mal der professorale Nerd, mal Verkehrsexperte und mal Kirchenkenner – je nachdem, was der Fall verlangte, für den ich gerade recherchierte. Immer jedoch war ich als charmanter Playboy aufgetreten, der jede Frau um den Finger wickeln konnte – und nicht wenige Männer.

Und heute? Heute saß ich in den schottischen Highlands fest, gab den schlecht gelaunten Landjunker und schrieb einen fiesen Blog. Viel tiefer konnte man wohl nicht sinken, oder? Eine kleine Stimme in mir meldete sich: *Wenn man ganz unten ist, geht es nur noch bergauf!* Konnte das wirklich sein? War es an der Zeit, dass ich die neue Realität akzeptierte und das Beste daraus machte? Vermutlich. Und doch war das gar nicht so einfach. Überhaupt nicht einfach, denn womit anfangen?

Ich dachte an den Nachmittag im Pub vor ein paar Tagen, als sich Betty Murray zu mir gesetzt und mich mit unangenehmen Fragen gelöchert hatte. Diese Frau könnte meine beste Verbündete sein oder auch meine schlimmste Feindin. Sie war selbst jahrelang als Investigativjournalistin tätig gewesen und hatte zweifellos einige haarige Abenteuer erlebt, das blieb bei dem Job gar nicht aus. Es wäre schön, jemanden zu haben, mit dem ich mich auf Augenhöhe austauschen konnte, jemanden, der mich verstand und nachvollziehen konnte, was mir widerfahren war. Doch Betty war auch das wild pochende Herz des Dorftratsches, und ich war mir nicht sicher, ob sie überhaupt in der Lage wäre, mein Geheimnis zu wahren. Nein, besser nichts riskieren. Ich konnte sie auf keinen Fall einweihen – und sollte sie besser auch nicht um Rat fragen, was mein unausgegorenes Romanprojekt betraf. Am besten war es wohl, ich ging ihr komplett aus dem Weg.

Womit ich wieder ganz am Anfang meiner Überlegungen angekommen war. Was sollte ich mit meinem Leben hier anfangen?

Eins war nämlich klar: Wenn nicht bald etwas passierte, würde ich vor Langeweile sterben.

• • •

»Was?«, rief Jamie gegen den Fahrtwind und schaltete sein Mikrofon aus.

»Eine Wasserleiche!«, keuchte ich entsetzt. »Rudi hat sie entdeckt.«

Jamie runzelte die Stirn, und es war mehr als offensichtlich, dass er mir kein Wort glaubte. Ich konnte es ihm nicht verdenken, ich wollte es ja selbst nicht glauben. Doch ich wusste, was ich gesehen hatte.

Er zog mich am Oberarm zum Bootsführer im Steuerhaus. »Jetzt noch mal ganz langsam«, sagte er. »Du denkst, du hast eine Wasserleiche gesehen?«

Bei diesen Worten drosselte der Kapitän sofort den Motor, und beide Männer musterten mich prüfend.

»Ich denke es nicht, ich weiß es!« Rudi bellte wie zur Bestätigung.

»Es schwimmt immer mal Treibgut herum, da kann man schon auf Ideen kommen«, brummte der Kapitän.

»Treibgut mit langen blonden Haaren und einer weißen Hand?« Ich schnaubte fassungslos. »Wir müssen irgendwas tun. Die Polizei rufen und vor allem …« Ich wollte es nicht aussprechen.

»Die Leiche bergen«, vervollständigte Jamie mit einem resignierten Seufzer meinen Satz. Es klang fast so, als …

»Passiert so was öfter?«, erkundigte ich mich, gleichermaßen schockiert und sensationslüstern.

Jamie zuckte nur mit den Schultern und warf dem Bootsführer einen vielsagenden Blick zu. Der fuhr nun einen Bogen und tuckerte langsam wieder in die Richtung, aus der wir gerade gekommen waren. Der Kapitän brabbelte einen für mich unverständlichen Funkspruch und rief dann nach einem Fergus, der offenbar auch zur Crew gehörte und sich vom regenumtosten Vorderdeck her materialisierte. Mit seinem dunklen Ölzeug war er mir vorher überhaupt nicht aufgefallen.

»Soll ich?«, fragte ich und deutete vage in Richtung Reling. Meine Lust auf einen weiteren Blick auf die Wasserleiche hielt sich in überschaubaren Grenzen.

Jamie und der Kapitän nickten unisono, und so trotteten Rudi und ich mit dem schweigsamen Fergus im Schlepptau zur Reling und starrten übers Wasser.

Rudi wurde schlagartig wieder unruhig und hielt erneut seine Nase in den Wind. Dann bellte er aufgeregt und sprang an der Leine hin und her. Ich wagte es, hinzusehen, und tatsächlich, da driftete die Gestalt kurz unter der Wasseroberfläche.

Fergus stieß einen Laut aus, den ich nicht verstand, der aber den Kapitän dazu brachte, den Motor ganz auszustellen. Augenblicke später stand er neben uns und spähte ins Wasser. »Scheiße«, murmelte er und schaute mich anklagend an.

»Hey, ich kann auch nichts dafür. Ich hab sie nur entdeckt!«, blaffte ich ihn an. Der tat ja gerade so, als hätte ich ihm absichtlich den Tag versaut.

Er ging jedoch nicht auf meine Empörung ein, sondern sagte etwas zu Jamie und Fergus, wovon ich ebenfalls nur Bruchstücke verstand: »Gäste ablenken – Plane – Haken.«

Jedenfalls nahm mich Jamie an den Schultern und schob mich in Richtung Führerstand des Schiffes. »Du wartest besser hier. Ich erzähle den Gästen jetzt irgendwas, damit keine Unruhe aufkommt.«

»Also …«, begann ich, doch er hörte mir schon nicht mehr zu, sondern verschwand in der Gästekabine. Durch die Glasscheiben verfolgte ich, wie er gestikulierte und den Leuten offenbar irgendeinen Bären aufband. Fergus befestigte derweil eine Plane als Art Sichtschutz vor der Fensterfront, damit die Passagiere nichts von dem sehen konnten, was zweifellos gleich passieren würde.

Jamie kam mit einem grimmigen Gesichtsausdruck zurück und lief, ohne in meine Richtung zu schauen, direkt zu seinen Kollegen. Richtig gut erkennen konnte ich nicht, was da vor sich ging, und eigentlich wollte ich es auch nicht, doch die Neugier war stärker als mein Entsetzen. Außerdem war Rudi wieder außer Rand und Band und zerrte mich förmlich zum Ort des Geschehens.

Der Kapitän rief seinen Leuten Anweisungen zu, und ich erkannte, dass Jamie und Fergus mit langen Stangen, an deren Enden runde Haken befestigt waren, im Wasser stocherten – vermutlich, um die Leiche zu bergen. Mir fiel auf, dass das Boot wegen der Windböen unglaublich wackelte. Das war vorhin nicht zu spüren gewesen, jedenfalls nicht so krass. Lag vielleicht daran, dass der Motor aus oder im Leerlauf war. Und irgendwie waren plötzlich auch reichlich Wellen auf dem Wasser – und in meinem Magen.

Es war wohl ziemlich schwierig, aber schließlich gelang es den Männern, die Leiche zu packen und an Deck zu hieven. Es war eine junge, blonde Frau – und ich kannte sie.

Doch ehe ich einen weiteren Blick riskieren konnte, forderte mein Full Scottish Breakfast, in die Freiheit entlassen zu werden.

AUSGETANZT

ICH KONNTE ES NICHT FASSEN, dass die Tote Gwen war. Gestern Abend hatte ich sie doch noch fröhlich und putzmunter erlebt, begeistert von ihrem neuen Kostüm und zuversichtlich, was ihre Chancen beim Tanzwettbewerb betraf. Es war so viel Leben und so viel Energie in ihr gewesen. Ich dachte an den Glanz ihrer Augen und den drastischen Kontrast zu ihrem seelenlosen Starren vorhin. Der tote, irgendwie anklagende Blick hatte mich bis ins Mark getroffen – ehe ich mein Frühstück ins Wasser hatte kotzen müssen.

Wir waren mittlerweile zurück am Ufer, und die anderen Gäste hatten sich getrollt. Keine Ahnung, was genau sie bemerkt hatten, vielleicht glaubten sie an ein Motorproblem oder sonst was. Es war mir auch egal. Jamie wollte mich ebenfalls nach Hause schicken, doch ich blieb an Ort und Stelle. Ich war schließlich Zeugin. Ich hatte Gwen gefunden – okay, genau genommen war es Rudi gewesen, aber der taugte wohl nicht als zuverlässige Quelle –, und wenn ich eines während meiner Ehe mit Poldi gelernt hatte, dann wie wichtig Zeugenaussagen waren. Leopold Hofreiter war Kriminalkommissar in München und bearbeitete Morddelikte und Gewaltverbrechen. Da war es zwangsläufig nicht ausgeblieben, dass ich einiges von seiner Arbeit mitbekam. Vielleicht tickten die Uhren in Schottland anders, aber bei einem ungeklärten Todesfall würde man auch hier sicherlich Zeugen befragen wollen.

Also wartete ich auf das Eintreffen der Polizei. Jamie und Fergus hatten Gwen in eine Decke gehüllt und vom Deck auf den Anleger gebracht. Poldi hätte das nicht gefallen, der Auffindeort einer Leiche sagte schließlich auch schon einiges aus. Doch andererseits hätte man Gwen ja nicht im Wasser treiben lassen können, und ich verstand irgendwie, dass der Kapitän keine Lust hatte, sie länger als nötig auf seinem Schiff zu haben. War bestimmt ein alter Seemannsaberglaube oder so.

Nach einer gefühlten Ewigkeit kam endlich ein Polizeiauto angefahren. Ihm entstieg mit sichtlicher Mühe ein übergewichtiger, älterer Mann mit wirrem grauen Haar, einem zerknitterten Trenchcoat und einem resignierten Gesichtsausdruck.

»Was haben wir denn da?«, fragte er beim Näherkommen.

»Die Wasserleiche einer jungen Frau, die wir ungefähr hundert Meter vor Urquhart Castle gefunden haben«, berichtete Jamie, und ich räusperte mich. »Unser Gast hat sie gefunden«, verbesserte er sich.

»Aha.« Der Polizist wirkte nicht besonders interessiert, sondern ging zu der Toten und zupfte mit spitzen Fingern die Decke von ihrem Kopf. »Alles klar«, konstatierte er nach einem kurzen Blick und deckte Gwen wieder zu.

»Alles klar?«, platzte ich fassungslos heraus. Was war das denn bitte für eine Aussage?

Der Mann sah mich an, als nähme er mich jetzt zum ersten Mal wahr. »Und Sie sind?«, erkundigte er sich – mehr gelangweilt und routiniert als mit echter Neugier.

»Mein Name ist Fanny König. Ich war Gast bei der Tour und habe Gwen entdeckt«, begann ich und war irritiert, dass diese Karikatur eines Polizisten sich nicht einmal die Mühe machte, die Informationen zu notieren.

»Wer ist Gwen?«

»Die Tote!« Ich starrte ihn an.

»Sie kannten die Tote also?« Nun blitzte ein winziger Funken Interesse in seinen Augen auf.

»Sonst würde ich ja kaum ihren Namen kennen, oder?« Ich holte tief Luft, um mich zu beruhigen. »Ich bin also eine Zeugin, wenn Sie so wollen. Und wer sind Sie?«

»Ich? Ich bin Detective Inspector Alasdair Wilson, und dass Sie eine Zeugin sind, wage ich zu bezweifeln. Oder waren Sie dabei, als die junge Dame ins Wasser gegangen ist?«

»Was?« Das konnte dieser Witzbold doch nicht ernsthaft gesagt haben, oder? »Natürlich war ich nicht dabei. Aber ich habe sie gefunden, und ich habe sie gestern Abend noch munter und fidel erlebt. Es ist ja wohl Ihr Job, herauszufinden, warum sie jetzt in diesem Zustand ist.«

Wilson seufzte tief. »Laien haben immer einen Hang zum Drama, das kommt von den vielen Fernsehkrimis. Die Wahrheit ist in der Regel viel banaler. Sie glauben gar nicht, wie viele Suizide wir hier haben. Lebensmüde, die sich den eisigen Fluten des Loch Ness überantworten, oft mit pathetischen, romantisierenden Worten im Abschiedsbrief.« Er machte eine wegwerfende Handbewegung.

»Ich … ich …« Ich wusste gar nicht, was ich ihm als Erstes an den Kopf werfen sollte, so fassungslos hatten mich seine Worte gemacht. »Ich bin jedenfalls kein Laie mit Hang zum Drama«, sagte ich schließlich mit so viel Würde, wie ich aufbringen konnte. »Ich wohne derzeit im *Wise Pelican*, dem Pub in Kirkby. Gwen hat ein Cottage im Bed & Breakfast. Falls Sie also ermitteln wollen, finden Sie dort womöglich Hinweise. Guten Tag!« Damit drehte ich mich um und stiefelte zum Parkplatz. So viel Ignoranz musste man erst mal zustande bringen.

Zurück in Kirkby überlegte ich, was ich tun konnte oder sollte, beschloss dann aber, mich zunächst um mich selbst und Rudi zu kümmern. Beide waren wir bis auf die Knochen durchnässt.

In meinem Zimmer rubbelte ich meinen tapferen Dackel ab und schickte ihn mit einem getrockneten Schweineohr auf sein Lager. Dann ging ich ins Bad und ließ die Badewanne volllaufen. In einem duftenden, heißen Schaumbad konnte ich immer besonders gut nachdenken.

Als mir wieder einigermaßen warm war, griff ich nach meinem Handy und wählte Poldis Nummer.

»Hofreiter«, meldete er sich energisch.

»Warum so förmlich?«, entgegnete ich. »Siehst du nicht, dass ich es bin?«

Ich hörte Geräusche, die nach Stühlerücken klangen, ein seltsames Klappern und ein gedämpftes »Den Anruf muss ich kurz führen«. Dann war Poldi wieder klar zu verstehen. »Ist alles in Ordnung, Fanny?« Er klang misstrauisch.

»Kommt drauf an«, entgegnete ich und fügte rasch hinzu: »Keine Sorge, mir geht's gut.«

»Aber?« Er wunderte sich sichtlich, dass ich ihn einfach so zwischendurch anrief. Das passierte so gut wie nie.

»Ähm …« Sollte ich ihn tatsächlich damit belästigen? Poldi nahm sich meine Probleme immer so zu Herzen, und was sollte ein Münchner Kommissar schon bei einem schottischen Fall ausrichten? Andererseits war er der einzige Mensch, mit dem ich überhaupt darüber reden konnte. »Stör ich gerade?«, erkundigte ich mich also vorsichtig.

»Wir sitzen gerade in einer Fallbesprechung.«

»Also ja.« Ich seufzte.

»Raus mit der Sprache, Fanny. Was ist los?«

»Ich habe heute eine Wasserleiche entdeckt. Na ja, genauer gesagt hat Rudi sie entdeckt. Im Loch Ness. Bei strömendem

Regen. Eigentlich hatte ich auf das Ungeheuer gehofft, aber dann war es doch nur Gwen. Meine Kundin, der ich in den letzten zwei Tagen ein neues Kleid für den Tanzwettbewerb genäht habe. Und jetzt ist sie tot«, plapperte ich ohne Sinn und Verstand vor mich hin.

Beredtes Schweigen am anderen Ende der Leitung. Ich sah Poldi förmlich vor mir, wie er mit gerunzelter Stirn versuchte, aus meinen Worten irgendeinen Sinn zu extrahieren.

»Bist du noch dran, oder hat's dir die Sprache verschlagen?«, erkundigte ich mich nach einer gefühlten Ewigkeit.

»Es war wirklich eine absolute Scheißidee, dass du allein nach Schottland gefahren bist«, entfuhr es ihm. »Mir war sonnenklar, dass du früher oder später in Schwierigkeiten kommst, aber gleich in solche? Was machst du nur für Sachen?«

»Ich mache gar nichts, und ich bin auch nicht in Schwierigkeiten«, verteidigte ich mich aufgebracht. »Aber meine Kundin ist tot, und dieser Vollpfosten von Polizist glaubt an Selbstmord. Ohne sich auch nur eine Sekunde mit dem Fall befasst zu haben!«

»Misch! Dich! Da! Nicht! Ein!«, sagte er langsam und eindringlich. Dann seufzte er tief. »Ich mein's ernst, Fanny. Bitte lass die Kollegen ihre Arbeit machen. Nur weil du denkst, es passiert nichts, heißt das noch lange nicht, dass es auch so ist. Ich bin mir sicher, dass du noch als Zeugin vernommen wirst, dann kannst du alles erzählen, was du weißt.«

»Ich musste diesem Möchtegern-Inspector meinen Namen und meinen Aufenthaltsort geradezu aufdrängen!«, rief ich. Wie konnte Poldi bloß so cool tun? So als ginge ihn die ganze Sache nichts an? Gut, streng genommen war es ja so, aber mich ging sie sehr wohl etwas an. Meine Kundin war tot, und aus irgendeinem Grund fühlte ich mich verantwortlich.

»Du bist nicht verantwortlich«, betonte Poldi, als könnte er meine Gedanken lesen – was nach unserer langen Beziehung wohl nicht weiter verwunderlich war. »Das hoffe ich zumindest.«

»Was soll das denn bitte schön heißen? Natürlich bin ich nicht für Gwens Tod verantwortlich, aber ich fühle mich …«

»Gefühle sind keine Tatsachen. Noch mal: Halt dich raus aus der Sache. Ich weiß, dass dir das schwerfällt, aber deine Neugier hat dich schon oft genug in Teufels Küche gebracht. Das brauchst du in deinem Urlaub nicht, oder? Vielleicht ist das aber auch ein Wink des Schicksals – ein Zeichen, dass du endlich wieder nach Hause kommen sollst? Wenn ich so darüber nachdenke, soll es das sogar ganz sicher bedeuten. Fanny, bitte komm heim!«

»Ganz sicher nicht«, entgegnete ich bockig. Erstens hatte mein Schottland-Abenteuer doch gerade erst begonnen, und zweitens brauchte ich ganz bestimmt keinen Mann, der mir sagte, was ich tun oder lassen sollte. Hätte ich mir ja denken können, dass ein Anruf bei Poldi eine blöde Idee war. »Geh wieder zu deiner Fallbesprechung, ich komm hier alleine klar. Mach's gut.«

Damit legte ich auf und tauchte einmal komplett in die heißen Fluten ab.

Eine halbe Stunde später war ich einigermaßen wiederhergestellt. Zumindest äußerlich. Mir war nicht mehr kalt, doch in mir nagte neben Hunger – so schade um das schöne Frühstück – auch eine kaum bestimmbare Wut. Warum war Gwen tot? Warum interessierte es niemanden? Was konnte man machen? Was konnte konkret ich tun?

Ich pustete meine Haare mit dem Föhn trocken, flocht sie zu einem lockeren Zopf und zog mir eine frische Jeans und einen warmen, selbst gestrickten dunkelblauen Zopfpulli an. Dann weckte ich den schlummernden Rudi und ging mit ihm in den Gastraum. Dort war nichts los. Das Frühstück war vorbei, und die Mittagszeit hatte noch nicht begonnen. Ich überlegte, ob ich mir trotzdem eine Kleinigkeit zu essen besorgen sollte, verwarf den Gedanken aber gleich wieder. Lieber in die Bäckerei? Da war bestimmt mehr Betrieb, und womöglich hatte schon jemand was von Gwen gehört. Wenn ja, wäre das interessant, denn eigentlich wussten bislang nur ich und der inkompetente Polizist von ihrem Tod. Und die Besatzung des Ausflugsboots, doch ich bezweifelte, dass Jamie, Fergus oder der namenlose Kapitän in der Zwischenzeit hierhergekommen war, um die schaurige Neuigkeit zu verkünden.

Vielleicht sollte ich überhaupt zuerst zum Bed & Breakfast gehen? Was, wenn da jemand Gwen oder irgendwas Verdächtiges gesehen hatte? Vermutlich wäre es nicht schlecht, einen unverbindlichen Blick in ihr Cottage zu werfen. *Halt dich da raus!*, hörte ich meine innere Stimme in Poldis Tonfall sprechen, aber ich dachte ja gar nicht daran.

Entschlossen marschierte ich los zu *The Cosy Thistle*. Auf dem Weg würde mir schon eine geeignete Strategie einfallen. Glücklicherweise hatte es zu regnen aufgehört, und der Wind pustete sogar einige der besonders dunklen Wolken weg. Am Ende würde später sogar noch die Sonne rauskommen? Vor der Bäckerei stand wild diskutierend eine Traube junger Frauen. Die Tänzerinnen, nahm ich an und beglückwünschte mich insgeheim dazu, dass ich mich gegen das Café entschieden hatte. Womöglich wäre mir etwas über Gwen herausgerutscht. Rudi trottete lustlos neben mir her. Er wäre sicher lieber im Zimmer geblieben, aber es war unverdächtiger, wenn ich mit ihm unterwegs war, und außerdem hatte er schon auf dem See eine untrügliche Spürnase bewiesen. Vielleicht fand er jetzt ebenfalls etwas.

Ein Gedanke durchzuckte mich, und ich drehte abrupt wieder um. »Wir müssen noch mal zum Auto«, sagte ich zu Rudi, der mit einem Mal recht fröhlich wirkte – vermutlich weil er auf die Rückkehr zu seinem Hundebett hoffte. Doch beim Auto kramte ich lediglich im Verbandskasten, auf der Suche nach einem Paar Latexhandschuhe, die ich gleich in meine Jackentasche stopfte. Sollte ich in Gwens Cottage reinkommen, musste ich ja nicht unbedingt Fingerabdrücke hinterlassen, oder?

Rudi wuffte empört, als wir erneut den Weg in Richtung Bed & Breakfast einschlugen, und stemmte sich mit aller Macht gegen die Leine. Aber bei aller Vehemenz konnten es acht Kilo Dackel nicht mit meiner Entschlossenheit aufnehmen. Ich zerrte ihn mit sanfter Gewalt ein paar Meter weit hinter mir her, bis er aufgab und unter genervtem Brummen mitlief. »Braver Hund«, lobte ich ihn und gab ihm einen kleinen Keks. Wir hatten den Ort mit seinen hübschen Häuschen rasch durchquert und wanderten wieder durch sattes Grün, auf dem malerisch einige Schafe hingetupft waren. Die hätte sich Rudi gerne genauer angesehen, doch wir hatten eine Mission, und ich schritt rasch voran.

Als wir am Hotel ankamen, hatte ich immer noch keine wirklich tragfähige Strategie, beschloss aber, mich einfach von meinen Instinkten leiten zu lassen. Zunächst ging ich zu Gwens Cottage, in dem ich ja schon zweimal kurz gewesen war. Ich klopfte an die Tür, aber erwartungsgemäß gab es keine Antwort. Die Tür war auch verschlossen. Hm. Damit hatte ich nicht gerechnet. Sperrte jemand seine Tür zu, ehe er sich umbrachte? Oder würde sich ein Mörder die Mühe machen? Vermutlich nicht. Ich umrundete das kleine Haus und lugte durch die Fenster. Viel erkennen konnte ich nicht, doch ich wusste ja, wie luxuriös es drinnen war. Wie konnte sich eine derart junge Tänzerin so ein schickes, kostspieliges Quartier leisten?

Die meisten Cottages waren früher die Häuschen von Kleinbauern gewesen, die dort mit ihren Familien gelebt hatten. Nach der Renovierung waren sie nicht wiederzuerkennen. In Gwens Cottage gab es einen Wohnbereich mit eigenem Kamin, vor dem ein kariertes, weich gepolstertes Sofa stand. Zwei Stühle flankierten einen antiken kleinen Esstisch, und handgewebte Decken und Kissen sorgten für heimelige Gemütlichkeit. Das Schlafzimmer wurde von einem Himmelbett dominiert, das zusammen mit der feinen Leinenbettwäsche garantiert für süße Träume sorgte. Oder in Gwens Fall: gesorgt hatte. Ich schluckte.

»Kann ich irgendwie helfen?«, riss mich eine Stimme aus meinen Gedanken.

Ich drehte mich abrupt um und fand mich einem Zimmermädchen gegenüber, das Handtücher über einen Arm gelegt hatte, mich freundlich anlächelte und Rudis Gemotze komplett ignorierte. Offenbar war sie vierbeinigen Kummer gewohnt.

»Ich bin Fanny«, stellte ich mich vor und überlegte fieberhaft, wie ich die Situation nutzen konnte. »Ich habe Gwens neues Kostüm genäht und müsste noch eine kleine Änderung vornehmen. Sie sagte, dass ich einfach in ihr Cottage gehen könnte, aber anscheinend hat sie doch abgeschlossen«, improvisierte ich und hoffte, dass es nicht vollkommen absurd und unglaubwürdig klang.

»Gwen hat total von Ihnen geschwärmt«, sagte die junge Frau und strahlte mich noch mehr an. »Ich bin so gespannt, wie sie beim Wettbewerb abschneiden wird. Ich tanze selbst, aber längst nicht so gut. Kristie hat mir aber erlaubt, beim Teamwettbewerb mitzumachen. Ich bin schon wahnsinnig aufgeregt deswegen«, plapperte sie und öffnete mit ihrem Generalschlüssel die Tür. »Ich bin übrigens Daisy.«

»Das freut mich.« Ich lächelte leicht gezwungen. »Müssen Sie hier jetzt auch sauber machen?«, fragte ich und ärgerte mich, dass ich daran gar nicht gedacht hatte. Das war ein doppeltes Problem: Erstens würde sie dabei unter Umständen Spuren verwischen und zweitens garantiert Verdacht schöpfen, wenn ich mit Latexhandschuhen in den Schubladen herumwühlte.

»Ja, Gwen hat das letzte Cottage auf meiner Runde, deshalb bin ich überhaupt hier. Vielleicht kann ich Ihnen ja helfen?« Daisy hielt mir freundlich die Tür auf, und mir blieb gar nichts anderes übrig, als einzutreten.

Mist, Mist, Mist. Ich hatte nicht mal ein Nähkit dabei, mit dem ich notfalls wenigstens den Anschein hätte erwecken können, ich würde etwas am Kleid ändern. Blöderweise fiel mir auf die Schnelle überhaupt kein anderer Grund ein. Also tat ich so, als würde ich mich nach dem Kostüm umschauen, dabei wusste ich, dass es im Schrank hing. Ich war dabei gewesen, als Gwen es gestern Abend nach der letzten Anprobe hineingehängt hatte. Das Cottage sah völlig normal aus und sehr ordentlich. Auf den ersten Blick konnte ich auch keinen auffällig platzierten Abschiedsbrief entdecken, aber das hatte ich ohnehin nicht erwartet. Ich glaubte schließlich nicht an einen Selbstmord.

»Huch, das Bett ist ja schon gemacht«, rief Daisy, die bereits im Schlafzimmer verschwunden war, verwundert.

Ich lief ihr hinterher, immerhin stand der Kleiderschrank ebenfalls im Schlafzimmer. Das Bett war makellos, da hatte garantiert niemand drin geschlafen. »Vielleicht wollte sie

Ihnen ein bisschen Arbeit abnehmen und hat es selbst gemacht?«, schlug ich vor, doch das Zimmermädchen schüttelte den Kopf.

»Ich habe es gestern frisch bezogen, da würde man auf jeden Fall ein paar Knitterfalten in der Bettwäsche sehen. Außerdem liegt noch die Praline auf dem Kopfkissen. Wer würde das denn machen? Also die Schoki wieder aufs Kopfkissen legen? Selbst wenn man sie nicht gegessen hat – was ich echt nicht verstehen könnte, denn sie ist unfassbar lecker. Nein, Gwen hat heute Nacht nicht hier geschlafen.«

»Haarscharf kombiniert, Miss Marple«, sagte ich mit leichter Ironie in der Stimme. »Nur wo hat sie dann übernachtet?« Nirgendwo vermutlich, denn ich wusste ja, dass sie zumindest einige Stunden im See gelegen haben musste. Doch davon wollte ich Daisy nichts verraten, und so gequält, wie sie das Gesicht verzog, hatte sie womöglich einen interessanten Verdacht.

»Bestimmt bei ihrem heißen Liebhaber«, kam es prompt, und zwar reichlich düster.

»Ach?« Von irgendwelchen Liebhabern war zwischen mir und Gwen nicht die Rede gewesen – aber andererseits war ich ja nur die Nadelfee und keine Vertraute.

»Ja, sie hat gestern und vorgestern nach dem Training mit einem der Athleten geflirtet«, gab mir Daisy bereitwillig Auskunft. »Ein geheimnisvoller, dunkler Typ mit krassen Tattoos. Der würde mir auch gefallen.« Sie seufzte tief. »Manche Mädchen haben einfach immer Glück, und manche … müssen Bäder schrubben.«

Immerhin lebst du noch, dachte ich, sprach es jedoch nicht aus. »Manchmal ist es besser, aus der zweiten Reihe zu starten«, sagte ich stattdessen, um sie zu trösten. »Weiß man, wer dieser Kerl ist und wo er wohnt?«

»Er ist einer der Profis, die mit ihren Wohnmobilen von Wettbewerb zu Wettbewerb reisen. Vermutlich hat er sein Gefährt auf dem Parkplatz am Herrenhaus stehen.«

Diese Caravans waren mir auch schon aufgefallen. Am Dienstag waren es nur zwei gewesen, gestern schon fünf. Ich nahm mir vor, später noch einmal zur Weberei zu laufen und mich dabei unauffällig bei den »Athleten« umzusehen.

»Warum hat sie ihn denn nicht mit hierher genommen?«, fragte ich. »Das Cottage ist doch viel hübscher als jedes Wohnmobil.« Mit diesen Campingmobilen, die derzeit so populär waren, konnte ich überhaupt nichts anfangen.

»Oh, manche von den Campern sind ausgesprochen luxuriös, und da er ein prominenter Sportler ist, hat er bestimmt einen guten Sponsorenvertrag und ein tolles Gefährt. Das ist ja quasi sein Zuhause und bestimmt sehr cool eingerichtet.« Daisy war voll im Fanmodus. »Die beiden wären auf jeden Fall ein tolles Paar.«

»Hm.« Mehr fiel mir dazu nicht ein. Rudi war auch keine Hilfe, er hatte sich allen Ernstes zusammengerollt und war eingeschlafen. Toller Spürhund, wirklich ganz großartig.

»Wo hat sie wohl das Kostüm hingeräumt?«, überlegte Daisy.

»Keine Ahnung. Vielleicht in den Schrank?« Ich öffnete die Flügeltüren des antiken Holzschranks, doch da war von dem blauen Schmetterlingskleid nichts zu sehen. Dafür wirkte der Schrank ansonsten viel aufgeräumter als gestern Abend. Merkwürdig. Wenn ich so darüber nachdachte, war das Cottage gestern insgesamt deutlich unordentlicher gewesen als heute. Hatte sie also noch aufgeräumt? Oder jemand anders?

»Hier ist es nicht«, sagte Daisy und klang so verwundert, wie ich mich fühlte.

Wir gingen in den Wohn-Ess-Küchenbereich, doch da war das Kleid ebenfalls nicht. Das wäre uns sicher schon beim Reinkommen aufgefallen. Und auch im Bad war keine Spur von dem Kostüm. »Merkwürdig«, murmelte ich.

»Merkwürdig«, befand auch Daisy, aber ihre Aufmerksamkeit war auf die üppige Make-up-Auswahl gerichtet, die fein säuberlich auf dem Sims unter dem Spiegel aufgereiht war.

»Was ist?«

»Das war bis gestern ganz anders sortiert«, sagte Daisy und deutete auf die Kosmetik-Kollektion.

Inwieweit das nun bemerkenswert war, konnte ich nicht beurteilen. Insgesamt war es schon seltsam, und doch hatte ich das sichere Gefühl, hier nichts Brauchbares zu finden. »Das Kostüm scheint nicht hier zu sein. Vermutlich haben Gwen und ich aneinander vorbeigeredet. Ich werde das anderweitig klären müssen. Vielen Dank für die Hilfe.«

»Kein Ding«, entgegnete Daisy lächelnd. »Dann noch einen schönen Tag.«

»Ebenfalls«, erwiderte ich den frommen, wenngleich unerfüllbaren Wunsch, denn richtig schön würde dieser Tag definitiv nicht mehr werden. Ich zupfte an Rudis Leine und machte mich nachdenklich auf den Rückweg in den Ort.

Ehe ich die sogenannten Sportler besuchte – Baumstammwerfen konnte ich einfach nicht als professionelle Leibesertüchtigung ansehen –, brauchte ich allerdings noch etwas im Magen. Die Bäckerei ließ ich nun doch links liegen, denn mir stand der Sinn jetzt eher nach einem herzhaften Mittagessen.

Ich fand ein Plätzchen im wieder gut gefüllten Gastraum des Pubs und bestellte mir eine Portion Chicken Tikka Masala. Dieses stark europäisierte indische Gericht gehörte seit meiner Studienzeit in London zu meinen absoluten

Lieblingen, und die hiesige Variante war einfach nur himmlisch. Mit der würzigen heißen Tomatensoße in meinem Magen kehrten auch meine Lebensgeister und mein Denkvermögen zurück.

Ich schaute mich um. Die Gäste waren eine bunte Mischung aus Touristen, Einheimischen und Teilnehmenden der Highland Games. In einer Ecke saß wieder eine Handvoll schnatternder Tänzerinnen zusammen. Es waren die, die mir schon an meinem ersten Abend hier aufgefallen waren und die ich vorhin vor der Bäckerei gesehen hatte. Zwei große, bullige Kerle hatten einen anderen Tisch okkupiert und schielten auffällig unauffällig zu den Tänzerinnen, und am Nebentisch hatte tatsächlich auch noch der arrogante Pseudo-Adelige Platz genommen, den ich zunächst fälschlicherweise für den Schlossherrn von Monroe Manor gehalten hatte. Rudi knurrte ihn an.

»Da ist wohl noch einiges an Erziehungsarbeit zu leisten«, stellte der Schnösel lakonisch fest und warf erst einen abschätzigen Blick auf meinen Dackel, dann einen auf mich. »Aber ein geradezu konservatives Outfit heute«, kommentierte er meine Kleidung. »Da bekommt man gar keinen Augenkrebs.«

»Das Kompliment kann ich leider nicht zurückgeben«, zischte ich, auch wenn das eine schamlose Lüge war. Der gut geschnittene Tweedanzug und das akkurat gebügelte Hemd mit dem Seidenschal im Kragen hätten fürchterlich spießig wirken müssen, doch er trug das Ensemble mit einer beneidenswerten Lässigkeit und Grandezza, die ich nur bewundern konnte. Heimlich selbstredend.

»Hat's geschmeckt?«, erkundigte sich Ivy, ehe ich mich zu einem weiteren Kommentar in Richtung meines Tischnachbarn hinreißen lassen konnte.

»Fantastisch«, antwortete ich. »Warum sind die Tanzmäuse denn so aufgeregt?« Mir war aufgefallen, dass der Geräuschpegel aus dieser Richtung minütlich zunahm.

»Gwen ist morgens nicht zum letzten Training vor der Generalprobe heute Nachmittag aufgetaucht, und jetzt zerreißen sie sich alle das Maul darüber.«

Ich schluckte, weil mir bewusst wurde, dass ich die traurige Nachricht nicht länger für mich behalten konnte. Wenn rauskam, dass ich von Gwens Tod wusste, würden sie mir zweifellos und zu Recht unangenehme Fragen stellen. »Ich fürchte, Gwen wird auch die Generalprobe verpassen«, begann ich daher sachte.

»Warum das denn?« Ivy sah mich mit großen Augen an. »Das sollte sie sich besser gut überlegen. Das könnte einen Ausschluss vom Wettbewerb bedeuten.«

»Gwen wird auch nicht am Wettbewerb teilnehmen können. Sie ist nämlich … ähm … tot.«

• • •

»Tot?«, kreischte Ivy, und ich konnte es ihr nicht verübeln. Mich hatte der letzte Satz auch geschockt.

»Tot«, bestätigte die Schneiderin, die, wenn ich mich richtig erinnerte, Fanny hieß, und senkte die Stimme. »Sie wurde heute Morgen im Loch Ness gefunden.«

»Echt? Nein! Das kann nicht sein. Und woher weißt du das?«

Gute Frage, lobte ich Ivy insgeheim und beobachtete gebannt den Austausch der beiden Frauen. Und nicht nur ich, sämtliche Gespräche an den umliegenden Tischen waren verstummt.

»Ich weiß das deshalb so genau, weil ich sie gefunden habe.« Fanny bemühte sich um einen ruhigen Tonfall, doch ich meinte die Erschütterung aus ihrer Stimme herauszuhören.

»Aber wie? Warum?«

»Wie und warum sie gestorben ist, kann ich nicht sagen, aber ich habe sie gefunden, weil ich heute früh eine Ausflugsfahrt auf dem Loch Ness gemacht habe«, erklärte Fanny.

»Hä?« Das fand Ivy offenbar genauso abwegig wie ich selbst.

»So eine Nessie-Expedition eben, um das legendäre Seeungeheuer zu suchen.« Fanny schüttelte den Kopf. »Ist ja auch egal, so eine Tour stand jedenfalls auf meiner Liste, und deshalb habe ich sie heute gemacht.«

»Wer macht denn bei dem Dreckswetter einen solchen Ausflug?« Ivy biss sich jetzt selbst für meinen Geschmack zu sehr an Nebensächlichkeiten fest.

»Touristen offensichtlich«, schnappte Fanny und klang langsam ziemlich gereizt. »Jedenfalls habe ich sie entdeckt. Oder vielmehr Rudi. Und glaub mir, ich hätte mir diesen Anblick gerne erspart.« Sie hatte ihre Arme in einer trotzigen Geste vor der Brust verschränkt, doch nun rieb sie sich mit den Händen über die Oberarme, als ob sie fröstelte und sich selbst Halt geben müsste.

Ein kleiner, irrationaler Teil von mir hätte sie gern in den Arm genommen. Das konnte kein schöner Anblick gewesen sein. Ich dachte unwillkürlich an meine erste und bislang glücklicherweise einzige Wasserleiche und verdrängte die Erinnerung dann wieder, so schnell es ging. Trotzdem war mir schlagartig der Appetit vergangen, und ich legte den Löffel in die Schüssel mit meinem Fischeintopf.

»Das ist so krass …«, murmelte Ivy erschüttert und ließ sich kraftlos auf den leeren Stuhl an Fannys Tisch fallen.

»Allerdings.« Fanny schluckte und wischte sich ungeduldig eine Träne aus dem Augenwinkel. Auch wenn ich ihr gerne eine billige Attitüde unterstellen wollte, wirkte die Geste doch ganz echt.

»Was soll das, Ivy?«, wollte nun Jon wissen, nicht unfreundlich, aber stirnrunzelnd. Er war gerade aus der Küche gekommen und wunderte sich augenscheinlich, dass seine Servicekraft es sich zur Mittags-Rushhour an einem Gästetisch gemütlich gemacht hatte.

»Gwen ist tot«, erklärte Ivy tonlos. »Und Fanny hat sie gefunden.«

»Oh?« Das Stirnrunzeln des Wirtes vertiefte sich, während er offenbar den Sinn hinter den dürren Worten suchte – und nicht fand. »Aber wieso sollte Gwen tot sein? Und …« Er unterbrach sich, als er Fannys blasses Gesicht sah. Das war mir vorhin gar nicht aufgefallen. Vielleicht der Schock? Manchmal kam der zeitverzögert. Bei besonders schlimmen Dingen funktionierte der Körper erst noch eine ganze Weile normal, bis die Erkenntnis richtig einsickerte. »Ernsthaft?«, fragte Jon sanft nach.

Sie nickte und wischte sich erneut eine Träne aus dem Gesicht. Diese hatte es sogar schon bis zur Wange geschafft. Fanny atmete ein paarmal tief durch, dann hatte sie sich wieder gefangen. »Ja, leider. Ich kann es immer noch nicht fassen. Ich meine, ich hab sie gestern Abend doch noch getroffen. Sie war so glücklich über ihr neues Kostüm und freute sich auf den Wettbewerb, und heute …«

»Ist sie tot«, vervollständigte Ivy schluchzend den Satz.

»Und wo hast du sie gefunden?«, erkundigte sich Jon, der die Details vorhin nicht mitbekommen hatte. »Ich meine, ein so junger Mensch stirbt doch nicht einfach so von jetzt auf gleich.«

»Sie lag tot im Loch Ness«, berichtete Fanny erneut. »Und ich denke auch nicht, dass ein gesunder Mensch einfach so stirbt – oder freiwillig in den See geht.«

»Behauptet das jemand?« Jon zog überrascht eine Braue hoch.

»Dieser Inspector Irgendwas Wilson«, stieß Fanny ärgerlich hervor. »Er hat sich Gwen nicht mal richtig angeschaut und gleich auf Suizid geschlossen.«

»Hm, davon gibt es ja tatsächlich einige am Loch Ness«, warf ich ein, ehe ich mich beherrschen konnte.

»Mag sein, aber doch nicht Gwen«, beharrte Fanny und bedachte mich mit einem bösen Blick aus ihren blauen Augen.

»Warum nicht Gwen?«, nahm mir Jon die offensichtliche Frage aus dem Mund.

»Weil jemand, der lebensmüde ist, sich weder teure Kleider schneidern lässt noch voller Begeisterung auf ein Tanz-Event hinfiebert«, entgegnete sie.

»Möglich«, gab Jon zu. »Allerdings kann man in die wenigsten Köpfe reinsehen, und eine fröhliche Fassade muss gar nichts bedeuten.«

»Wir werden es jedenfalls nie erfahren, wenn die Polizei ihre Arbeit nicht richtig macht«, grummelte Fanny. »Ein Selbstmord-Urteil zu fällen, ohne alle Fakten zu kennen und ohne die Leiche untersucht zu haben, ist nicht besonders seriös.«

Da hatte sie allerdings auch wieder recht.

»Ich bin mir sicher, dass die Polizei das schon noch gründlich untersuchen wird. Gwens Angehörige werden doch wissen wollen, warum und woran sie gestorben ist«, beschwichtigte Jon, doch ich teilte sein Vertrauen in die lokalen Gesetzeshüter nicht wirklich.

Was wird wohl Collum sagen, wenn er erfährt, dass seine Highland Games von so einem tragischen Unglück überschattet sind?, überlegte ich und konnte nicht leugnen, dass ich eine gewisse Aufregung empfand. Noch vor wenigen Stunden war ich überzeugt gewesen, dass ich an Langeweile sterben würde, aber nun war tatsächlich etwas Aufregendes geschehen.

DIE RACHE DER WASSERPFERDE

ES WAR MIR ZIEMLICH UNANGENEHM, derart im Mittelpunkt zu stehen – oder vielmehr zu sitzen, denn ich saß ja noch an meinem Tisch, war aber inzwischen von einer wahren Menschentraube umringt.

Ivy schluchzte immer noch, Jon wirkte betroffen, und nun hatten sich auch die Tänzerinnen und die beiden Muskelmänner um mich geschart und bombardierten mich mit Fragen.

»Ich hab doch auch keine Ahnung«, wehrte ich schließlich mit wachsender Verzweiflung ab. »Ich habe Gwen lediglich entdeckt, wie sie tot im Wasser trieb.«

»Wenn die junge Dame gestern Abend noch gelebt hat, ist es sehr unwahrscheinlich, dass sie heute am frühen Morgen bereits an der Wasseroberfläche aufzufinden war«, schaltete sich der Schnösel-Lord ein. »Frisch ertrunkene Menschen sinken zunächst einmal ab. Erst wenn sich nach ein paar Tagen oder Wochen Fäulnisgase bilden, steigen sie wieder nach oben. Deshalb bieten Wasserleichen in der Regel ja auch einen sehr unschönen Anblick.« Er tippte sich mit einem wohlmanikürten Finger gegen das Kinn.

»Angenehm war es jedenfalls nicht«, entgegnete ich. »Aber sie sah nicht aufgedunsen aus oder so.«

»Aber warum trieb sie dann an der Oberfläche?« Er bedachte mich mit einem Blick, als würde er den Wahrheitsgehalt meines Berichts grundlegend anzweifeln.

»Vielleicht weil sie nicht ertrunken ist, sondern vorher … ähm … anderweitig zu Tode kam?«, konterte ich. Ich scheute mich davor, laut von Mord zu sprechen, obwohl mir das als die naheliegendste Möglichkeit erschien.

»Auch dann würde eine Leiche absinken«, sagte er im Brustton der Überzeugung, und ich fragte mich unwillkürlich, wieso er sich damit so gut auskannte. Hatte er am Ende auch einen Ehemann bei der Polizei? Oder eine Gattin, die in der Pathologie arbeitete? Oder …?

»Vielleicht war es ein Each Usige«, mischte sich nun einer der muskulösen Baumstammwerfer ein, und ich überlegte, ob das der von Daisy erwähnte ominöse Lover sein könnte. Er sah nicht schlecht aus, wenn man auf stark tätowierte Hünen stand, machte aber nicht den Eindruck, als sei er sonderlich erschüttert.

»Ein was?«, fragte ich, denn von so einem Dingens hatte ich noch nie gehört.

»Ein Wasserpferd«, erläuterte der Seidentuch-Lord. »Auch Kelpie genannt. Das sind schottische Fabeltiere, denen nachgesagt wird, dass sie Menschen in die Tiefe ihrer Heimatgewässer locken und sie dort töten und fressen. Solche Tiere gibt es aber nicht nur in der schottischen Sagenwelt«, dozierte er weiter, »sondern in vielen Regionen der Welt. Auch in der griechischen Mythologie …«

»Angenagt war sie jedenfalls nicht«, unterbrach ich ihn. »Und irgendwelche Fabelpferde kommen mir dann doch arg weit hergeholt vor. Da könnte man ja gleich Nessie die Schuld an Gwens Tod geben.«

»Die kleine Schwester meiner Urgroßmutter wurde von Nessie zu Tode erschreckt und ist dann im See ertrunken«, warf eine der Tänzerinnen ein, ein zierliches Mädchen mit Spitzmausgesicht und großen dunklen Augen.

»Der Schwager meines Opas ist ebenfalls im Loch Ness verschwunden«, sagte eine Frau mit deutlichem amerikanischen Akzent. Sie trug praktische Trekking-Kleidung und war eindeutig eine Touristin, doch natürlich waren auch sie und ihr Begleiter vom Aufruhr im Gastraum wie elektrisiert. »Wir machen diese Reise sozusagen zu seinem Andenken. Also nicht nur, aber auch. Ich glaube jedenfalls fest an die Existenz von Nessie.«

»Ich kann mir beim besten Willen nicht vorstellen, dass da übernatürliche Wesen am Werk gewesen sind«, behauptete ich, und Rudi stieß ein zustimmendes Grollen aus. Ihm waren die vielen Menschenbeine um unseren Tisch herum sichtlich unangenehm.

»Das kann man als Auswärtige leicht behaupten«, bemerkte Jon mit einem merkwürdigen Gesichtsausdruck. Fand er das etwa amüsant?

»Gelegentlich hat man von außen einen neutraleren Blick«, gab ich etwas eingeschnappt zurück, und wieder dröhnte Poldis Stimme in meinem Kopf: *Halt dich da raus!* Doch natürlich ignorierte ich sie. »Vielleicht sollten wir uns einfach mal auf die Tatsachen konzentrieren: Gwen wurde heute Morgen tot im Loch Ness gefunden. Mehr kann hier niemand mit Sicherheit sagen.« In der Sekunde, in der ich diesen Satz ausgesprochen hatte, dämmerte mir, dass er womöglich nicht stimmte. Derjenige, der Gwens unglücklichen Zustand zu verantworten hatte, konnte sehr wohl mehr wissen. Und er oder sie könnte sich problemlos hier im Gastraum befinden. Ich fröstelte, und gleichzeitig wurde mir auch richtig heiß. Und dann fiel mir noch etwas anderes ein: »Gwen hatte eine Daunensteppweste an. Die hat womöglich für den Auftrieb gesorgt.«

»Interessante These«, befand der geschniegelte Lord am Nebentisch. Langsam sollte er sich mir mal vorstellen. Er warf mir einen nicht mehr ganz so abschätzigen Blick zu. »Da könnte tatsächlich was dran sein. Aber das erklärt natürlich immer noch nicht, warum sie überhaupt im Wasser war.«

»Und wenn es doch Selbstmord war?«, spekulierte eine weitere Tänzerin. »Ich meine, Gwen stand unter massivem Druck. Sie war zwar die Favoritin, aber die Konkurrenz schläft nicht. Und bei solchen Wettbewerben ist alles denkbar …« Sie ließ den Blick über einige ihrer Kolleginnen gleiten. Ich schaute mir die Frau genauer an. Sie war hellblond, von sehr eleganter Statur und hatte eiskalte Augen. Ob sie eine derjenigen war, die von Gwens Ausscheiden profitieren könnten?

Von der Suizid-These hielt ich nach wie vor nichts. Ich konnte mir beim besten Willen nicht vorstellen, dass eine Lebensmüde sich unmittelbar vorher noch für sehr viel Geld neu einkleiden ließ. Andererseits war ich natürlich auch keine Expertin. Ich zuckte nur ratlos mit den Schultern.

»Nie im Leben hätte sich Gwen selbst etwas angetan«, behauptete die spitzmausige Kollegin im Brustton der Überzeugung. »Da hätte ich ihr eher zugetraut, dass sie ihre Konkurrenz aus dem Weg räumt, aber doch nicht sich selbst.«

Oh? Das war auch interessant. Ich schielte zum Paisley-Grafen, der ebenfalls erstaunt eine Braue gehoben hatte und sich tatsächlich Notizen in ein ledergebundenes Buch machte. Mit einem Füller!

»Oder es war doch ein Each Usige«, brummte der Tätowierte wieder.

»Hätte Nessie nicht etwas dagegen, wenn sich in ihrem Revier noch andere Fabeltiere tummeln?«, entfuhr es mir – und prompt erntete ich für diese doch naheliegende Frage böse Blicke von den Eingeborenen.

»Es gibt keine verlässlichen Aufzeichnungen darüber, ob das Seeungeheuer eine friedliche Koexistenz mit Kelpies eingehen würde oder nicht.« In den Mundwinkeln von Graf Klugscheißer zuckte es, während sein Füller über die Seite in seinem Notizbuch huschte.

»Kelpies sind weitverbreitet. Es gibt sie in praktisch jedem Gewässer«, erklärte mir der Athlet mit vollkommen ernster Stimme. »Deshalb sollte man niemals außerhalb eines Schwimmbads ins Wasser gehen. Es ist also sehr wahrscheinlich, dass auch im Loch Ness Wasserpferde leben.«

»Danke für den wertvollen Hinweis«, murmelte ich leise und fügte dann lauter hinzu: »Stellt sich aber trotzdem die Frage, was Gwen gestern Abend oder in der Nacht am Loch Ness zu suchen hatte. Denn auch wenn ich in schottischer Mythologie nicht so bewandert bin, halte ich es doch für sehr unwahrscheinlich, dass ein Wasserpferd sie hier in Kirkby bezirzt hat. Bis zum See sind es ja ein paar Kilometer.«

»Den Ruf der Wasserpferde kann man meilenweit hören«, behauptete nun die amerikanische Touristin, die offenbar ebenfalls Expertin in der Materie war. »Ich kann mir vorstellen, dass sie von einer unbestimmten, aber unwiderstehlichen Sehnsucht getrieben wurde. Dann ist sie an den See gelaufen und hat dort ihr Schicksal gefunden.« Sie legte sich mit theatralischer Geste eine Hand auf die Brust und seufzte.

»Gelaufen sein müsste sie wirklich, denn ich habe vorhin ihr Auto im Trailerpark am Herrenhaus gesehen«, berichtete die kühle Blonde.

Ich stellte fest, dass auch diese interessante Information im ledernen Notizbuch des vermeintlichen Landadeligen landete. Ich selbst fand dieses Detail ebenfalls bemerkenswert, denn es stützte ja wieder Daisys These, dass Gwen eine Liebelei mit einem der starken Männer am Laufen hatte, die in den schicken Wohnmobilen logierten.

»Habe ich das richtig gehört?«, rief plötzlich eine aufgebrachte Männerstimme, und ich sah, wie ein rothaariger Mann in einem Schwall kalter Luft in den Pub gestürmt kam. »Eine unserer Tänzerinnen ist tot?«

»Behauptet jedenfalls Fanny«, sagte Ivy, die ihr Schluchzen unterbrochen hatte und nun auf mich deutete.

• • •

Ich wusste nicht genau, ob ich beeindruckt oder enttäuscht sein sollte. Immerhin lief die absurde Diskussion über die Todesumstände der Tänzerin Gwen nun schon seit mehreren Minuten – einem Blick auf die Uhr nach sogar eine gute Viertelstunde –, und ich war eigentlich davon überzeugt gewesen, dass Collum McDonald eine Standleitung vom Rathaus in den Pub hatte und alles sofort mitbekam. Doch offenbar waren ihm die tragischen Neuigkeiten auf eher traditionellem Weg zugetragen worden, weshalb er für seinen Auftritt ein wenig länger gebraucht hatte.

»Und wer sind Sie?«, fragte er nun und baute sich vor Fannys Tisch auf. Besonders groß war er nicht, schon gar nicht im Vergleich mit den beiden Muskelmännern, aber wenn er wollte, konnte er durchaus autoritär wirken. Offensichtlich wollte er das gerade unbedingt.

»Wer will das wissen?«, antwortete sie erfrischend unbeeindruckt.

Collum stutzte. So eine Reaktion war er sichtlich nicht gewohnt.

»Das ist Collum McDonald, unser Bürgermeister«, stellte Pubwirt Jon seinen Kumpel vor.

»Genau. Der bin ich«, bestätigte Collum. »Und in meiner Funktion als Bürgermeister muss ich wissen, wer solche ungeheuerlichen Behauptungen aufstellt.«

»Das ist keine ungeheuerliche Behauptung, sondern die Wahrheit«, entgegnete Fanny kühl, und unterm Tisch knurrte bereits wieder ihr Dackel. Fast hoffte ich, dass er seine Zähne in die Bürgermeisterwaden schlagen würde. Das gäbe ein Spektakel … »Lass das, Rudi«, ermahnte sie den Hund jedoch und stellte sich dann vor: »Ich bin Fanny König.«

»Sie ist ein Gast«, fügte Jon erklärend hinzu, als Collum sichtlich wenig mit dieser Information anzufangen wusste.

»Und Sie wissen das weshalb so genau?«

»Weil ich heute Morgen auf einem Ausflugsboot auf dem Loch Ness unterwegs war und dabei die Leiche entdeckt habe«, sagte sie mit erstaunlicher Geduld.

»Warum?« Collum kratzte sich am Kopf.

»Warum was? Warum ich eine tote Frau entdeckt habe? Glauben Sie mir, das hätte ich mir sehr gerne erspart.«

»Nein, warum waren Sie auf dem Loch Ness?« Der Bürgermeister schien das ebenso absurd zu finden wie die meisten hier im Gastraum.

»Weil das auf meiner To-do-Liste stand.«

»Aber heute früh herrschte doch regelrecht Weltuntergang.« Er schüttelte den Kopf.

»Ist mir gar nicht aufgefallen«, gab sie sarkastisch zurück. »Mir war wirklich nicht klar, dass die Schotten so wasserscheu sind.«

»Sind wir nicht«, sagte er so würdevoll wie möglich. »Es käme nur keiner auf die Idee, bei strömendem Regen eine Ausflugsfahrt auf dem Loch Ness zu machen. Warum nicht gestern, als die Sonne schien? Oder in den nächsten Tagen?«

»Muss ich mich jetzt wirklich dafür rechtfertigen, dass ich diese Schifffahrt gemacht habe?« Nun war es mit ihrer Geduld hörbar vorbei, sie klang reichlich fassungslos und gereizt.

»Wär' schon gut«, mischte sich Ivy ein.

»Na schön, beim Sonnenschein gestern saß ich den ganzen Tag im Schneideratelier der *Kirkby Tartan Mill* und habe ein neues Tanzkostüm für Gwen genäht. Ab morgen finden hier im Ort die Highland Games statt, die ich gerne sehen möchte, und ich weiß nicht, wie lange ich dann noch in der Gegend sein werde. Also habe ich die Gelegenheit beim Schopf gepackt und für heute früh die Tour gebucht. Zufrieden?«

»Sie sind für unsere Highland Games nach Kirkby gekommen?« Collum lächelte geschmeichelt.

»Nun ja, es hieß, diese Spiele würden etwas ganz Besonderes werden, aber inzwischen bereue ich den Entschluss offen gestanden bitterlich.«

Collums Lächeln verschwand augenblicklich. »Sie werden auch etwas Besonderes werden!«

»Dann wirst du das Event also durchziehen?«, erkundigte ich mich und klappte mein Notizbuch wieder auf. Ich konnte es kaum erwarten, den nächsten Artikel für meinen Blog zu schreiben.

»Selbstverständlich!«, kam es wie aus der Pistole geschossen von Collum, doch dann zögerte er. »Ähm, also die Tote … War das jemand aus Kirkby?«

»Macht das einen Unterschied?«, wollte ich wissen.

»Es ist Gwen«, erklärte die elegante hellblonde Tänzerin, die mir vorhin schon mit ihren kühlen Kommentaren aufgefallen war. »Ich glaube, sie kommt aus Stirling.«

»Sie ist der absolute Superstar der Szene«, schaltete sich die junge Tänzerin ein, deren Urgroßtante angeblich von Nessie zu Tode erschreckt worden war. »War der Superstar, muss ich wohl sagen.« Sie schluckte, aber so ganz nahm ich ihr die Betroffenheit nicht ab.

»Und … ähm … wie ist sie gestorben, diese Gwen?«, stellte Collum die Frage aller Fragen.

»Die Volksmeinung schwankt zwischen Suizid und Kelpie«, half ich aus.

»Oder sie wurde ermordet«, platzte Fanny heraus.

»Ermordet?« Collum wurde blass. »Das ist eine sehr krasse Behauptung.«

»Aber mit die naheliegendste Erklärung«, sprang ich Fanny bei, denn die beiden anderen Varianten hielt ich ebenfalls für sehr unwahrscheinlich. Collum schüttelte heftig den Kopf, so als wollte oder könnte er das nicht glauben. »Das ist doch pure Spekulation«, behauptete er und lag damit nicht falsch, denn tatsächlich waren wir bislang nur mit den wildesten Mutmaßungen beschäftigt. »Was meint denn die Polizei?«

»Die geht von einem Selbstmord aus«, knurrte Fanny.

»Na sehen Sie!« Er wirkte erleichtert. »Das ist natürlich ein schreckliches Unglück, aber es hat nichts mit dem ›Kirkby Clan Gathering‹ zu tun, das ich selbst dann nicht absagen könnte, wenn ich wollte. Da hängt inzwischen viel zu viel dran.« Er schaute kurz in meine Richtung, aber ich hätte nicht sagen können, was er mit seinem Blick erreichen wollte. Zustimmung vielleicht?

»Ich würde mich nicht zu früh freuen«, wandte Fanny ein. »Ich kann mir nämlich gut vorstellen, dass bei der Untersuchung der Leiche doch andere Dinge zum Vorschein kommen. Zumal ja nichts auf einen Suizid hindeutet. Gwen hat sich von mir ein teures neues Kostüm nähen lassen und keinen Abschiedsbrief hinterlassen.«

Woher wusste sie das mit dem Abschiedsbrief? Beziehungsweise mit dem Fehlen eines solchen? Ich betrachtete

Fanny König mit wachsender Faszination – und insgeheim mit einer guten Portion Argwohn. Es war jedoch offensichtlich, dass sie sich für ihre flapsig dahingesagte Bemerkung am liebsten selbst geohrfeigt hätte.

»Woher wollen Sie wissen, dass es keinen Abschiedsbrief gibt?«, hakte Collum prompt nach.

»Das hätte sich doch zweifellos längst herumgesprochen«, redete sie sich heraus. »Ich meine, in einem Dorf wie diesem bliebe das doch nicht geheim, wenn sie in ihrem Quartier oder bei einer Kollegin einen Abschiedsbrief hinterlassen hätte, oder?«

Da war etwas dran, doch ich nahm ihr das nicht ganz ab. »Vielleicht hat sie ja ihrer Familie einen Brief geschrieben, und der ist noch auf dem Postweg unterwegs«, schlug ich vor.

»Wenn keine eindeutige Selbsttötungsabsicht vorliegt, wird man bei einem Todesfall Untersuchungen anstellen – zumindest ist das in Deutschland so«, behauptete sie. »Ich gehe mal davon aus, dass man auch in Schottland daran interessiert sein wird, warum eine gesunde junge Frau binnen weniger Stunden von ›springfidel‹ zu ›mausetot‹ gewechselt ist. Und dabei wird vielleicht herauskommen, dass ein … ähm … Wasserpferd sie ertränkt hat oder sonst etwas passiert ist.«

»Vermutlich wird es so laufen«, gab Collum grummelnd zu. »Aber solche Ermittlungsarbeiten dauern ja, und es gibt keinen Grund, deswegen auf die Spiele zu verzichten.« Er hörte sich selbstsicherer an, als er zu sein schien, und insgeheim tat er mir fast ein bisschen leid.

Sosehr ich mich über die Highland Games lustig gemacht hatte, für den Ort war die Veranstaltung doch eine ganz große Sache, und die Leute waren seit Wochen vollkommen aus dem Häuschen. Collum hatte sehr viel persönlichen Einsatz gezeigt, um das Event zu organisieren, was nicht einfach gewesen sein dürfte. Natürlich musste es sich für ihn wie eine Katastrophe anfühlen, wenn ihm jetzt ein ungeklärter Todesfall in die Quere kam.

»Ich geh jetzt zurück ins Rathaus und versuche, einige Dinge zu klären«, kündigte er an. »Natürlich kann ich Gerede nicht verhindern, aber ich möchte trotzdem jeden hier um Diskretion bitten. Auch um das Andenken an die Tote nicht zu … ähm … schänden.« Er räusperte sich heftig. »Sollte die Polizei hier auftauchen, dann …«

»Dann sag ich dir Bescheid«, versprach Jon und nickte seinem Freund zu.

»Die Spiele müssen stattfinden!«, riefen mehrere Tänzerinnen und der tätowierte Baumstammwerfer dem Bürgermeister hinterher, der im Hinausgehen beschwichtigend die Hand hob.

Ich schätzte, da war das letzte Wort noch nicht gesprochen.

GRÜNDLICH NACHGEFRAGT

ICH WAR DRAUF UND DRAN, dem Tohuwabohu im Pub zu entfliehen und eilig an meinen Schreibtisch zurückzukehren, um die neuesten Entwicklungen im Dorf zu dokumentieren. Da ging erneut die Tür auf, und zwei Männer traten ein: ein etwas zerknittert aussehender, untersetzter älterer Mann und ein blutjunger, adrett uniformierter Kerl, den ich optisch noch eher in der Schule verortet hätte als im Polizeidienst. Ich lehnte mich also wieder zurück, gespannt, was gleich geschehen würde.

Die beiden Männer schauten sich um, während die wilden Diskussionen im Gastraum nach und nach verstummten.

»Haben Sie jetzt doch Interesse an einer Zeugenbefragung?«, wandte sich Fanny an die beiden.

»Wir wollen uns lediglich ein Bild von der Lage machen, Menschen befragen, die Gwendolyn LaRue kannten«, entgegnete der Zerknitterte und schielte knapp an Fanny vorbei.

LaRue? Was war denn das für ein Name? Ein Pseudonym vielleicht? Machte man das auch in der Tanzszene? Also spontan fielen mir durchaus Tänzerinnen ein, die einen Bühnennamen hatten, doch die waren eher spärlicher bekleidet als die recht züchtigen Highland Dancer. Besonders schottisch klang »Gwendolyn LaRue« auch nicht.

»Dann schießen Sie mal los, Inspector«, forderte ihn Fanny auf und deutete auf den freien Stuhl an ihrem Tisch.

»Sie haben Ihr Statement doch schon abgegeben«, wehrte der Zivilpolizist ab. »Sie und Ihr Hund haben die Tote entdeckt. Vielen Dank für Ihre Kooperation.« Er sah sich fragend im Pub um und entspannte sich merklich, als Jon auf ihn zugeeilt kam.

»Ich bin Jon Grant, Besitzer des Pubs. Ich nehme an, Sie sind wegen Gwen hier? Schreckliches Unglück. Kann ich was für Sie tun?«

»Ich bin DI Wilson, das ist PC Cook«, er deutete auf den schlaksigen jungen Kerl neben sich. »Gibt es hier einen Nebenraum, wo wir uns mit den Leuten unterhalten können?«

»Leider nein, wir haben nur die Kaminnische, aber die ist natürlich nicht völlig abgesondert.« Jon deutete auf das mit Bücherregalen etwas abgeschirmte Separee, in dem gemütliche Ohrensessel um den derzeit kalten Kamin herum gruppiert waren. Das wäre ungünstig, denn wenn sie sich für die Befragungen in diese Ecke zurückzogen, würde es mit dem Belauschen von meinem Platz aus schwierig werden.

»Das wird gehen«, freute sich der Inspector jedoch und rieb sich die Hände. »Wenn Sie mir einen Tee und … ähm … servieren könnten?« Er sah verstohlen zur Bar, und Jon schien zu verstehen.

»Tee und … Kekse … kommen gleich«, versprach er mit einem verschmitzten Grinsen.

»Cook, Sie suchen mir Leute, die Kontakt mit Miss LaRue gehabt haben, und schicken Sie nacheinander zu mir. Und dann können Sie sich schon in diesem Bed & Breakfast umschauen, wo die Tote logiert hat. Dem … ähm …«

»The Cosy Thistle«, half Fanny aus.

»Genau da. Fragen Sie da mal nach. Und auch am Veranstaltungsort und überhaupt überall, wo sie in den letzten Tagen gewesen sein könnte.«

»Okay«, erwiderte der junge Constable und brachte dabei das Kunststück fertig, gleichzeitig panisch und dienstbeflissen zu klingen. War das vielleicht sein erster Einsatz? Allerdings rührte er sich nicht von der Stelle.

»Worauf warten Sie, Cook? Zeugen. Zu mir. In die Ecke. Nicht diese Frau.« Er deutete auf Fanny. »Die haben wir schon.«

Fanny schüttelte fassungslos den Kopf, und ihr Dackel knurrte böse. Offenbar fand er das Benehmen dieses Ermittlers ähnlich fragwürdig wie seine Besitzerin. Und ich.

»Ich würde bei den Tänzerinnen anfangen«, riet Fanny dem jungen Mann freundlich, der immer noch wie angenagelt im Raum stand und hilflos wirkte wie ein Reh im Scheinwerferlicht. Sie deutete zu dem großen Tisch, an den sich die Tänzerinnen wieder zurückgezogen hatten und wo sie sich zweifellos die Mäuler darüber zerrissen, wie es zum tragischen Ende ihrer Kollegin gekommen war. Aber vielleicht wusste die eine oder andere ja mehr? »Los, Rudi, wir drehen eine kleine Runde«, sagte Fanny dann zu ihrem Hund, stand auf, ohne Wilson oder mich eines weiteren Blickes zu würdigen, und verließ den Gastraum in Richtung Treppenhaus.

So bekam sie auch nicht mehr mit, wie DI Wilson entspannt in einem der Ohrensessel Platz nahm und von Jon mit Tee, Keksen und einer Flasche Whisky versorgt wurde. War vielleicht auch besser so, denn das hätte ihren Glauben an das schottische Rechtssystem zweifellos noch weiter schrumpfen lassen. Mir ging es jedenfalls so. Ich stand auf, zahlte und machte mich ebenfalls auf, um nach Hause zu gehen.

• • •

Das war ja nicht zu glauben! Viel fehlte nicht mehr, und mir würden vor Wut Dampfwölkchen aus den Ohren steigen. Was bildete sich dieser inkompetente Inspector eigentlich ein? Er hatte explizit auf meine Zeugenaussage verzichtet.

Ich stapfte die Treppen zu meinem Zimmer hoch, um meine Jacke anzuziehen. Frische Luft hatte ich heute zwar schon reichlich gehabt – die meiste davon recht feucht angereichert –, doch gerade hielt mich nichts mehr hier. Im Zimmer würde ich vermutlich keine Sekunde zur Ruhe kommen und im Gastraum garantiert die Beherrschung verlieren. Wie konnte man bloß so selbstverliebt und arrogant sein wie dieser Wilson?

»Darüber brauchst du gar nicht nachzudenken«, fuhr ich Rudi an, der schnurstracks zu seinem Kissen marschiert war und sich dort umständlich zusammenrollte. »Wir gehen gleich noch mal raus.«

Die Antwort war ein genervtes Brummen.

»So wie du daliegst, ist das nicht gut für deine Bandscheiben«, warnte ich ihn und stupste ihn leicht mit dem Finger an. Er lag wie ein Donut zusammengekringelt auf dem Kissen und hatte seine Schnauze zwischen die Hinterbeine gesteckt. Dackel-Akrobatik. Das sah so bescheuert aus, dass ich schon wieder ein bisschen lachen musste. Wenigstens dafür war Rudi immer gut.

Ich schlüpfte in meine alte Wachsjacke, die immer noch leicht feucht war – außen jedenfalls, innen hielt sie erstaunlich gut trocken –, und schlang mir einen dünnen Baumwollschal um den Hals. Für Ende August fühlte es sich gerade ganz schön herbstlich an. Dann klapperte ich aufreizend mit der Leckerli-Dose und sah, dass Rudi leicht zusammenzuckte, aber noch tapfer so tat, als könnte er mich und die Käsekräcker ignorieren. Ich steckte mir ein paar seiner

Lieblingsbelohnungen in die Tasche und schepperte weiter mit der noch geöffneten Dose. Die schwarze Schnauze schnupperte nun unverkennbar, und schließlich hielt es auch der restliche Hund nicht mehr aus. Mit einem Satz sprang er vom Kissen, schüttelte sich und setzte sich vor mich hin.

Ich hielt einen Keks in die Luft. »Willst du ihn?«

Er fiepte leise, und ich ahnte, dass er sich selbst für seine Verfressenheit verachtete, aber die hündischen Instinkte waren einfach stärker als die eisernsten Dackelprinzipien. »Du bekommst ihn, wenn du mich nach draußen begleitest«, säuselte ich und griff nach der Leine, die ich vorhin nicht einmal gelöst hatte. Dann ging ich in Richtung Zimmertür, das Leckerli immer noch in der Hand – und natürlich folgte er mir.

»So ist's brav«, lobte ich ihn, als ich die Tür hinter uns geschlossen hatte und er am Treppenabsatz Platz nahm. Statt das Käsegebäck an ihn zu verfüttern, klemmte ich ihn mir jedoch unter den Arm und eilte rasch die Treppe hinunter. Erst vor dem Pub setzte ich ihn wieder auf den Boden. Dort bekam er seine Belohnung und lief dann grummelnd neben mir her. Ich überlegte, wohin ich mit meiner Unruhe, meinem Ärger und meinem störrischen Dackel gehen sollte – immerhin machte der Regen gerade wieder eine Kreativpause –, da sah ich den Seidenschalträger über den Dorfplatz eilen.

Er hatte eine Papiertüte in der Hand und bog gerade mit raschen, langen Schritten in eine Seitenstraße ab. Vermutlich hatte er sich in der Bäckerei etwas Gebäck geholt und war nun auf dem Heimweg, überlegte ich und fragte mich im nächsten Moment, warum ich das so bemerkenswert fand. Dieser Kerl war ein aufgeblasener Wichtigtuer und Klugscheißer, und mit dieser besonderen Spezies Mann konnte ich so gar nichts anfangen. Andererseits hatte er mich nicht nur mit seinen Bemerkungen genervt, sondern war mir zwischenzeitlich sogar hilfreich beigesprungen. Ich war mir ziemlich sicher, dass auch er an einen Mord glaubte, selbst wenn ich nicht verstand, warum. Das ließ im Wesentlichen zwei Erklärungsansätze zu. Erstens: Er wusste mehr, als er zugab. Zweitens: Er hatte ein ausgeprägteres kriminalistisches Gespür als Detective Inspector Wilson.

Konnte es sein, dass er etwas mit Gwens Tod zu tun hatte? Diese Vorstellung fand ich höchst alarmierend und gleichzeitig irgendwie aufregend – und ohne es wirklich zu wollen, ging ich mit großem Abstand hinter ihm her.

Leider ruinierte Rudi jeden Versuch, diskret zu sein, als er beim Anblick eines Eichhörnchens die Dackelsirene anwarf, die vermutlich Tote erwecken konnte. Wobei, nein, dieser Vergleich war gerade doch etwas unpassend. Lord Seidentüchlein blieb jedenfalls stehen und wandte sich uns zu.

»Haben Sie sich verlaufen?«, erkundigte er sich spöttisch über den wild geifernden Hund hinweg.

»Rudi hat ein Eichhörnchen entdeckt, das sich seiner Meinung nach illegal auf diesen Baum begeben hat, statt sich freiwillig von ihm meucheln zu lassen«, entgegnete ich.

»Er hat's wohl mit Morden, Ihr Rudi?« Er hob eine Braue, doch erstaunlicherweise wich das ironische Lächeln schnell einem verschmitzten. »Wenn er auch Vögel nicht verschmäht, hätte ich einen nervtötenden Buntspecht als Opfer zu bieten.«

»Mein Hund killt weder Eichhörnchen noch Buntspechte!«, betonte ich leicht empört – und fügte in Gedanken hinzu: *Auch wenn er es trotzdem jederzeit versuchen würde.*

»Schade. Der Specht ist nämlich wirklich die Hölle. Ich würde ein Kopfgeld auf ihn aussetzen. Worauf steht Rudi? Würstchen? Ein rohes Steak? Käse?« Er grinste so entwaffnend, dass ich lachen musste. Leider.

»Sie haben einen Knall«, stellte ich kichernd fest und merkte gleichzeitig, wie sich meine verspannten Nackenmuskeln etwas lockerten.

»Man hat mir schon Schlimmeres vorgeworfen.«

»Vermutlich mangelnde Höflichkeit. Sie haben sich immer noch nicht vorgestellt, und ich kann Sie doch nicht ewig ›Graf Klugscheißer‹ nennen, oder?«

Ihm entfuhr ein so schallendes Gelächter, dass selbst Rudi überrascht das Bellen einstellte und seine Aufmerksamkeit vom Eichhörnchen auf den Lachsack übertrug.

»Unverzeihlich von mir«, japste er schließlich. »Aber ›Graf Klugscheißer‹ gefällt mir sehr gut. Dabei können wir gerne bleiben.«

»Ich hätte noch ›Lord Seidentüchlein‹ im Angebot«, sagte ich, ehe ich mich bremsen konnte.

»Leider hat mein älterer Bruder den Titel geerbt. Ich selbst bin durch und durch bürgerlich«, erklärte er, nun wieder völlig beherrscht. »George King – George reicht.«

»Fanny König«, entgegnete ich und streckte ihm meine Hand entgegen. »Fanny reicht ebenfalls – und ja, ich kenne alle Witze Englisch sprechender Menschen über meinen Namen.« Schon ärgerlich, wenn der eigene Name im Englischen wahlweise höchst deftig den Po oder das weibliche Genital bezeichnete.

»Ich dagegen kenne keinen einzigen«, behauptete er mit einem unschuldigen Augenzwinkern.

»Hmpf.«

»Um noch einmal auf meine erste Frage zurückzukommen: Habt ihr euch verlaufen?«

»Ähm … nein?« Ich sah mich gespielt interessiert um. »Wir sind nur zu einem Spaziergang aufgebrochen, um weiter die Umgebung zu erkunden.«

»In einer Sackgasse?« Er deutete auf das tatsächlich recht abrupte Ende der Straße, wo ein hübsches Doppelhaus mit blau lackierten Türen stand und sich ansonsten nur noch eine eingezäunte Weide anschloss.

»Ähm …« Ich war schon mal schlagfertiger gewesen, doch zu meinem Ärger fiel mir gerade überhaupt keine Erwiderung ein. Seine dunklen Augen blitzten vergnügt.

»Oder habt ihr mich verfolgt?«

»Verfolgt?«, rief ich mit deutlich zu hoher Stimme. Wovon träumte der Typ bitte nachts? Wenn überhaupt, waren wir ihm *ge*folgt. Das war ein feiner, aber wichtiger Unterschied. »Weshalb sollten wir dich verfolgen?«

»Ja, weshalb? Und warum nimmt man bei so einem Unterfangen eine vierbeinige Alarmanlage mit? Fragen über Fragen.« Das spöttische Lächeln war auf seine Lippen zurückgekehrt.

»Eben«, sagte ich. »Das wäre absolut idiotisch. Also schön, ich gebe es zu, ich habe mich verlaufen. Ich war wohl zu sehr in Gedanken.«

»In Kirkby kann man sich nicht verlaufen«, behauptete er nun – und hatte damit absolut recht. Das Dorf war nicht gerade unübersichtlich.

»Warum hast du mir das dann eingangs unterstellt?«

»Vielleicht weil ich dir die Möglichkeit für eine charmante Ausrede geben wollte.«

»Nicht nötig, Graf Klugscheißer!«

»Jammerschade, neugierige Kleiderfrau!«

»Wie hast du mich gerade genannt?« Ich plusterte mich auf. Neugierige Kleiderfrau? Der kurze Anflug von Sympathie, den ich für George empfunden hatte, war schon wieder futsch.

»Das war nichts Persönliches, sondern reine Beobachtung. Extravagante Kleider – heute leider nicht – und ungesunde Neugier.«

Ich schüttelte den Kopf, dieses Gespräch wurde mir gerade wieder zu bunt. Faktisch mochte er recht haben, aber das erlaubte es ihm längst nicht, mich so … so … so … »Ich habe dich bei meinen Beschimpfungen wenigstens geadelt!«

Ihm entfuhr ein Lachen, das er ziemlich unprofessionell als Husten tarnte. Als er sich wieder gefangen hatte, sagte er voller Ernst: »Es tut mir aufrichtig leid, Lady Nosy Dress. Schönen Tag noch, ich habe jetzt zu arbeiten.« Dann drehte er sich auf dem Absatz um und marschierte zur linken blauen Tür des Doppelhauses, ohne sich noch einmal nach mir umzublicken.

»Ich fass es nicht«, murmelte ich halb zu mir, halb zu Rudi, der sich den verbalen Schlagabtausch der Zweibeiner mit nur wenig Interesse angehört hatte. »Was machen wir jetzt?«

Rudi wuffte, gab aber leider keine sachdienlichen Hinweise von sich. Also ging ich auf der kleinen Straße zurück und erspähte an der Hauptstraße das Hinweisschild für die Highland Games. Genau, ich wollte mich ja bei den Athleten umsehen – und konnte das mit einem Besuch bei Ainslee verbinden. Mit dem Auto wäre ich schneller da, aber ich hatte keine Lust, erst wieder zum Pub zu laufen, also machte ich mich zu Fuß auf den Weg. War vielleicht ohnehin besser, ein bisschen auszulüften und mich zu beruhigen. Und vielleicht fielen mir unterwegs auch ein paar unverfängliche Fragen ein. Mr King jedenfalls stand weiter ganz oben auf meiner Verdächtigenliste.

• • •

Lord Seidentüchlein und Graf Klugscheißer. Ich musste immer noch grinsen, als ich in mein Haus trat und die Scones, die ich mir vorhin in der Bäckerei geholt hatte, in die Küche brachte. Es war tragisch, dass eine junge Frau gestorben war, aber so gute Laune wie heute hatte ich schon lange nicht mehr gehabt. Ich fühlte mich regelrecht energiegeladen und … fröhlich. »Fröhlich« war ein Adjektiv, von dem ich nicht einmal gewusst hatte, dass es in meinem Repertoire der Selbsteinschätzung verfügbar war. Erstaunlich, wirklich ganz erstaunlich.

Rasch brühte ich mir eine Kanne Tee auf und trug sie zusammen mit den Scones in mein Arbeitszimmer, wo mein Laptop geradezu verheißungsvoll auf mich wartete. So viel Lust zum Schreiben hatte ich auch schon lange nicht mehr gehabt.

Während der nächsten Viertelstunde tippte ich wie ein Besessener einen launigen, spitzzüngigen Artikel über rachsüchtige Wasserpferde, konkurrierende Tänzerinnen und bajuwarische Leichenspürhunde. Das alles garnierte ich mit der – berechtigten – Frage, ob die Highland Games unter diesen Umständen überhaupt stattfinden durften. Ich war kurz davor, auf den »Veröffentlichen«-Knopf zu drücken, als mir eine Sache bewusst wurde: Mit diesem Text würde ich mein sorgsam gehütetes Geheimnis lüften, denn es dürfte selbst dem stumpfsinnigsten Leser klar sein, dass der Autor vorhin im Pub gewesen sein musste. Und damit war der Kreis der Verdächtigen, die für einen derart süffigen Beitrag infrage kamen, überschaubar. Mist.

Deutlich ernüchtert sicherte ich den Bericht auf meiner Festplatte und trank einen Schluck Tee. Mein ganzer Elan war verpufft.

Oder … nicht ganz. Ich zog mein Notizbuch aus der Sakkotasche und überflog meine Stichpunkte. Zwei Hinweise machten mich stutzig. Die beiden Tänzerinnen, die Substanzielleres als Wehklagen und Entsetzen von sich gegeben hatten, schienen sich in einem Punkt einig zu sein: Highland

Dancing war offenbar ein knüppelharter Wettbewerb, bei dem es um so viel ging, dass einerseits Suizide unter den Favoritinnen denkbar waren und man sich andererseits nicht wunderte, wenn einige Damen zu … unerlaubten Mitteln griffen. Wie auch immer die aussahen. Das deckte sich mit meinen Recherche-Ergebnissen von neulich, die ich da aber noch als ziemlich nichtig abgetan hatte.

Ich erinnerte mich an Gwens Verzweiflung, als sie mit ihrem eindeutig mutwillig zerstörten Kostüm in den Pub gekommen war. Gwendolyn LaRue hatte offensichtlich echte Feinde gehabt.

Langsam, aber sicher erwachte mein Reporterinstinkt, der viel zu lang im Dämmerschlaf gelegen hatte, und ich begann mit einer deutlich intensiveren Internetrecherche über diese Folklore-Veranstaltungen, die nur vordergründig harmlos waren. Als ich nach gut zwei Stunden wieder zu meiner Teetasse griff, war das Gebräu kalt und bitter. Angewidert schob ich die Tasse weg und starrte fasziniert auf das Dossier, das ich auf die Schnelle zusammengestellt hatte: Foreneinträge, Social-Media-Posts und auch einige empörte Lokalzeitungsbeiträge. Wenn man diesen Aussagen Glauben schenken durfte, waren die schottischen Traditionsveranstaltungen ähnlich organisiert wie die sizilianische Mafia. Das musste ich erst einmal sacken lassen.

MUSKELMÄNNER UND TANZMARIECHEN

RUDI UND ICH WAREN NOCH ein ganzes Stück vom Herrenhaus Monroe Manor entfernt, als uns der Wind klagende Dudelsacktöne entgegentrug. Hörte sich dieses Instrument eigentlich jemals anders an als wehklagend? Oder penetrant? Ich liebte Schottland und hatte eine wenig erklärbare Schwäche für alles, was mit Karos bedeckt war oder Kilts trug, aber diese Schmerzenslaute gingen nicht wirklich an mich. Oder schon, aber eben nicht in der gewünschten Form. Wahrscheinlich wurde einem die Leidenschaft für das infernalische Getröte schon in die Wiege gelegt, was vermutlich für die meisten regionalen Brauchtümer galt.

Mich überkam eine plötzliche, aber heftige Sehnsucht nach Butterbrezeln und Leberkäs-Semmeln, und selbst über die Erinnerung an Oktoberfest-Blaskapellen legte sich ein rosiger Schleier der Verklärung. Energisch schob ich diese Gedanken beiseite. Erstens konnte ich bayerische Blasmusik genauso wenig leiden wie Dudelsäcke, und zweitens war ich satt. Und für einen Heimweh-Flash war gerade überhaupt keine Zeit.

Rudi, der zunächst ausgesprochen sauertöpfisch neben mir hergetrottet war, zeigte sich nun hochgradig elektrisiert von den zahlreichen Schafen, die neben uns auf den Weiden grasten und sein provozierendes Gebell mit stoischem Geblöke quittierten. Die hatten ihn schon an den Vortagen interessiert, doch da hatte er sie nur von Weitem abgecheckt. Nun vibrierte er regelrecht an der Leine, und ich wollte mir gar nicht vorstellen, was er wohl anrichten würde, wenn ich ihn in die Freiheit entließe.

Wir näherten uns dem Veranstaltungsgelände, auf dem heute geschäftiger Betrieb herrschte. In der eingezäunten Arena marschierten zwei Dudelsackgruppen auf und ab – und spielten unterschiedliche Stücke. Kein Wunder, dass meine Ohren bluteten. An der Stirnseite wurde gerade eine Bühne aufgebaut, von der mir nicht wirklich klar war, wofür sie gebraucht wurde. Würden da vielleicht die Tanzwettbewerbe stattfinden? Und was machten die Reiter, die etwas abseits irgendwelche Formationen übten? Rosse und Reiter blieben offensichtlich unbeeindruckt von dem Lärm. Vielleicht hatten sie aber auch Ohrstöpsel? Auf der anderen Seite wurde an Marktständen letzte Hand angelegt.

Ich hatte schon während der vergangenen Tage mitbekommen, dass es neben den eigentlichen Wettbewerben auch einen Historienmarkt geben würde, mit traditionellen Handwerksbetrieben und einem hochwertigen Warenangebot. Ainslee und ihre Geschäftspartnerin Harriet würden sogar ihren historischen Webstuhl nach unten transportieren und den interessierten Zuschauern zeigen, wie man früher per Hand die bunten Tartans gewebt hatte.

Ich trat näher und blieb an einem altertümlich aussehenden, aber opulenten blauen Zelt stehen, das mich unwillkürlich an Zauberkunst und Wahrsagerei erinnerte. Vielleicht war ja auch eine talentierte Glaskugelleserin unter den Ausstellern, die mir meine Zukunft voraussagen konnte? Doch statt einer Hexe schlüpfte zwischen den Stofffalten ein ziemlich großer Rabe hervor, der Rudi wütend ankrächzte, als dieser sein Bein am Zelt heben wollte. Mein Dackel war so erschrocken, dass er nicht nur das Bellen, sondern auch das Markieren vergaß und den schwarzen Vogel entsetzt anstarrte. Energisch zog ich Rudi weiter, schließlich hatte ich ja eine Mission.

Ich ging am Herrenhaus vorbei und hielt mich in Richtung Trailerpark. Gestern hatten da erst fünf der großen Wohnmobile gestanden, jetzt waren es bestimmt zwei Dutzend, die auf den ersten Blick erschreckend gleich aussahen. Ich konnte mich beim besten Willen nicht erinnern, welche von diesen Ungetümen die Gefährte waren, die schon am Vortag hier geparkt hatten. Einige der Türen waren geöffnet, und ich konnte ein paar Blicke auf das Innere erhaschen. Was ich erkennen konnte, hatte mit dem ollen Wohnwagen meiner Großeltern nichts gemein.

Die hatten eine heiß geliebte Dauercamper-Parzelle am Staffelsee gepflegt, wo ich zahllose Ferien- und Wochenendtage verbracht hatte. Als Kind hatte ich es großartig gefunden, als Teenie nicht mehr, und heutzutage erschien es mir absolut absurd, auf diese Art zu urlauben. Mich schauderte, als ich an das Notfallklo dachte, das man nutzen konnte, wenn man nachts nicht die Gemeinschaftswaschräume aufsuchen wollte …

Rudi blieb plötzlich wie festgewachsen stehen, und mir entfuhr ein ziemlich albernes »Huch!«. Die geöffnete Tür eines der Wohnmobile bot nämlich eine hervorragende Aussicht auf eine nackte Männerrückseite. Nun war ich mit Mitte vierzig nicht völlig aus der Welt gefallen, aber *so* ein Exemplar hatte ich noch nie gesehen. Der Kerl war riesig, bestimmt an die zwei Meter groß, hatte Beine wie Baumstämme und Schultern, die garantiert breiter waren als die Hecktür meines Minis. Und das Hinterteil …? Solche gemeißelten Halbkugeln gehörten verboten.

Und nun drehte sich dieses Prachtstück, aufgeschreckt von meinem Ausruf und Rudis Geknottere, auch noch um. Es kostete mich fast übermenschliche Mühe, meinen Blick auf seinen Kopf zu heften und nicht tiefer gleiten zu lassen. Ein Kopf, der von feuchten, fast schulterlangen dunklen Locken umwuchert war, die ein kantiges Kinn, eine markante Nase und schmale, helle Augen umrahmten. Und einen Mund, der sich jetzt zu einem aufreizenden Grinsen verzog.

»Wen haben wir denn da?«, fragte der Mund, und ich nahm aus den Augenwinkeln wahr, wie der Mann nach irgendwas griff, das er dann dankenswerterweise um seine Körpermitte schlang.

Ich schluckte trocken und ärgerte mich gleichzeitig maßlos über meine Reaktion. »Hi«, antwortete ich lahm. »Sorry für die Störung.«

»Kein Grund zur Sorge«, entgegnete er und kam auf uns zu. Das »irgendwas« entpuppte sich als Kilt, den er nun noch mit den Schnallen sicherte. Dann streckte er mir seine Hand hin. »Jacob.«

Ich schielte etwas nervös auf die Pranke, die vermutlich ohne die geringste Mühe sämtliche Knochen in meiner Hand brechen könnte, doch trotzdem schlug ich ein. »Fanny«, sagte ich heiser und wurde prompt rot, als sein Grinsen noch breiter wurde.

Er umfing meine Hand erstaunlich vorsichtig und raunte: »Es ist mir ein Vergnügen, *Fanny.*«

Die Art, wie er meinen Namen betonte, ließ mich augenblicklich die Hand zurückziehen, und ich hatte große Lust, auf der Stelle die Biege zu machen. Andererseits war ich ja hier, um an Informationen zu kommen. Also lächelte ich bewusst süß und fragte: »Bist du einer der Athleten, die ab morgen Baumstämme durch die Gegend werfen?«

»Mehrfacher schottischer Meister im Frauentragen und im Steinwurf, außerdem habe ich letztes Jahr beim großen Clan Gathering in San Francisco sozusagen den Weltmeistertitel in beiden Disziplinen geholt. Bei den Baumstämmen mache ich nur gelegentlich mit. Die liegen mir nicht so sehr.«

Hatte er wirklich »Frauentragen« gesagt, oder hatte ich mich verhört? Ich beschloss, nicht danach zu fragen, und legte ein Mindestmaß an Bewunderung in meine Stimme. »Sehr beeindruckend. Dann habe ich es ja sozusagen mit Highland-Game-Royalty zu tun.« Ich klimperte sicherheitshalber auch noch mit den Wimpern und schob meine innere Feministin tief in die Magengrube, wo sie mit ihrem Gezeter an einem Geschwür arbeiten konnte.

Er lächelte geschmeichelt. »Wenn du das so sehen willst.«

»Unbedingt!«, beteuerte ich. Übergeben konnte ich mich später noch. »Ich finde, das wirkt hier alles wahnsinnig professionell. Ich dachte immer, dass Highland Games nur so ein Folklore-Spaß sind.«

»Folklore-Spaß?« Er runzelte die Stirn und ballte unwillkürlich die klodeckelgroßen Hände zu Fäusten.

»Ich bin ja auch nur eine ahnungslose Touristin«, beeilte ich mich hinterherzuschieben. »Tut mir leid.«

»Highland Games sind nicht nur ernsthafte Sportdisziplinen, auf die man sich seriös vorbereiten muss, um überhaupt punkten zu können, sie sind auch wirtschaftlich lukrativ.« Er richtete sich noch ein Stück höher auf, entspannte aber glücklicherweise seine Pranken. »In Schottland ist uns nichts so heilig wie die Tradition«, fügte er noch hinzu.

»Das ist mir auch schon aufgefallen«, murmelte ich. »Ich bin jedenfalls sehr gespannt und drück dir die Daumen, dass du wieder Triumphe feiern wirst beim … ähm … Frauentragen.«

»Lust auf einen Testlauf?« Nun machte sich wieder ein Grinsen auf seinem Gesicht breit, und er kam einen Schritt auf mich zu.

Rudi knurrte ihn böse an, der Gute, doch vermutlich hätte Jacob ihn mit einem einzigen Tritt über die Regenbogenbrücke befördern können.

»Ähm … nein danke.« Ich wich unwillkürlich zurück, hoffte aber, dass mein Lächeln noch hielt. »Ich schau mir das lieber aus der Ferne an.«

»Ganz, wie du magst.« Er wirkte tatsächlich ein bisschen enttäuscht. »Was machst du eigentlich hier?«, stellte er dann die offensichtliche Frage.

»Ich wollte eigentlich in die Weberei, aber … Ist echt beeindruckend, wie viel sich hier seit gestern geändert hat.« Ich schloss mit einer ausladenden Geste nicht nur den Trailerparkplatz, sondern das gesamte Veranstaltungsgelände ein. »Seit wann bist du schon da?«, erkundigte ich mich.

»Ich bin vorgestern Abend angekommen, davor war ich noch bei einer Veranstaltung in Stirling, und nach diesem Wochenende fahre ich gleich zum Saisonfinale in Braemar weiter. Zum schottischen Saisonfinale, denn im Winter werde ich nach Australien und Neuseeland fliegen und dort bei einigen Events antreten. Wusstest du, dass es dort auch Highland Games gibt?«

»Ich hatte keine Ahnung«, hauchte ich mit gespielter Bewunderung, notierte aber innerlich die Info, dass Jacob schon seit zwei Tagen vor Ort war. Und davor in Stirling. Hatte nicht jemand erwähnt, dass Gwen aus Stirling stammte?

»Ja, die Szene ist sehr international, aber der harte Kern ist eine ganz eingeschworene Gemeinschaft. Die meisten Teilnehmer hier kenne ich schon seit Jahren.«

»Nur die … ähm … Athleten oder auch die Tänzerinnen und Tänzer und die Dudelsackgruppen?«

»Hauptsächlich die Sportler, aber auch mit einigen der Tänzerinnen haben wir engeren Kontakt.« Er zwinkerte mir vielsagend zu, und ich musste ein Würgen unterdrücken. »Ich könnte mir vorstellen, dass auch du auf der Tanzfläche eine gute Figur abgibst, *Fanny*.«

»Eher nicht«, wehrte ich ab und war froh wie selten, dass ich eine Jeans und nicht eins meiner Kleider trug. »Na ja, ich muss dann mal. Wir sehen uns bestimmt. Und falls nicht, dann ein gutes Turnier.«

»Oh, wir sehen uns ganz bestimmt!«, rief er mir hinterher, als ich rasch das Weite suchte.

• • •

»Matteo, du glaubst gar nicht, worauf ich gestoßen bin«, rief ich ins Telefon, als ich meinen besten Freund endlich erreicht hatte.

»Auf die Romanidee des Jahrhunderts?«, mutmaßte er und klang irgendwie resigniert.

»Vielleicht«, entgegnete ich geheimnisvoll, doch seine wenig enthusiastische Reaktion hatte mir ein bisschen den Wind aus den Segeln genommen. »Ich habe herausgefunden, dass hinter den schottischen Highland Games Strukturen stecken, die mich an die sizilianische Cosa Nostra erinnern.«

Matteo sagte nichts, sondern stieß nur hörbar Luft aus.

»Ich weiß, das hört sich etwas weit hergeholt an …«

»Ziemlich weit«, unterbrach er mich. »Ich weiß, dass du frustriert bist und dich regelrecht eingesperrt fühlst«, fuhr er dann eindringlich fort. »Aber das ist jetzt sogar für deine Verhältnisse recht abenteuerlich. Geradezu verzweifelt.«

»Ich gebe zu, dass der Vergleich etwas hinkt, aber manche Dinge sind tatsächlich sehr ähnlich. Beispielsweise gibt es eine Athletenvereinigung, die …«

Wieder fiel er mir ins Wort: »Athletenvereinigung? Nur zum Verständnis, wir sprechen von Männern, die unter

Kampfgebrüll im Tauziehen gegeneinander antreten und Baumstämme werfen?« Er lachte.

»Auch auf Sizilien gibt es merkwürdige Traditionen«, gab ich schmallippig zurück. Mit einem Mal fühlte ich mich regelrecht in meiner schottischen Ehre gekränkt, obwohl ich Baumstammwerfen und Frauentragen mindestens so absonderlich fand wie er. Aber es nervte mich, dass mein bester Freund sich darüber lustig machte. »Ja, genau das meinte ich. Die lokalen Highland Games stehen theoretisch und auch praktisch jedem offen. Es kann also eigentlich jeder teilnehmen, der keine Scheu davor hat, sich lächerlich zu machen. Es gibt aber auch eine Art Profiliga, und diese Jungs sind knallhart organisiert. Die reisen in teuren Wohnmobilen von Veranstaltung zu Veranstaltung und treten gegeneinander an. Wobei gemunkelt wird, dass es da vorab zu Absprachen kommt.«

»Ich sehe immer noch keine Ähnlichkeit mit der Mafia«, warf Matteo ein.

»Schottland ist kein reiches Land. Angeblich fließt bei diesen Events kaum Geld, und als Preise werden offiziell gerne mal Naturalien wie Schafe oder eine Flasche Whisky ausgelobt. Davon kann sich niemand so teure Gefährte leisten. Aber es gibt auch eine Parallelwelt: Sportwetten!«

»Sportwetten? Dafür müsste das ja überhaupt erst mal ein ernst zu nehmender Sport sein.«

»Das ist es hier, glaub mir. Aber abgesehen davon wird in Großbritannien sowieso auf alles und jeden gewettet. Natürlich auch auf die Wettbewerbe bei den Highland Games. Aus diesen Töpfen kommt das Geld. Und ich habe ein paar Andeutungen gelesen, dass manche dieser Veranstaltungen auch für Geldwäsche benutzt werden – und das dürfte dir dann doch bekannter vorkommen, was?«

Ich konnte das Schulterzucken am anderen Ende der Leitung regelrecht hören. »Na schön, dann gibt es also mafiöse Baumstammwerfer. Und was willst du jetzt mit dieser Info anstellen?«

»Erst mal gar nichts«, bekannte ich etwas ernüchtert. »Eigentlich wollte ich einen Blogartikel über die tote Tänzerin schreiben, doch damit wäre ich ziemlich sicher als Urheber von ›The King's Speech‹ aufgeflogen. Also bin ich stattdessen ein wenig tiefer in die Recherche eingestiegen.«

»Tote Tänzerin?« Nun klang er deutlich interessierter.

»Ja, heute Morgen wurde eine Teilnehmerin tot im Loch Ness aufgefunden«, berichtete ich und fügte nach einer bedeutungsschwangeren Kunstpause hinzu: »Ich glaube, sie wurde ermordet.«

»Oh.«

»Oh? ›Oh‹ im Sinne von ›Das ist ja tragisch‹? Oder ›Oh, das ist aber wahnsinnig uninteressant‹?«, fragte ich leicht gereizt nach. Irgendwie hatte ich mir eine stärkere Reaktion erhofft. Doch für einen Mafiajäger in Palermo klang eine auf welche Art auch immer zu Tode gekommene Highland-Tänzerin wohl nicht ganz so aufregend.

»Irgendwie beides.« Matteo seufzte. »Noch mal, Giorgio, ich verstehe deinen Frust, aber …«

»Aber das ist es doch!«, rief ich triumphierend. »Ich bin gerade nicht frustriert, sondern fühle mich zum ersten Mal seit langer Zeit wieder lebendig.«

»Im Gegensatz zu der bedauernswerten Dame im See«, kam es trocken zurück.

»Sie tut mir auch aufrichtig leid, obwohl ich sie persönlich gar nicht kannte und sie in der Szene wohl einen Ruf als ziemliche Zicke hatte, aber endlich …« Ich zögerte, weil ich mir nicht sicher war, wie ich diesen Satz beenden wollte.

»Aber endlich ist etwas los, was deinen journalistischen Spürsinn beflügelt«, sprach Matteo aus, was ich insgeheim gedacht hatte.

»Ja«, gab ich zu. »Und ich bin mir verdammt sicher, dass mehr dahintersteckt. Bei den Tänzerinnen geht es nämlich teilweise ebenfalls um viel Geld und um Auftrittsmöglichkeiten. Und zweifellos um Eifersüchteleien, Intrigen und Sabotage. Vor drei Tagen wurde das Kleid dieser Tänzerin mutwillig zerstört, jetzt ist sie tot – da rieche ich einen Zusammenhang.«

»Das finde ich wirklich großartig, und du solltest da dringend am Ball bleiben«, entgegnete Matteo und klang wie ein nachsichtiger Grundschullehrer, der einen begriffsstutzigen Schüler motivieren wollte. »Ich würde auch rasend gerne weiter über Morde an Tanzmariechen philosophieren, aber ich habe gleich einen Termin mit dem Oberstaatsanwalt und …« Er ließ den Satz ins Leere austrudeln, doch das machte die Botschaft nur umso deutlicher.

»Verstehe, dein Leben ist aufregender und deine Arbeit wichtiger als meine.«

»Jetzt sei nicht eingeschnappt, Gio, du weißt doch, wie es läuft. Kümmere dich um deinen Fall, ich kümmere mich um meinen, und in ein paar Tagen tauschen wir uns aus. Mach's gut.« Damit legte er auf.

Ich beschloss, dass ich mich nicht über ihn ärgern wollte. Das hatte ich schon viel zu oft getan, und es war eindeutig eine Verschwendung von Lebenszeit. Stattdessen beschloss ich, einen kleinen Spaziergang zu machen und anschließend vielleicht noch mal in den Pub zu gehen, zum Abendessen. Womöglich gab es dort schon neue Informationen. Oder wenigstens eine Begegnung mit der skurrilen Fanny und ihrem schlecht gelaunten Dackel.

• • •

Natürlich hatten Ainslee und Harriet schon von Gwens Tod gehört. Als ich schließlich in der Weberei ankam, überfielen mich die beiden regelrecht mit Fragen.

»Stimmt es, dass du sie entdeckt hast?«, rief Harriet, halb entsetzt, halb sensationsgierig.

»Das ist so schrecklich!« Ainslee wirkte sehr betroffen. »Die viele Arbeit, die du in das Kleid gesteckt hast.« Sie schlug sich eine Hand vor den Mund. »Wie das klingt, als ob das das Schlimmste daran wäre.«

»Ich versteh dich schon richtig«, entgegnete ich und tätschelte ihr tröstend den Arm. »Gwen war nicht die einfachste Kundin und scheint auch nicht die beliebteste Tänzerin gewesen zu sein, aber den Tod hat sie dann doch nicht verdient.«

»Collum sagt, dass sie sich umgebracht haben soll«, berichtete Harriet, die mit dem Bürgermeister liiert war, wie ich wusste.

»Ich weiß, dass er das glauben will«, sagte ich vorsichtig, um sie nicht vor den Kopf zu stoßen. »Aber das kommt mir extrem unwahrscheinlich vor.«

Ainslee und Harriet wechselten einen raschen Blick. »Ich kann's mir ehrlich gesagt auch nicht vorstellen«, stimmte mir Ainslee zu. »Dann hätte sie sich doch wohl kaum auf die Schnelle so ein teures neues Kostüm schneidern lassen.«

»Das ist auch mein Argument, das aber offenbar viel zu schwach ist. Und es mag ja auch sein, dass man in die Köpfe lebensmüder Personen nicht hineinschauen kann. Aber so eitel und selbstdarstellerisch, wie ich Gwen kennengelernt habe, scheint mir ein Freitod nicht besonders naheliegend. Wenn überhaupt, hätte jemand wie sie ein riesiges Spektakel daraus gemacht«, mutmaßte ich weiter. »Außerdem hat sie keinen Abschiedsbrief hinterlassen, und ihr Kleid ist auch verschwunden.«

»Woher hast du denn diese Info?« Ainslee sah mich verwundert an, und Harriet schloss sich der Frage nickend an.

»Ich war in ihrem Cottage«, gab ich zu.

»Heimlich?« Harriet riss ihre großen blauen Kulleraugen auf. »Bist du etwa eingebrochen?«

»Nein, ein Zimmermädchen hat mich reingelassen. Daisy heißt sie.« Ich kratzte mich verlegen am Kinn. »Ich hab ihr erzählt, dass Gwen mich gebeten hat, noch Änderungen an ihrem Kleid vorzunehmen. Aber das Kleid war nicht da, und sie hat eindeutig nicht in ihrem Bett geschlafen. Und Daisy meinte, dass die Kosmetika im Badezimmer anders sortiert wären.«

»Hm.« Wieder linste Harriet zu Ainslee.

»Daisy hat außerdem die Vermutung geäußert, dass Gwen eine Affäre mit einem der Muskelmänner hatte, und ihr Auto stand wohl heute Morgen hier auf dem Schlossgelände, hat eine der anderen Tänzerinnen erwähnt.«

»Und was sagt die Polizei dazu?«, wollte Ainslee wissen.

»Gar nichts. Die interessiert sich nicht dafür«, entfuhr es mir mit mehr Bitterkeit als beabsichtigt. »Dieser Inspector hält an der Suizid-These fest und hat sich geweigert, mich als Zeugin zu befragen. Er wollte schon heute früh am See nichts von mir wissen, und vorhin im Pub wieder nicht.«

»Aber wenn er im Pub aufgekreuzt ist, dann heißt das doch, dass die Polizei ermittelt, oder?«

»Möchte man meinen«, antwortete ich Ainslee. »Doch mir scheint es eher so, als wollte er seinen ersten Eindruck untermauern. Der deinem Freund gut ins Konzept passen würde«, wandte ich mich nun an Harriet. »Ein Selbstmord ist zwar tragisch, aber ganz bestimmt kein Grund, die Highland Games abzusagen. Ein Mord jedoch …«

»Hör auf«, rief Harriet schockiert. »Ich kann mir beim besten Willen nicht vorstellen, dass so etwas in Kirkby möglich ist.«

»Morde geschehen überall – auch in den besten Kreisen und den vermeintlich friedlichsten Gegenden. Und wenn es einer war, sollte man doch alles daransetzen, ihn aufzuklären, nicht wahr?«

»Ja, schon, aber … ich meine, wir können die Highland Games doch nicht einfach so absagen.« Harriet klang nun regelrecht verzweifelt. »Da steckt so viel dahinter, so viel Arbeit, Herzblut und …« Sie schüttelte energisch den Kopf. »Nein, dazu darf es nicht kommen.«

»Es verlangt ja auch niemand eine Absage«, warf ich ein und dachte dabei an Georges Worte. Er hatte angedeutet, dass ein ungeklärter Todesfall ein Grund für eine Absage sein könnte, doch was hatte Lord Seidentüchlein schon zu melden? »Ich finde nur, dass man nicht so tun darf, als gäbe es die Möglichkeit eines Mordes nicht. Und alle sollten wachsam sein.«

»Wachsam? Denkst du, das könnte noch mal passieren?« Nun war Ainslee ganz blass geworden.

»Keine Ahnung, auszuschließen ist es nicht.« Ich zuckte mit den Schultern. »Was habt ihr heute noch vor?«

»Oh, noch tausend Vorbereitungen für die Spiele«, stöhnte Harriet, und Ainslee nickte bestätigend.

»Das werden drei harte Tage für uns alle – auch ohne Wachsamkeit.« Ainslee gähnte, und mir fiel auf, dass sie wirklich ziemlich abgespannt und erschöpft wirkte.

»Wie ist eigentlich der Ablauf?«

»Morgen Mittag beginnen die ersten Wettbewerbe in allen Sparten«, berichtete Harriet. »Also im Tanzen, bei den Muskelmännern und den Dudelsackspielern. Parallel ist dann auch schon der Historienmarkt geöffnet, bei dem wir präsent sind. Die offizielle Eröffnungsfeier findet morgen Abend statt, mit einem ziemlichen Spektakel.« Seltsamerweise lief sie bei diesen Worten knallrot an. »Am Samstag sind den ganzen Tag Wettbewerbe, die dann alle unter dem Motto stehen, einen Ehemann für die Prinzessin zu finden.«

»Ehemann für die Prinzessin?« Damit hatte sie mich völlig abgehängt.

»Wir machen hier nicht einfach nur normale Highland Games«, sprach Harriet voller Stolz weiter. »Die finden ja in der Regel nur an einem Tag statt. Wir haben uns ein Konzept ausgedacht, eine Story, die die ganzen Wettbewerbe, den Markt und die Reiterspiele miteinander vereint. George spielt den König, der seine Tochter verheiraten will, die wiederum …«

»George?«, unterbrach ich sie, hochgradig überrascht. »Lord Seidentüchlein spielt mit?«

»Wer ist Lord Seidentüchlein?«, wollte Ainslee verdutzt wissen, doch Harriet brach in schallendes Gelächter aus.

»Du meinst George King?« Sie kicherte. »Der Spitzname ist großartig. Aber nein, ich meine meinen Onkel George Stewart, der hier auf Monroe Manor lebt.«

»Ach so. Ganz schön viele Georges hier …«

»Ist ja auch kein so ungewöhnlicher Name. Jedenfalls gibt Onkel George den König, und seine Nichte Hailey Fraser spielt die widerspenstige Prinzessin, die sich nicht so einfach verheiraten lassen will.«

»Gut für sie«, murmelte ich. »Ehe ist ohnehin total überbewertet.«

»Das kann man so pauschal doch nicht sagen«, empörte sich Harriet, fuhr dann aber fort: »Wie auch immer, ist ja auch völlig egal. Jedenfalls ist das der Aufhänger, und die potenziellen Ehemänner müssen sich in den unterschiedlichsten Wettbewerben als ihrer würdig erweisen. Es wird auch spektakuläre Reiterspiele geben, die Hailey einstudiert hat, um die Clydesdales zu präsentieren, und am Ende wird sie sich für Sean entscheiden, der auch im wirklichen Leben ihr Herzensmann ist. Ist das nicht wahnsinnig romantisch?«

»Ähm … ja, wenn du meinst«, sagte ich und versuchte, aus dem Schwall von Informationen so etwas wie Sinn zu extrahieren. Ich hatte keine Ahnung, wer oder was Clydesdales waren, ging aber davon aus, dass es sich um die Pferde handeln musste, die ich vorhin noch gesehen hatte. Imposante Tiere.

»Du musst wissen, dass in Kirkby irgendwie alles eine Familienangelegenheit ist«, erklärte mir Ainslee. »Und alle Gewerbetreibenden des Ortes sind ebenfalls integriert. Die Pferde von Rupert und Hailey Fraser, die Tanzschule von Kristie, unsere Weberei …«

»Die Tanzschule?«

»Ja, Kristie hat hier kürzlich eine Tanzschule für Highland Dancing eröffnet. Eigentlich betreibt sie die *Old Bakery*, aber sie ist auch Tanzlehrerin und sehr ehrgeizig.«

Der Name war mir schon häufiger untergekommen, in unterschiedlichen Zusammenhängen, aber so richtig hatte ich mir bisher keinen Reim darauf gemacht. Doch wenn ich mich richtig erinnerte, hatte auch Daisy sie vorhin erwähnt. »Macht Kristie auch beim Tanzwettbewerb mit?«, erkundigte ich mich.

»Nein, nicht beim Wettbewerb. Sie bestreitet zusammen mit dem Tierarzt einen Show-Act, aber einige ihrer Schülerinnen machen mit«, sagte Harriet.

»Das ist ja spannend.«

»Na ja, es ist halt die Kirkby-Version von Highland Games. Der offizielle Showdown ist am Samstagabend – da wird Prinzessin Hailey ihren Prinzen küren. Die Wettbewerbe enden aber erst am Sonntag, genau wie der Markt. Also drei Tage voller Action.« Sie strahlte mich begeistert an, und mir wurde zum ersten Mal so richtig bewusst, was für eine große Sache das für Kirkby war. Ob Lord Seidentüchlein das auch wusste? Und warum dachte ich schon wieder an ihn?

»Ich gehe jetzt wieder zurück zum Pub, vielleicht finde ich ja noch ein paar Sachen heraus«, kündigte ich schließlich an. »Viel Erfolg schon mal für die nächsten Tage. Ich bin mir sicher, es wird alles großartig werden.«

RUCKEDIGU, BLUT IST IM SCHUH

ICH WAR NOCH ZIEMLICH in Gedanken, als ich am Dorfplatz ankam, auf dem schon wieder große Aufregung herrschte. Ich sah, wie drei junge Frauen eine vierte in die Arztpraxis trugen. Etliche Leute standen herum und tuschelten.

»Was ist denn los?«, fragte ich, als ich Ella, die nette Bäckereiverkäuferin, erspähte.

»Ich weiß es nicht genau«, antwortete sie. »Aber wenn ich es richtig mitbekommen habe, hat sich eine der Tänzerinnen die Füße zerschnitten. Anscheinend hat jemand feine Scherben in ihre Tanzschuhe gepackt oder so.«

»Ruckedigu, ruckedigu, Blut ist im Schuh«, entfuhr mir spontan ein Aschenputtel-Zitat. »Das ist ja ganz schön fies.«

»Allerdings«, bestätigte Ella heftig nickend. »Ich meine, wer tut so etwas? Das ist doch abartig.«

Vielleicht derjenige, der auch Gwen auf dem Gewissen hat? Doch das dachte ich nur. Laut sagte ich: »Wohl kein sehr netter Mensch. Eine eifersüchtige Konkurrentin vielleicht?«

Ella starrte mich entsetzt an, so als sei ihr dieser Gedanke noch gar nicht gekommen. »Aber das ist doch alles nur ein harmloses Freizeitvergnügen.«

»Den Eindruck hatte ich nicht, als jemand vor ein paar Tagen Gwens Kostüm zerstört hat«, gab ich zurück.

»Und jetzt ist Gwen auch noch tot.« Ella schluckte. »Ob es da einen Zusammenhang gibt?«

»Ich habe keine Ahnung, aber nach einem harmlosen Freizeitvergnügen sieht mir das alles nicht aus.«

Rudi bellte genervt. Er hatte es offensichtlich endgültig satt, den ganzen Tag auf Achse zu sein, ohne eine Chance auf ein Nickerchen.

»Ich schätze, dein Hund ist derselben Meinung.« Ella lächelte und tätschelte Rudis Kopf. »Ich geh jetzt heim, das muss ich erst mal verkraften. Schönen Abend.«

»Danke, dir auch.« Ich schaute ihr nach und ging dann die paar Meter zum Pub. Ganz sicher würde ich dort alle wesentlichen Neuigkeiten zeitnah erfahren.

Der Gastraum bereits wieder gut besucht, als Rudi und ich eintraten, aber wir stiegen erst mal hoch in unser Zimmer. Rudi verdrückte sich schnurstracks auf sein Kissen, und ich schälte mich aus der schweren Jacke und den Stiefeln und legte mich dann auf mein Bett. Ein paar Minuten die Augen schließen und entspannen …

Ich dämmerte gerade weg, als ich ein merkwürdiges leises Geräusch hörte. Was war das? Rudi brummte ungehalten, er fühlte sich offenbar ebenfalls gestört. Das Geräusch schien aus meiner Handtasche zu kommen – und es stammte eindeutig von meinem Handy, das ich heute Mittag auf Vibrationsalarm gestellt hatte. Mist. Mühsam rappelte ich mich wieder hoch, angelte das Telefon aus der Tasche und starrte einen Augenblick lang überrascht auf das Display, ehe ich den Anruf annahm.

»Louis!«, rief ich meinem Sohn als Begrüßung entgegen und merkte, wie Nervosität in mir aufstieg. Normalerweise begnügte er sich mit Textnachrichten, allerhöchstens gab es mal eine Sprachnachricht. Dass er anrief, kam nur in Notfällen vor.

»Hi, Mama«, antwortete er. »Endlich erreiche ich dich!«

»Hast du es schon häufiger versucht?« Ich konnte mich nicht erinnern, dass das Telefon geklingelt hatte, aber andererseits hatte ich ja auch den Ton abgestellt, und bei all dem Trubel der letzten Stunden wäre mir die Vibration in meiner Tasche gar nicht aufgefallen.

»Bestimmt ein halbes Dutzend Mal«, erwiderte er anklagend. »Dabei habe ich überhaupt keine Zeit für so was.«

»Zeit wofür?«

»Na, dir hinterherzutelefonieren!«

»Ist denn irgendwas passiert? Brauchst du Geld?«, zählte ich die beiden wahrscheinlichsten Notlagen auf. Zumindest in meinem Studentenleben wären das Notlagen gewesen. Louis dagegen war so gut organisiert und strukturiert, dass er bislang sehr gut allein klargekommen war.

»Nein, bei mir ist alles gut, aber Poldi macht mich total irre, weil er dich nicht erreicht. Ehrlich, ich finde das ein bisschen ungesund, dass ihr immer noch so eng aufeinanderhängt, obwohl ihr doch geschieden seid. Warum habt ihr euch dann überhaupt getrennt?«

Auf diese Dauerdiskussion hatte ich keine Lust. Poldi war für meinen Junior immer wie ein Vater gewesen, nein, er *war* sein Vater in jeder relevanten Hinsicht außer der biologischen. Louis hatte unsere Trennung ziemlich mitgenommen, obwohl er zu dem Zeitpunkt schon fast erwachsen gewesen war – und nun ließ er keine Gelegenheit aus, mir mein angebliches Fehlverhalten unter die Nase zu reiben. Erst hatte ich in der Beziehung versagt, nun offensichtlich auch in der Nach-Trennungs-Phase.

»Poldi und ich sind lediglich Freunde«, antwortete ich daher nur knapp. »Es gibt keinen Grund, dich aufzuschrecken, weil er mich nicht erreicht.« Genau genommen war das sogar eine verdammte Grenzüberschreitung, und das würde ich ihm bei nächster Gelegenheit auch genau so mitteilen.

»Freunde … pfff.«

»Was will er eigentlich so dringend von mir? Hat er das auch gesagt?«

»Er macht sich halt Sorgen um dich. Hast du wirklich eine Wasserleiche im Loch Ness gefunden?«, erkundigte er sich und klang nun wieder fast normal.

»Ja, hab ich, und seine Sorgen kann er gerne für sich behalten.« Ich seufzte, denn das war Leopold Hofreiter noch nie gelungen. »Ich verstehe immer noch nicht, warum er da dich anruft. Ich meine, was sollst du denn schon tun können?«

»Poldi will, dass ich zu dir fahre und dir ins Gewissen rede, damit du wieder nach Hause kommst. Und ganz ehrlich, wenn ich von solchen Sachen wie Wasserleichen höre, gebe ich ihm recht.«

Ich atmete einmal tief durch, um die Fassung zu wahren. Und dann noch einmal. Und ein drittes Mal, doch es wollte mir nicht gelingen. »Erstens habe ich mir das mit der Wasserleiche nicht ausgesucht, und zweitens habe ich dich nicht zu einem Mann erzogen, der Frauen als schwache, unselbstständige Weibchen ansieht, die man beschützen muss!«, grollte ich gereizt. »Schon gar nicht die eigene Mutter!«

»Das weiß ich doch, Mama«, versuchte er mich zu beschwichtigen. »Aber Poldi meint …«

»Es ist mir vollkommen egal, was Poldi meint, denkt oder sagt. Und das werde ich ihm gleich unmissverständlich klarmachen. Lass du dich nicht von ihm in dieses Spiel hineinziehen, und denk bloß nicht dran, hierherzukommen.«

»Ist ja gut, ich hab's kapiert. Aber es wäre ja nicht so weit weg von Edinburgh, und wir haben uns neulich doch nur kurz gesehen, als du vorbeigekommen bist und …«

»Ja, weil *du* kein Interesse hattest, mehr Zeit als nötig mit deiner Mutter zu verbringen«, erinnerte ich ihn an unser Kurztreffen in Edinburgh zu Beginn meiner Schottland-Reise. Ich liebte meinen Sprössling heiß und innig, und es war mir schwergefallen, ihn vor zwei Jahren zum Studium in die schottische Hauptstadt ziehen zu lassen. Doch inzwischen genoss ich meine Unabhängigkeit sehr und hatte nicht vor, daran in absehbarer Zeit etwas zu ändern. »Ich werde noch ein ganzes Weilchen in Schottland bleiben«, sprach ich dann etwas ruhiger weiter. »Da haben wir noch reichlich Gelegenheit, uns zu sehen und Zeit miteinander zu verbringen, ja?«

»Okay«, kam es nach einem Weilchen zurück. Gefolgt von einem kleinen Seufzer.

»Ist sonst noch was?« Ich hoffte, dass er mich nicht wieder nach seinem leiblichen Vater fragen würde, denn ich hätte auch diesmal keine andere Antwort als in den Jahren zuvor. Ich hatte damals in London studiert und war mit ein paar Freundinnen über Silvester nach Edinburgh gefahren. »Hogmanay« war in Schottland das größte Fest des Jahres, und wir hatten auf einer großen Studentenparty ausgelassen gefeiert. Da war ich *ihm* begegnet, einem unglaublich gut aussehenden dunkelhaarigen Typen mit breitem Akzent, noch breiteren Schultern – und im Kilt. Ich kannte nicht einmal seinen Namen …

»Nein, sonst ist alles gut. Aber Mama?«

»Ja?«

»Klär das mit Poldi, und pass auf dich auf.«

»Versprochen. Beides. Bussi, mein Großer.« Ich schickte ein Küsschen hinterher und beendete das Gespräch.

Dann starrte ich auf mein Telefon. Es lagen mehrere verpasste Anrufe und Textnachrichten von Poldi und Louis vor – allerdings deutlich weniger, als der Junior mir gerade hatte weismachen wollen. Eigentlich hätte Poldi es verdient, noch ein wenig zu schmoren. Aber da ich nicht wollte, dass er weiterhin Louis terrorisierte, und mir sicher war, dass er keine Ruhe geben würde, ehe er nicht von mir gehört hatte, rief ich ihn an.

»Fanny, wo bist du?«, rief er mir bereits nach dem ersten Klingeln entgegen.

»Ich sitze auf meinem Bett in meinem Zimmer und wollte eigentlich ein kleines Nickerchen machen«, sagte ich wahrheitsgemäß, doch mit einigem Stahl in der Stimme. »Die Frage ist eher: Was zur Hölle ist in dich gefahren? Wie kommst du auf die bescheuerte Idee, Louis zu alarmieren?«

»Ich hab mir …«

»Und sag jetzt bloß nicht, dass du dir Sorgen gemacht hast!«, unterbrach ich ihn harsch. »Es gibt nicht den geringsten Anlass dazu!«

»Wer hat mich denn heute Vormittag aus einer Dienstbesprechung gescheucht, um mir vom Fund einer Wasserleiche zu berichten?«, konterte er. »Und von deiner kühnen These, dass die lokale Polizei inkompetent sei und …«

»Und was? Dass ich nicht an die Selbstmord-Behauptung von Detective Inspector Wilson glaube? Das tu ich immer noch nicht. Aber das erklärt keineswegs, warum du Louis da mit reinziehst.«

»Ich dachte mir halt, dass du auf ihn eher hören würdest als auf mich«, gab er unumwunden, aber wenigstens ein bisschen kleinlaut zu.

Ich schüttelte den Kopf, aber da er das ja nicht sehen konnte, fuhr ich fort: »Ich soll dir von Louis ausrichten, dass du ihn zukünftig mit deinen Räuberpistolen in Ruhe lassen sollst.« Das war nun kein wörtliches Zitat, aber ich erlaubte mir eine gewisse künstlerische Freiheit. »Und ich sage dir dasselbe. Es war blöd von mir, dass ich dich deswegen angerufen habe, und es tut mir leid. Aber es gibt nicht den geringsten Grund, dir Sorgen zu machen. Mir geht es – abgesehen vom verpassten Nachmittagsschläfchen – blendend.«

Eine Weile herrschte Stille am anderen Ende der Leitung. Dafür mochte ich Poldi eigentlich: dass er sich Zeit nahm, um nachzudenken. Jedenfalls tat er das manchmal. Nicht, wenn er in eingebildeter Panik meinen Sohn anrief. »Du hast recht«, gestand er schließlich. »Ich habe überreagiert.«

»Danke.«

»Aber Fanny …«

»Hm?«

»Ich kenn dich. Du magst dir vielleicht einreden, dass es nicht so ist, aber du hast ein unfassbares Talent dafür, in Schlamassel zu geraten und …«

»Das ist maßlos übertrieben, und selbst wenn, schaffe ich es in der Regel sehr gut, mich auch selbst wieder rauszuziehen. Und noch einmal fürs Protokoll: Es geht mir gut, und ich stecke gerade ganz sicher in keinem Schlamassel.«

»Wenn du das sagst.« Er schien mir kein Wort zu glauben. »Gibt es denn neue Entwicklungen in dem Fall?«

»Soweit ich weiß, ist Gwen immer noch tot«, gab ich etwas unsachlich zurück. Eigentlich hätte ich gern meine Erkenntnisse mit ihm diskutiert. Die Tatsache, dass ich keinen Abschiedsbrief in Gwens Zimmer gefunden hatte, dass ihr brandneues Kleid verschwunden war, dass eine weitere Tänzerin fiese Fußverletzungen hatte, die auf einen Sabotage-Akt schließen ließen, dass der Inspector sich weigerte, mit mir zu sprechen, dass die Leute hier an Wolpertinger oder Ähnliches glaubten und dass dieser Jacob mit mir Frauentragen üben wollte. Aber nein, das alles behielt ich sicherheitshalber für mich.

»Okay, ich hab's kapiert«, seufzte er resigniert. »Ich versuche, mir keine Gedanken zu machen, und ich verspreche, dass ich Louis nicht mehr belästigen werde.«

»Schön. Danke.«

»Ich fänd's trotzdem besser, wenn du heimkämst.«

»Und ich fände es besser, das Gespräch jetzt zu beenden. Mach's gut, Poldi.«

»Du auch. Und bitte: Misch dich nicht ein.«

• • •

Du lieber Himmel, war das ein Betrieb! Ich konnte kaum glauben, wie voll der Pub war, als ich nach meinem Spaziergang den Gastraum betrat. Dabei war es doch noch total früh, erst gegen sechs.

»Hallo, Fremder. Lange nicht gesehen«, begrüßte mich Ivy, während ich nach einem freien Platz Ausschau hielt. Ihren Schock über Gwens vorzeitiges Ableben hatte sie offensichtlich überwunden. Die Tränen waren getrocknet, stattdessen blitzten ihre Augen unternehmungslustig, sodass ich mich unwillkürlich fragte, ob noch etwas geschehen war.

»Wo kann ich mich hinsetzen?«, erkundigte ich mich. Die meisten Tische waren bereits besetzt, und auf den anderen standen »Reserviert«-Schilder.

»Willst du nur was trinken oder auch essen?«

»Macht das einen Unterschied?«

»Na ja, für einen Drink könntest du dich an den Tresen stellen …«

»Ich würde gerne auch was essen. Mein Kühlschrank ist nämlich leer.« Das war zwar eine blöde Aussage, allerdings auch die Wahrheit. Ich hatte eigentlich vorgehabt, heute nach Inverness zum Supermarkt zu fahren, doch dann hatten sich die Ereignisse in Kirkby überschlagen, und ich hatte diese schnöde Aufgabe aus den Augen verloren.

»Wir bieten auch Take-away an«, sagte sie, und allmählich hatte ich das Gefühl, dass sie mich loswerden wollte.

»Ich würde lieber hier essen.«

»Dann wird es wirklich schwierig. Wir sind komplett durchreserviert.« Sie kratzte sich verlegen am Kopf.

»Aber es sind doch noch ein paar Tische frei«, bemerkte ich.

»Der Stammtisch ist für die Kartenrunde von Pfarrer McTavish vorgesehen. Die kommen meist so gegen halb sieben, sieben und essen auch. Und die anderen Tische sind für unsere Hausgäste reserviert.« Sie deutete auf die freien Zweiertische.

»Und wann kommen diese Herrschaften? Wenn sie sich erst für acht angekündigt haben, wäre ich bis dahin ja längst wieder weg«, versuchte ich es mit logischen Argumenten.

»Das weiß ich nicht. Sie kommen halt dann, wenn sie kommen.«

»Ivy, müssen wir es wirklich komplizierter machen als unbedingt nötig?«, fragte ich und sah sie dabei eindringlich an. »Du könntest mich an den Tisch von Fanny König setzen. Sie ist doch allein und braucht keine zwei Stühle.«

»Aber …«

»Wo ist die typisch schottische Gastfreundschaft hin?«

»Gibt's ein Problem?«, erkundigte sich Jon, der offensichtlich registriert hatte, dass Ivy und ich nun schon minutenlang mitten im Raum standen und diskutierten.

»Ich würde gerne zu Abend essen, aber Ivy scheint das problematisch zu finden«, antwortete ich und erntete dafür einen bösen Blick von der jungen Kellnerin.

»Wir sind komplett besetzt beziehungsweise reserviert«, verteidigte sie sich. »Sogar die Sitzplätze am Tresen sind alle reserviert, und ich kann ihn nicht einfach an den Stammtisch setzen, wo doch unklar ist, wie viele heute kommen. Oder an Fannys Tisch.«

»Warum nicht? An so außergewöhnlichen Tagen müssen wir eben alle ein bisschen zusammenrücken«, sagte Jon freundlich, aber bestimmt, und fast tat mir Ivy nun leid. Vermutlich stand heute noch eine größere Auseinandersetzung mit ihrem Boss an. »Also, wo möchtest du lieber sitzen? Am Stammtisch oder bei Fanny?«

Ich überlegte kurz. Der Stammtisch hätte den Vorteil, dass die Herrschaften in der Regel bestens über alles informiert waren. Andererseits wusste ich, dass Betty Murray ziemlich sicher dabei sein würde – und sie wollte ich lieber nicht in meiner Nähe haben. Nicht, dass sie mich wieder zu meinem Romanprojekt befragte und mich damit in Verlegenheit brachte. Oder Schlimmeres.

»Gerne an den Tisch von Lady Nosy Dress«, antwortete ich also mit einem Augenzwinkern, und Jon brach nach einem kurzen Moment des Nachdenkens in Gelächter aus.

»Das solltest du besser nicht zu ihr sagen.« Er grinste.

»Sie nennt mich Graf Klugscheißer und Lord Seidentüchlein, ich finde, da ist sie mit ›neugierige Kleiderdame‹ noch gut bedient.«

»Ihr habt euch also schon bekannt gemacht?«

»Haben wir«, bestätigte ich. »Und ich bin mir sicher, sie wird nichts dagegen haben, wenn ich ihr Gesellschaft leiste.«

»Na dann.« Er tippte auf seinem Tablet herum und lächelte noch breiter. »Dann haben wir jetzt einen Tisch für King & König! Ivy, wärst du so freundlich?«

Ivy hatte Mühe, ihr Augenrollen zu unterdrücken, doch sie deutete auf den Tisch, an dem Fanny heute schon zu Mittag gesessen hatte. »Willst du noch warten oder schon bestellen?«

»Ich fang mal mit einem Gin Tonic an«, antwortete ich und fühlte mich mit einem Mal ausgesprochen vergnügt. Ein Abend mit Fanny König war nach dem Telefonat mit Matteo genau das, was ich heute noch brauchte. Das und ein paar weitere Informationen.

Ivy verschwand mit einem Nicken, und ich schaute mich im Gastraum um. Von den Tänzerinnen, die in den letzten Tagen so omnipräsent gewesen waren, war nichts zu sehen. Dafür saßen an einem Tisch im hinteren Bereich sechs der Muskelmänner zusammen, die sich ab morgen bei den absurden Wettbewerben messen würden. Ich fragte mich, ob sie gerade mit heimlichen Absprachen zugange waren und genau festlegten, wer welche Disziplin gewinnen durfte und wer krachend scheitern musste. Oder lief das kurzfristiger, nachdem sie bei den Buchmachern die Wettquoten gecheckt hatten? Natürlich hatte Matteo recht damit, dass mein Vergleich mit der Cosa Nostra reichlich übertrieben war, doch ganz sauber ging es hier auch nicht zu.

Ob Collum das wusste? Ich konnte mir nicht vorstellen, dass Kirkbys Bürgermeister sich wissentlich auf schmutzige Geschäfte einlassen würde. Dafür war er viel zu korrekt. Ich dachte mit einem gewissen Schaudern an den Shitstorm, der ihn im Februar hart getroffen hatte, nachdem er bekannt gegeben hatte, dass Kirkby Highland Games veranstalten würde. Daran waren ich und mein Blog nicht beteiligt gewesen, sondern allein die Boulevardpresse, die wirklich üble Schauergeschichten in die Welt gesetzt hatte. Erstaunlicherweise war der Wirbel damals aber fast so schnell wieder zum Erliegen gekommen, wie er angefangen hatte. Sehr ungewöhnlich. Ich hatte den Eindruck gehabt, dass da von einer Stelle Druck auf die Medien ausgeübt worden war, die ziemlich mächtig sein musste. Sicher mächtiger als ein unbedeutender Lokalpolitiker aus einem winzigen Dorf in den Highlands. Oder steckte am Ende noch mehr dahinter? Ich schrieb gerade eine Notiz in mein Büchlein, als Ivy auch schon hüftwackelnd mit meinem Longdrink ankam.

»Sonst noch Wünsche?«, erkundigte sie sich, nachdem ich mich bedankt hatte.

»Ich warte noch mit dem Essen, aber …«

»Aber?« Nach meinem ersten Halbsatz hatte sie sich schon fast wieder umgedreht, aber nun hatte ich ihre Aufmerksamkeit.

»Was kam eigentlich bei den Befragungen mit dem Inspector heute Nachmittag raus?«, erkundigte ich mich.

»Das weiß ich doch nicht«, zischte sie empört.

»Ach komm schon, Ivy. Wir beide wissen, dass dir hier nichts entgeht«, schmeichelte ich ihr. »Ich hatte ja nicht den Eindruck, dass er seinen Job besonders ernst nimmt.«

»Hm. Kann sein. Vor allem hat er Tee und Whisky getrunken und seinen armen Constable durch die Gegend gescheucht«, berichtete sie mit einem Stirnrunzeln. »Relativ bald hat ihn dann jemand angerufen, und danach ist er sofort aufgebrochen.«

»Vielleicht Informationen aus der Pathologie?«, mutmaßte ich.

»Das weiß ich wirklich nicht, aber ich hatte den Eindruck, dass ihn die Nachricht nicht gerade glücklich gemacht hat.«

»Womöglich kam ein anderer Fall dazwischen? Oder Gwen ist doch nicht ganz freiwillig oder mithilfe von Fabelwesen aus dem Leben geschieden.«

»Mann, das wär' echt krass.« Ivy verzog ihr hübsches Gesicht. »Ich meine, sie war nicht besonders beliebt bei den Mädels, aber das …«

»Das hat niemand verdient«, bestätigte ich. »Wo sind die Tänzerinnen eigentlich heute?«, wechselte ich dann das Thema.

»Hast du das nicht mitbekommen?« Sie sah mich mit großen Augen an.

»Nein. Was denn?«

»Es hat einen weiteren Sabotage-Akt gegeben. Bei der Generalprobe heute Nachmittag ist eine Tänzerin urplötzlich zusammengebrochen.«

»Was? Auch tot?« Das schockierte mich jetzt mehr, als ich es selbst für möglich gehalten hätte.

»Nein, Quatsch. Aber mit bösen Schnitten an den Füßen.«

»Aber wie können sich während des Tanzens Schnitte an den Füßen bilden?« Das kam mir ausgesprochen unwahrscheinlich vor, wenn nicht gar unmöglich.

»Jemand muss die Schuhe manipuliert haben und kaum erkennbare hauchfeine Scherben oder Klingen in die Innensohle gesteckt haben oder so.«

»Aber das merkt man doch gleich, wenn man sich die Schuhe anzieht, oder?«

Ivy zuckte mit den Schultern. »Offensichtlich nicht. Ich meine, die haben ja alle eine ziemliche Hornhaut an den Füßen und tragen außerdem relativ dicke Strümpfe. Da spürt man das vielleicht nicht sofort, aber dadurch hatten die Scherben oder Rasierklingen oder was auch immer es war, die Chance, sich so richtig tief ins Fleisch zu arbeiten. Anna hat wohl ewig gebraucht, bis sie die Wunden versorgt hatte. Ihren Auftritt am Wochenende kann die Tänzerin jedenfalls vergessen.«

»Das hört sich wirklich unangenehm an«, sagte ich und versuchte mir immer noch vorzustellen, wie das überhaupt funktioniert haben konnte, Hornhaut und dicke Strümpfe hin oder her.

»Das Blut soll regelrecht aus den Schuhen gequollen sein«, berichtete Ivy weiter, nun eindeutig wieder voll im Klatschmodus.

Mir kam seltsamerweise ein Zitat aus dem Aschenputtel-Märchen in den Sinn. Irgendwas mit Tauben, die von blutigen Schuhen gurrten. Ich verzog bei der Vorstellung das Gesicht – und dann standen plötzlich Fanny und ihr Hunderüpel vor mir.

THESENSALAT AUS DER GERÜCHTEKÜCHE

»STÖR ICH?«, erkundigte sich Fanny mit hochgezogener Braue und einem ironischen Lächeln, während der Dackel tat, was er am liebsten tat: Er knurrte mich an.

»Überhaupt nicht. Ganz im Gegenteil. Ich freu mich, dass wir heute gemeinsam speisen«, entgegnete ich und stand höflich auf.

»Wir tun was?«

»Sorry, ich wollte es verhindern«, mischte sich Ivy ein und streifte mich mit einem bösen Blick. »Wir sind komplett ausgebucht, sodass an deinem Tisch der einzige freie Platz ist, den wir noch haben. Jon meinte, dass du bestimmt nichts dagegen hast.«

Das war nicht ganz richtig, denn ich hatte das gesagt, aber ich wollte Ivy in diesem Punkt nicht korrigieren. Fanny seufzte und nahm Platz. »Wie schön, dass alle Männer so genau wissen, was ich will und was nicht«, murmelte sie leise, doch ich verstand sie trotzdem.

»Ich entschuldige mich aufrichtig im Namen meiner Geschlechtsgenossen«, erklärte ich und setzte mich dann ebenfalls wieder. »Auch einen Gin Tonic zum Warmwerden?«

»Mir ist nicht kalt«, erwiderte sie, doch ihr eisiger Tonfall ließ durchaus einen anderen Schluss zu.

»Nun, dann als Wiedergutmachung für die Belästigung.«

»Ich hätte gerne wieder die Gin-Kreation der Woche«, bestellte Fanny bei Ivy, ohne weiter auf mich einzugehen. »Die mit den Blaubeeren.«

Rudi, der sich inzwischen unter den Tisch verzogen hatte, knurrte erneut.

»Was hat er denn?«, wollte ich wissen – langsam etwas gekränkt, denn ich mochte Hunde, und in der Regel mochten sie mich ebenfalls.

»Schlechte Laune, nehme ich an. Vielleicht weil er zu wenig Platz hat? Manchmal beißt er übrigens auch, wenn er richtig genervt ist.«

Sie wollte mich ganz klar provozieren, denn für so ein handliches Hundetier war eindeutig genug Platz unter dem Tisch. Andererseits hielt ich die Beißandrohung nicht für vollkommen abwegig, so wie das Biest drauf war. Rudi würde mich wohl nicht umbringen können, aber auf Löcher in den Strümpfen oder Sabber auf der Hose konnte ich gut verzichten. Ich beschloss, entschiedene Gegenmaßnahmen einzuleiten. »Entschuldige mich einen Moment«, bat ich, stand auf und ging zum Tresen, wo Jon gerade ein Telefonat beendete.

»Kann ich dir helfen?«, erkundigte er sich.

»Du hast doch ein paar Decken für Hunde hier, oder?« Ich hatte gelegentlich schon mitbekommen, dass verwöhnte Gäste-Fiffis Decken bekamen. Jon grinste. »Du willst dich bei dem Dackel einschmeicheln, was?«

»Ich möchte, dass das Tier komfortabel ruht und …«

»Und nicht nervt oder dich in die Wade zwickt«, vervollständigte er amüsiert meinen Satz. »Selbstverständlich habe ich eine Decke für den kleinen Prinzen, aber sein Herz wirst du eher damit erobern.« Er kramte eine Keramikdose aus dem Regal und angelte ein paar Hundekekse daraus hervor, die er mir in die Hand drückte. »Damit bin ich jedenfalls zu seinem besten Kumpel geworden.«

»Danke.« Ich schaute mir die Leckerlis an, die wirklich appetitlich aussahen.

»Getreidefreie Hundekekse aus der Bäckerei, mit Pansen und Käse«, erklärte er mir.

»Kristie macht auch Hundekekse?« Das war mir neu.

»Nicht nur welche für Hunde, sondern auch für Pferde, die angeblich ebenfalls der Knüller sind.«

»Aber vermutlich ohne Pansen und Käse«, murmelte ich und machte mir in Gedanken bereits die nächsten Notizen. Ich lebte seit zwei Jahren in Kirkby, und doch schaffte es dieses Kaff immer wieder, mich zu überraschen. »Danke dafür, ich werde mein Glück versuchen.« Ich nahm auch die Decke entgegen und kehrte zum Tisch zurück. Ohne auf Fannys fragendes Gesicht zu achten, ging ich neben dem Tisch in die Hocke, legte die handlich zusammengefaltete Decke auf den Boden und einen der Kekse darauf. »Wohl bekomm's, Prinz Rudi!«, lockte ich den Hund, der prompt mit zuckender Schnauze auf die Decke stieg und die Leckerei verputzte. Dann sah er mich erwartungsvoll an. Wenn er nicht gerade mordlustig knurrte, war er eigentlich ganz putzig, stellte ich fest. »Wenn du den hier auch noch haben willst, müssen wir vorher einen Nichtangriffspakt schließen«, fuhr ich fort und hielt einen weiteren Keks, der wie ein kleiner Knochen geformt war, über Rudis Schnauze.

Prompt setzte er sich auf sein Hinterteil, legte den Kopf schräg und betrachtete mich mit flehendem Blick. Also nicht mich, sondern den Knusperknochen in meiner Hand. Dann fiepte er einmal leise.

»Du willst ihn also haben, was? Pass auf, Rudi, du bekommst ihn – und vielleicht sogar noch mehr –, aber nur, wenn du mich nicht mehr anknurrst. Verstanden?«

Erneutes Fiepen und ein noch treuherzigerer Blick. Hunde waren wirklich lächerlich leicht zu bestechen. Von wegen treuester Freund des Menschen – reine Opportunisten. Doch das sollte mir recht sein. Ich hielt ihm den Keks nun direkt vor die Nase, und er nahm ihn mir vorsichtig aus den Fingern und mampfte ihn in Nanosekunden weg. Dann stupste er mich an und wedelte sogar ein bisschen.

»Na schön, aller guten Dinge sind drei«, sagte ich und rückte auch das letzte Leckerli raus. »Nun sind wir Freunde, vergiss das nicht.« Beim Aufstehen ächzte ich ein bisschen. Meine Bandscheiben waren auch nicht mehr so elastisch wie früher, und im rechten Knie zwickte es ebenfalls. Ich setzte mich wieder auf meinen Stuhl und wandte mich an Fanny: »Wo waren wir stehen geblieben?«

Sie verdrehte die Augen, doch ich hatte das Lächeln in ihren Mundwinkeln ganz deutlich gesehen. Eroberte man das Herz des Hundes, verfiel einem Frauchen ganz von allein.

»Hier kommt der Blaubeer-Gin«, verkündete Ivy und löffelte einige der dunklen Beeren in das Longdrink-Glas, zerdrückte sie mit einem langen Löffel und goss etwas vom Sommer-Gin der örtlichen Destille darüber. Dann öffnete sie das Tonic-Fläschchen und stellte alles vor Fanny ab.

»Vielen Dank.« Jetzt konnte Fanny ihr Lächeln nicht länger unterdrücken. »Das ist so unglaublich lecker.« Sie schenkte sich etwas von dem Tonic ins Glas, rührte einmal um und strahlte die bläulich-lila Schlieren an, die sich zeigten.

»Slàinte mhath«, prostete ich ihr mit meinem eigenen Glas zu.

»Slàinte«, erwiderte sie beinahe akzentfrei und trank mit halb geschlossenen Lidern einen Schluck.

»Wisst ihr inzwischen, was ihr essen wollt?« Ivy sah leicht ungeduldig zwischen uns hin und her.

»Wie wäre es mit Thesensalat aus der Gerüchteküche?«, antwortete ich und erntete dafür ein Kichern von Fanny.

»Ernsthaft?«, schnaubte Ivy.

»Salat klingt aber wirklich gut«, befand Fanny grinsend. »Nach dem Full Scottish Breakfast und dem Hühnchen-Curry heute Mittag brauch ich etwas Leichtes.«

»Wir hätten einen Sommersalat mit Wildkräutern und gegrilltem Ziegenkäse oder einen zitronigen Linsensalat mit frischer Forelle oder halt die normalen Sachen, die immer auf der Karte stehen«, betete sie uns vor.

Ich verkniff mir den Hinweis, dass nicht jeder wusste, was auf der Karte stand. Das hätte mir garantiert nur wieder einen Graf-Klugscheißer-Kommentar von Fanny eingebracht, und irgendwie wollte ich, dass sie mich mochte. Wo ich doch schon ihr Zwergenuntier bezwungen hatte.

»Oh, der Linsensalat klingt toll.« Fanny hatte sich also bereits entschieden.

»Dann nehme ich den Sommersalat mit dem Käse«, beschloss ich. »Sollen wir uns eine Flasche Weißwein teilen?«, schlug ich vor.

»Wir haben doch noch nicht mal unseren Gin ausgetrunken.« Fanny deutete auf ihr Glas.

»Können wir die Salate und den frischen Sauvignon blanc, den ich letzte Woche hatte, bitte erst in ungefähr einer halben Stunde bekommen?«, fragte ich Ivy. »Dafür jetzt vielleicht ein paar Chips oder Nüsse und Oliven zum Knabbern?«

»Wird gemacht«, versprach Ivy erstaunlich diensteifrig, aber ich hatte das Gefühl, dass wir ihre Aufmerksamkeit schon wieder verloren hatten. Sie schielte nämlich die ganze Zeit zu den »Sportlern« hinüber.

»Was ist?«, wollte Fanny wissen.

»Was ist was?«

»Du hast nach schräg hinter mir geguckt und dein Gesicht so merkwürdig verzogen.«

Notiz an mich selbst: Mimik kontrollieren, wenn ich mit der neugierigen Kleiderdame unterwegs bin! »Da sitzen nur die Muskelprotze, und ich habe mich gefragt, ob ich von ihnen jemals als Sportler oder Athleten sprechen kann, ohne Luft-Gänsefüßchen mitzudenken«, gab ich zu.

»Spricht so ein wahrer Schotte?«, spottete sie leise.

»Vermutlich nicht, auch wenn ich einer bin. Aber ich habe viele Jahre im Ausland gelebt«, plauderte ich, ohne darüber nachzudenken. *Noch eine Notiz an mich: Erst denken, dann sprechen, wenn Fanny in der Nähe ist!*

»Ach ja? Wie aufregend. Wo denn?«

»Ach, mal hier, mal da«, versuchte ich vage zu bleiben. »Mein Vater hat im diplomatischen Dienst für die Krone gearbeitet, und so sind wir von Hauptstadt zu Hauptstadt getingelt.«

»Wow, das ist ja spannend. Ich war immer nur in München. Und ein paar Semester in London, bis ich … Egal, jedenfalls war ich danach auch wieder nur in München.« Sie seufzte. »Sprichst du auch mehrere Sprachen?«

»Hm.« Ich machte eine wegwerfende Handbewegung. »Aber deine Semester in London erklären, warum du so perfektes Englisch sprichst«, verlegte ich den Fokus rasch wieder auf sie. »Was hast du denn studiert?«

»Modedesign.« Noch ein schwerer Seufzer. »Das wäre mein großer Traum gewesen. Doch stattdessen …«

»Stattdessen?«, fragte ich nach, als sie den Satz nicht zu Ende brachte.

»Stattdessen habe ich die Schneiderei meiner Großmutter übernommen und mich auf Dirndlkleider spezialisiert.«

Das erklärte ihren interessanten Look, auf den sie heute leider verzichtet hatte, wobei ihr auch Jeans und Pulli gut standen. »Das Leben läuft nicht immer so, wie man es sich vorstellt, was?«, entgegnete ich mitfühlend. Davon konnte ich ja nun wahrlich ein Lied singen.

»Stimmt wohl. Und es war keine schlechte Zeit. Ich habe es gerne gemacht, und die Geschäfte sind auch gut gelaufen.«

»Du sprichst in der Vergangenheit. Heißt es, dass …?«

»Das heißt, dass mein Atelier vor ein paar Monaten komplett abgebrannt ist und ich mich für den Moment dazu entschlossen habe, nicht wieder bei null anzufangen. Nachdem endlich alles mit der Versicherung abgewickelt war, habe ich meine Wohnung zwischenvermietet, mein Auto vollgepackt, Rudi geschnappt und bin nach Schottland aufgebrochen.« Ein etwas spitzbübisches Lächeln machte sich auf ihrem Gesicht breit und ließ die zarten Sommersprossen auf ihrer Nase tanzen.

»Und außer Rudi und der Wohnung gibt es in München …« Ich biss mir auf die Zunge. Was machte ich hier eigentlich? Flirtete ich mit der Kleiderfrau? Hatte ich sonst keine Probleme im Leben?

Glücklicherweise wurde ich von Ivy gerettet, die drei Schälchen mit Chips, gerösteten Nüssen und Oliven auf den Tisch stellte und ungefragt auch eine Flasche Wasser mitgebracht hatte. Sehr gut, denn vermutlich sollte ich mich mit dem Alkohol etwas bremsen.

• • •

Ich ärgerte mich schwarz, dass ich mir nicht die Mühe gemacht hatte, mich umzuziehen. Ich trug immer noch meine olle Jeans und den blauen Strickpulli. George King dagegen sah wieder aus wie aus dem Ei gepellt. Oder immer noch. Ich war sehr überrascht gewesen, als er an meinem Tisch gesessen hatte, doch inzwischen fand ich es eigentlich ganz angenehm, nicht allein essen zu müssen.

Wollte er nun ernsthaft wissen, ob es jemanden in meinem Leben gab, den ich in München zurückgelassen hatte? Jemand Wichtigen? Und wollte ich es ihm erzählen? Ich schob mir eine Olive in den Mund, um etwas Zeit zu gewinnen – und ihm die Chance zu geben, zurückzurudern. Doch er mümmelte an ein paar Kartoffelchips.

»Meine Freundinnen sind alle noch in München. Und mein Ex-Mann. Aber mein Sohn studiert in Edinburgh, und so konnte ich die Gelegenheit nutzen, zum fast ersten Mal in meinem Leben das zu tun, wovon ich schon immer geträumt habe«, sagte ich schließlich.

Ich merkte, wie die überschaubaren Informationen bei ihm im Kopf einrasteten, und hatte den Eindruck, dass er den Impuls unterdrücken musste, alles zu notieren. Doch dann fragte er schließlich ein wenig ungläubig: »Du hast schon immer davon geträumt, durch Schottland zu reisen?«

»Findest du das so abwegig?«

Er zuckte mit den Schultern. »Vielleicht ein bisschen. Ich meine, von München aus hättest du doch ganz schnell nach Italien fahren können. Da wäre auch das Wetter besser.« Er schielte zu den Fenstern, gegen die gerade der nächste Wolkenbruch prasselte.

»Ich mag Italien, aber Schottland war immer mein Sehnsuchtsort.« Ich rechnete beinahe schon damit, dass er sich über mich lustig machte. Das wäre genau die Reaktion, die ich ihm zutraute. Dabei waren alle anderen Schotten immer total begeistert und stolz, wenn ich ihnen von meiner Leidenschaft vorschwärmte. George King dagegen schien nicht so der heimatverbundene Typ zu sein. Ungewöhnlich.

Doch er überraschte mich. »Ich finde es schön, wenn man tut, was das Herz von einem verlangt«, sagte er mit einem leicht melancholischen Lächeln.

Meine Neugier wuchs von Sekunde zu Sekunde, und ich hätte gerne ergründet, wo seine Melancholie ihren Ursprung hatte. Doch irgendetwas hielt mich davon ab, nachzubohren. Zumindest auf diesem Minenfeld. »Was hast du eigentlich mit dem Thesensalat aus der Gerüchteküche gemeint?«, fragte ich stattdessen.

»Nur dass hier jeder gerne klatscht und tratscht, und mich würde schon interessieren, ob es im Fall Gwen neue Spuren gibt.«

»Das fände ich allerdings auch spannend«, gab ich zu. »Hast du mitbekommen, dass eine andere Tänzerin angeblich zerschnittene Füße hat?«

Er nickte heftig. »Ja, das hat mir Ivy vorhin erzählt. Ich kann mir zwar beim besten Willen nicht vorstellen, wie das funktioniert haben soll – ich meine, das merkt man doch, wenn Scherben im Schuh sind, oder? Aber nach einem Unfall sieht es jedenfalls nicht aus. Eher nach einem gezielten Sabotage-Akt.«

»Genau wie das mit Gwens zerschnittenem Kleid vor ein paar Tagen.« Ich nahm mir noch eine Olive. »Ich frage mich, ob ihre Angehörigen inzwischen informiert worden sind. Was das für ein Schock für die Eltern sein muss.« Mich schüttelte es bei der Vorstellung regelrecht. »Gwen war ungefähr in Louis' Alter.«

»Louis? Dein Sohn, der in Edinburgh studiert?«

»Ja, genau. Eine entsetzlichere Nachricht kann es für Eltern kaum geben.«

»Ich weiß nicht, ob wir es erfahren werden. Die Polizei scheint heute Nachmittag sehr schnell wieder abgezogen zu sein«, berichtete er weiter. »Hat mir ebenfalls Ivy erzählt.«

»Vielleicht haben sie neue Informationen? Die tatsächlich auf … auf ein Verbrechen hindeuten?«

»Vielleicht. Ich habe heute Nachmittag mal ein bisschen recherchiert. Auch über Gwendolyn LaRue. Das muss auf jeden Fall ein Künstlername sein, denn unter diesem Namen habe ich lediglich einige Social-Media-Auftritte gefunden. Allerdings auch keine besonders prominenten mit vielen Followern. Dafür, dass sie als Star der Szene galt, finde ich das erstaunlich. Eine Webseite hatte sie nicht und auch sonst nichts, wo ihr bürgerlicher Namen drinsteht.«

»Ich schätze, den hat sie bei der Buchung ihres Quartiers angeben müssen, das sollte also nicht so schwer rauszufinden sein. Ich frage mich jedoch die ganze Zeit, wie sich so eine junge Frau so ein teures Cottage im hiesigen Luxus-Bed-&-Breakfast leisten konnte. Viele der anderen Mädchen kampieren hier in Privatunterkünften, einige in Zimmern im Herrenhaus. Selbst wenn Gwen der große Superstar unter den Highland-Tänzerinnen war, finde ich es unwahrscheinlich, dass sie sich das mit Auftrittshonoraren leisten konnte.«

»Vielleicht hat sie reiche Eltern?«, mutmaßte er.

»Ja, das ist auch meine Überlegung.« Wieder überkam mich eine heftige Welle des Mitleids für diese Menschen. Egal, wie reich oder arm man war, vor diesem Schmerz konnte einen auch viel Geld nicht bewahren.

Ich griff im selben Moment nach den Chips, in dem auch George wieder seine Finger ausstreckte, und die kurze Berührung traf mich wie ein elektrischer Schlag. Rasch zog ich meine Hand weg und versteckte sie unter dem Tisch. War sowieso besser, wenn ich keine Chips aß. Hoffentlich hatte George nichts bemerkt – doch er kaute bereits wieder nachdenklich. Konnte ich ihm vertrauen?

»Daisy hat mir erzählt, dass Gwen womöglich eine Affäre mit einem der Muckimänner hatte«, sagte ich.

»Wer ist Daisy?«, wollte er wissen und schaute wieder mit leicht zusammengekniffenen Augen an mir vorbei zu dem Tisch, an dem die fraglichen Schwerathleten saßen.

»Ein Zimmermädchen im Bed & Breakfast«, antwortete ich. »Und selbst auch eine Tänzerin. Sie glaubt, dass Gwen letzte Nacht nicht in ihrem Bett geschlafen hat. Und ihr Kleid ist auch aus dem Cottage verschwunden, obwohl ich es ihr gestern Abend dorthin gebracht habe und sie es anprobiert hat.«

George sah mich nachdenklich aus seinen dunklen Augen an. »Will ich wissen, woher du das alles so genau weißt?«

»Ich war am Vormittag dort«, gab ich zu.

»Im Bed & Breakfast?«

Ich nickte.

»In Gwens Cottage?«, bohrte er weiter, und wieder nickte ich. »Ehe du zum Mittagessen in den Pub gekommen bist und dort die Bombe hast platzen lassen, dass Gwen nicht mehr lebt?«

»Worauf willst du hinaus?«, unterbrach ich seine Befragung. »Ich war neugierig. Ich wollte wissen, ob sie einen Abschiedsbrief hinterlassen hatte und … Keine Ahnung, was noch. Ich hatte irgendwie das Gefühl, dass es wichtig wäre, mir ein Bild von ihrem Zimmer zu machen. Falls die Polizei es nicht tut.«

»Und? Hast du einen gefunden?«

»Nein. Hab ich nicht. Aber Daisy und ich haben festgestellt, dass sie nicht im Bett geschlafen haben kann und dass auch ihr Kleid verschwunden ist. Außerdem stand Gwens Auto laut Aussage einer der anderen Tänzerinnen heute Morgen auf dem Parkplatz vorm Herrenhaus, was die These untermauert, dass sie die Nacht bei einem der Jungs verbracht hat.« Ich drehte mich zu den Sportlern um und bereute es im nächsten Moment, denn da saß auch Jacob, der mir ein breites Lächeln schenkte und mir fröhlich zuwinkte.

»Doch noch Lust auf eine kleine Runde?«, rief er mir zu, und ich wandte mich ruckartig ab.

»Interessant«, befand George mit einem unlesbaren Gesichtsausdruck und fischte in seinem Sakko nach Notizbuch und Füller. Offensichtlich konnte er den Impuls nicht länger unterdrücken.

»Was? Dass Gwen eine Affäre mit einem der Typen hatte?«

»Auch. Aber vor allem, dass der Obergorilla dir eine kleine Runde vorschlägt – was auch immer das heißen mag – und du dabei knallrot angelaufen bist.« Er schmunzelte und kritzelte nun tatsächlich etwas in sein Büchlein.

»Das liegt am Alkohol und an den Wechseljahren«, behauptete ich und wollte mich im nächsten Moment am liebsten selbst knebeln. Was redete ich da für einen kompletten Quatsch zusammen?

Dann öffnete sich die Tür, und ein ganzer Schwung Menschen betrat den Pub. Die meisten der älteren Herrschaften nahmen am großen Stammtisch Platz, doch Detective Inspector Wilson, der entweder mit diesem Trupp oder unmittelbar hinter ihm hereingekommen war, ging mit raschen Schritten zum Tresen und sagte zu Jon: »Es gibt neue Entwicklungen. Ich muss noch ein paar weitere Leute befragen.«

LERNEN VON DEN PROFIS

EINEN ORDEN FÜR DISKRETION würde DI Wilson wohl nicht bekommen, dachte ich. Aber vielleicht war das auch gar nicht die Intention des werten Herrn Inspector? Vielleicht stiftete er bewusst Unruhe, indem er laut neue Vernehmungen ankündigte. Nach und nach erstarben die meisten fröhlichen Gespräche im Pub und machten angespannten Tuscheleien und erwartungsvollem Schweigen Platz.

Fanny griff reflexartig zu den Chips und biss lautstark in einen hinein. Prompt wurde sie wieder rot, und ich dachte an das elektrische Kribbeln, das die kurze Fingerberührung zwischen uns vorhin ausgelöst hatte. Doch damit konnte ich mich jetzt nicht befassen, viel zu gebannt schaute ich zum Inspector und folgte seinem Blick, den er durch den Gastraum schweifen ließ.

»Ist Kristie Fraser hier?«, erkundigte er sich.

»Wer will das wissen?«, kam es vom Stammtisch der Oldies, und ich sah, dass Marlin Fraser den Polizisten kritisch betrachtete. Marlin war ein tonangebender Mäzen im Ort und vermutlich einflussreicher als unser Bürgermeister. Außerdem war er Kristies Onkel.

»Detective Inspector Wilson«, stellte sich der Ermittler vor. »Und wer sind Sie?«

»Ich bin Marlin Fraser, und ich frage noch einmal, was Sie von meiner Nichte wollen.« Marlin war aufgestanden und starrte Wilson auf die Distanz herausfordernd an. Im Pub war es so leise geworden wie in einem Saloon kurz vor der High-Noon-Schießerei.

»Ich möchte ihr lediglich ein paar Fragen stellen.« Wilson klang beinahe gelangweilt. Er nickte Jon zu, der ihm mit fragendem Blick ein leeres Pintglas vor die Nase hielt.

»Sie ist nicht hier«, erwiderte Marlin und setzte sich wieder.

»Und wo ist sie?«

»Zu Hause oder beim Proben in der alten Schule?«, mischte sich Ivy ein. »Haben Sie es da schon probiert?«

»Da ist sie nicht«, sagte Marlin Fraser.

»Sie klingen so, als könnten Sie Auskunft über den Aufenthaltsort Ihrer Nichte geben.« Wilson hörte sich an, als müsste er sich mit aller Kraft zusammenreißen.

»Könnte ich. Aber warum sollte ich?«

Insgeheim bewunderte ich den alten Fraser für seine Coolness. Nicht, dass der phlegmatische DI Wilson besonders beängstigend wirkte, aber die Staatsgewalt so offen zu provozieren, dazu gehörte schon einiges. Ich sah kurz zu Fanny, die diesen Schlagabtausch voller Faszination verfolgte.

»Der steckt doch nicht etwa dahinter?«, raunte sie mir zu.

Ich schüttelte unmerklich den Kopf. Ich traute Marlin Fraser einiges zu, aber dass er an einem mutmaßlichen Kapitalverbrechen beteiligt war, eher nicht. Stattdessen war das vielleicht seine Art, Wilson ein paar Informationen zu entlocken.

»Wollen Sie etwa die Ermittlungen verschleppen?«, dröhnte der prompt, und sein Gesicht nahm eine ungesunde Färbung an.

»Mir war ja nicht klar, dass es etwas zu ermitteln gibt. Sie sagten vorhin lediglich, dass Sie Kristie ein paar Fragen stellen wollen.« Fraser machte sich nicht einmal mehr die Mühe, zum Tresen zu schauen, wo Wilson stand, sondern blätterte scheinbar wahnsinnig interessiert in der Speisekarte.

»Fragen sind Teil der Ermittlung!«

»Aber was gibt's denn überhaupt zu ermitteln?«

»Bei der Obduktion der Leiche von Gwendolyn LaRue kam heraus, dass sie umgebracht wurde«, entfuhr es DI Wilson, zweifellos völlig ungeplant.

»Und Sie glauben, dass meine Nichte etwas mit ihrem Tod zu tun hat?« Marlins mit milder Neugier gestellte Frage war über das abrupt einsetzende Stimmgewirr im Pub hinweg kaum zu verstehen.

»Ich wusste es!«, rief Fanny, doch das hörte außer mir wohl niemand, denn nun plapperten restlos alle Gäste lautstark durcheinander.

»Mein Job ist es nicht, Dinge zu glauben, sondern Fakten zu sammeln.« Wilson war mit seinem frisch gezapften Bier in der Hand zum Stammtisch gelaufen und baute sich vor Marlin auf. Was äußerst günstig war, denn so konnte ich ihn gut weiter belauschen.

»Das ist sehr löblich. Fakten sind so viel wertvoller als Spekulationen«, befand Marlin mit einem wissenden Nicken – und ich bewunderte ihn für sein undurchschaubares Pokerface.

»Werden Sie mir jetzt also sagen, wo sich Ihre Nichte Kristie Fraser befindet, oder …?«

»Oder was?« Marlin grinste. »Sie wissen genau wie ich, dass ich Ihnen gar nichts sagen muss, und tatsächlich weiß ich auch nicht sicher, wo sie sich in diesem Moment befindet. Ich weiß aber, dass sie vorhin die junge Tänzerin, deren Füße am Nachmittag so schlimm verletzt wurden, zum Bahnhof in Inverness fahren wollte.«

»Welche Tänzerin?« Wilson schien etwas aus dem Konzept gebracht zu sein, doch ehe Marlin oder jemand anders antworten konnte, stürmte der junge Constable in den Pub, der den Inspector schon heute Mittag begleitet hatte.

»Kann ich Sie kurz sprechen, Inspector?«, fragte der Mann atemlos.

»Was gibt's, Cook? Ich bin mitten in einer Befragung«, knurrte Wilson ungnädig.

»Es hat heute Nachmittag einen Anschlag auf eine weitere Tänzerin gegeben«, fing der Constable an. »Jemand hat der Frau irgendwas Scharfkantiges in die Schuhe gepackt, sodass jetzt ihre Füße ruiniert sind. Ich habe die Schuhe gerade sichergestellt.« Er hielt eine schwarze Plastiktüte hoch, die glücklicherweise verhinderte, dass man den Inhalt sah.

»Wieso erfahre ich das erst jetzt?«, blaffte Wilson seinen Kollegen an, der erschrocken zusammenzuckte.

»Ähm …«

»Das ist keine zufriedenstellende Aussage!«

»Der Anruf ging vor rund zwei Stunden ein und … ähm …«

»Und?«

»Nun ja, in der Zentrale hat man es als nicht so dringend eingestuft, und da wir ja ohnehin noch einmal hierherkommen wollten …« Cook versagte die Stimme beim sturmumwölkten Blick seines Vorgesetzten.

»Dass da ein Zusammenhang bestehen könnte zwischen den zwei Damen, die immerhin beide Tänzerinnen sind und beide am Tanzturnier bei den Highland Games teilnehmen wollten, auf diese Idee ist niemand gekommen?«

»Nun ja … Also, schon … Deshalb habe ich ja die Schuhe … ähm … gesichert«, stammelte der Constable. Fast tat mir das Jüngelchen leid. Es musste die Hölle sein, mit einem Kollegen wie Wilson zusammenzuarbeiten.

»Haben Sie denn das Opfer befragt?«, wollte der nun wissen.

»Nein. Sie war nicht mehr da. Jemand hat sie in Inverness zum Zug gebracht. Sie fährt nach Hause, weil sie ja nicht mehr am Festival teilnehmen kann.«

»Womit sich der Kreis schließt«, stellte Marlin fest.

»Das ist im höchsten Maße unprofessionell und unerfreulich«, regte sich Wilson auf.

»Was er nicht sagt«, murmelte Fanny mit vollem Mund.

»Ich finde es ja schon erstaunlich, dass das zweite Opfer seine Tanzschuhe hiergelassen hat«, sprach ich meine Gedanken laut aus und erregte damit Wilsons volle Aufmerksamkeit. Der Constable dagegen wurde noch röter.

»Was mischen Sie sich ein?«, schnauzte Wilson mich an. »Wer sind Sie überhaupt?«

»George King, ein ganz normaler Bürger Kirkbys, der sich fragt, warum die Tänzerin ihre Schuhe nicht mitgenommen hat.«

»Sie hat die Schuhe weggeworfen«, sagte Cook leise.

»Was?«

»Sie war der Meinung, dass sie unbrauchbar sind, und hat sie in den Mülleimer gestopft. Aber eine andere Tänzerin hat sie wieder rausgezogen und mir dann überreicht, als ich mich nach Ms Fraser umgehört habe. Die hat die arme Muriel zum Bahnhof gefahren.«

»Und wer ist Muriel?« Wilson sah aus, als würde er gleich einen Schlaganfall bekommen.

»Das ist die verletzte Tänzerin«, piepste Constable Cook leise. »Muriel Baker. Ich habe ihre Anschrift und ihre Telefonnummer von einer Kollegin bekommen. Sie wohnt in der Nähe von Aberdeen.«

»Okay, wenigstens etwas«, brummte Wilson. »Wir gehen jetzt in diese Tanzschule und knöpfen uns die anderen Hupfdohlen vor, damit Sie mal echte Ermittlungsarbeit von den Profis lernen. Und wenn Kristie Fraser hier auftaucht, dann …«, wandte er sich an niemand Bestimmten im Gastraum. Er trank in tiefen Zügen sein Bierglas aus. Das immerhin hatte er ziemlich beeindruckend drauf.

»Dann geben wir ihr Bescheid, dass Sie Fragen haben, Inspector«, sagte Jon und nahm ihm das Glas ab. »Viel Erfolg.«

Als die beiden Beamten den Pub verlassen hatten, nahm die allgemeine Diskussion noch einmal Fahrt auf.

»Du wirst Kristie diesem Kerl doch nicht ernsthaft ans Messer liefern«, knurrte Marlin Jon an.

»Natürlich nicht, aber wir wollten ihn alle loswerden, oder? Das war der schnellste Weg. Aber jetzt zu euch, was wollt ihr trinken?«

»Wahnsinn«, entfuhr es Fanny, und sie klang gleichermaßen konsterniert und amüsiert. »Hier ist ja was los.«

Leider nicht mehr auf unserem Tisch. Offensichtlich hatte Frau König während des Polizei-Gastspiels all unsere Snacks verputzt. Und das Glas mit ihrem Gin-Cocktail geleert.

»Sorry«, sagte sie, als sie meinen Blick auf die leeren Schälchen erhaschte. »Das war wie im Kino oder beim Fernsehen. Wenn es besonders absurd oder spannend ist, muss ich essen.«

»Verstehe …« Ich musste ein Lachen unterdrücken, denn irgendwie fand ich das sehr sympathisch.

»Du dagegen hast die ganze Zeit mitgeschrieben«, bemerkte sie und deutete auf mein Notizbuch.

»Das ist auf jeden Fall die kalorienärmere Übersprungshandlung«, entgegnete ich grinsend und trank einen Schluck aus meinem immer noch gut zur Hälfte gefüllten Gin-Tonic-Glas.

»Vermutlich«, gab sie mit einem leichten Seufzen zu. »Aber was genau hast du denn alles aufgeschrieben – und warum?«

»Ich … ähm …« Ich räusperte mich, weil ich mich mehr als nur ein bisschen ertappt fühlte. Ich war wirklich sehr unvorsichtig gewesen. »Ich bin Schriftsteller«, begann ich mit meiner Standardlüge. »Deswegen mache ich mir immer so viele Notizen, wenn ich etwas Interessantes mitbekomme. Und du musst zugeben, dass das eben sehr interessant war.«

• • •

»Schriftsteller? Wow.« Tatsächlich passte das ganz gut zu George, musste ich insgeheim zugeben, auch wenn ich bislang kaum einen Gedanken daran verschwendet hatte, wie sich Schriftsteller wohl so gaben. Aber dass sie sich häufig Notizen machten, schien mir durchaus schlüssig. »Welches Werk von dir sollte ich unbedingt kennen?«

»Ähm.« Er räusperte sich erneut, so als sei ihm das Thema peinlich. »Ich habe streng genommen noch nichts veröffentlicht. Also jedenfalls keinen Unterhaltungsroman, sondern bislang … Aber das ist egal. Was ich damit sagen will, ist, dass du eigentlich gar nichts von mir kennen kannst.«

»Wenn ich also deinen Namen in eine Internetsuchmaschine eingebe, dann …«

»Dann bekommst du Hunderte Treffer. Mein Name ist nicht sehr originell. Zweifellos gibt es etliche George Kings, die auch Bücher geschrieben haben.«

»Schön, dann bist du also ein unveröffentlichter Schriftsteller. Was schreibst du denn so? Historische Romane? Kriegsgeschichten? Krimis?«

»Warum nicht auch Liebesromane?«, fragte er mit einem leichten Grinsen.

»Ernsthaft?«

»Du brauchst gar nicht so zweifelnd zu klingen. Es ist ein unfaires Vorurteil, wenn man es Männern nicht zutraut, packende Liebesgeschichten zu schreiben. Schon Shakespeare …«

Ich winkte ab. »Schon gut, schon gut. Du bist also ein Schmonzetten-König, fein. Aber dann frage ich mich, wozu du dir so viele Dinge aufgeschrieben hast? Das eignet sich ja nicht gerade für Liebesgesäusel.«

»Liebesgesäusel und Schmonzetten?« Er tat empört, doch ich konnte genau erkennen, wie sehr es ihn amüsierte. »Ehrlich, ich müsste mich im Namen meiner Kollegen gerade sehr aufregen. Doch ich gebe zu, ich arbeite an einem Kriminalroman.«

»Wusste ich's doch!«, rief ich vergnügt. »Aber dafür war das eben auch nicht besonders erhellend, denn unter uns – professionelle Ermittlungsarbeit geht anders.«

»Und das weißt du weshalb so genau?«, erkundigte er sich.

»Ich war viele Jahre lang mit einem Mordermittler verheiratet, da schnappt man das ein oder andere auf.«

»Soso, der Ex-Mann in München ist vom Fach.« Ich war mir nicht sicher, ob er das beeindruckend fand oder sich über mich lustig machte.

»Ist er, und solche Schlampereien wäre ihm jedenfalls nicht passiert«, sagte ich, den Subtext ignorierend. »Aber es ist ja auch völlig egal, wie man das in München handhabt, denn hier in Schottland scheinen offensichtlich andere Regeln zu gelten.«

»Da wäre ich mir nicht so sicher. Kann durchaus sein, dass DI Wilson schlicht nicht die hellste Kerze auf dem Kuchen ist.«

Diesen Eindruck hatte ich ja schon heute Morgen gehabt, da konnte und wollte ich ihm nicht widersprechen. »Ich frage mich aber die ganze Zeit, was er von Kristie will. Ob er denkt, dass sie da irgendwie mit drinhängt? Hältst du das überhaupt für wahrscheinlich?«

»Was? Dass er ihr eine Tatbeteiligung unterstellt oder dass sie ihre Finger im Spiel hat?«, hakte er nach.

»Nun ja, Ersteres ist offensichtlich.«

»Ich kenne Kristie Fraser nicht besonders gut, aber ich kann mir beim besten Willen nicht vorstellen, dass sie irgendjemandem etwas zuleide tun könnte«, behauptete er im Brustton der Überzeugung.

»Hier kommen eure Salate und der Wein«, unterbrach Ivy unser Gespräch und servierte uns die üppigen Kreationen, die längst nicht so leicht aussahen, wie ich es mir erhofft hatte. Zumal ich nach den Knabbereien, die ich mir unkontrolliert reingestopft hatte, auch fast keinen Hunger mehr hatte. Da würde später wohl ein großer Verdauungsspaziergang fällig werden.

»Toll, vielen Dank«, sagte ich zu Ivy und beobachtete, wie sie mit gerunzelter Stirn den Wein öffnete. Die Flasche hatte einen Schraubverschluss und konnte daher kaum der Grund für ihr düsteres Mienenspiel sein.

»Alles in Ordnung?«, erkundigte ich mich bei ihr.

»Ach, mir geht nur dieser Polizei-Fuzzi auf die Nerven. Ich meine, hat er ernsthaft Kristie im Verdacht? Nie im Leben!«

»In diesem Punkt scheint ja allgemeine Einigkeit zu herrschen.« Ich sah kurz zu George und dann zum Stammtisch, wo die Herrschaften rund um den Onkel ihre Köpfe zusammengesteckt hatten und ganz offensichtlich über alles diskutierten.

»Natürlich herrscht da Einigkeit. Wir kennen Kristie!«, rief Ivy leidenschaftlich. »Sie ist der netteste Mensch in ganz Kirkby, und sie war untröstlich, als sie von Gwens Tod erfahren hat, und wohl total schockiert, als vorhin die Sache mit den präparierten Tanzschuhen passiert ist.«

»Man kann ja leider nie in die Köpfe der Menschen reinschauen«, bemerkte ich diplomatisch und spießte mit der Gabel ein Stückchen von dem geräucherten Forellenfilet auf, das auf meinem Linsensalat lag.

»Du würdest das nicht behaupten, wenn du Kristie kennen würdest«, sagte Ivy entschieden und klang ziemlich eisig. »Allein der Gedanke daran ist vollkommen absurd.«

»Fanny ist Ex-Ermittlerin, da muss sie so denken«, fiel mir nun auch noch George in den Rücken.

»Ich bin und war nie selbst Ermittlerin, aber mein Ex-Mann ist bei der Kripo«, verteidigte ich mich. »Und da habe ich mitbekommen, dass es nichts gibt, was es nicht gibt.«

»Sag ich doch«, meinte George, und sein Grinsen wurde immer unverschämter. Ich hatte große Lust, ihm einen Tritt gegen das Schienbein zu verpassen, doch die Gefahr war zu groß, dass ich dabei Rudi erwischte, der die ganzen Dramen hier selig verschlief, der Glückliche.

»Kristie hat damit nichts zu tun. Punkt.« Ivy war sich eindeutig sicher und schenkte uns jetzt die Gläser ein.

»Dann ist ja alles gut«, lenkte ich ein – um gleich darauf wieder zu relativieren: »Aber irgendjemand hat es getan. Erst das kaputte Kleid von Gwen, dann … nun ja … und jetzt die zerschnittenen Füße. Irgendjemand hat entweder einen Hass auf Highland-Tänzerinnen oder erhofft sich einen Wettbewerbsvorteil, wenn wichtige Konkurrenz aus dem Weg geräumt ist.«

»Ich finde beide Optionen nicht so prickelnd, aber Kristie war's auf gar keinen Fall!« Damit schwirrte Ivy ab.

»Besser hätte ich es nicht zusammenfassen können.« George schmunzelte und hob sein Glas. »Worauf trinken wir?«

»Auf kompetente Polizeiarbeit oder einen Fehler des Saboteurs oder der Saboteurin?«, schlug ich vor.

»Ich hätte jetzt eher ›auf den Beginn einer wunderbaren Freundschaft‹ vorgeschlagen, aber das soll mir auch recht sein. Slàinte!«

»Cheers.« Ich ging nicht auf seinen Freundschaftsvorschlag ein, sondern trank einen Schluck und beschloss, mich erst einmal aufs Essen zu konzentrieren.

Der Salat schmeckte wirklich ausgezeichnet, und die Forelle war würzig und zart. Köstlich. Ich ließ mir Zeit beim Essen und dachte ein bisschen über den Tag nach. Es waren kaum zehn Stunden vergangen, seit mein Aufenthalt hier in Kirkby eine ganz neue Wendung genommen hatte. Eine, auf die ich wirklich gern verzichtet hätte.

»Was meinte der Highland-Kämpfer eigentlich vorhin mit ›Doch Lust auf eine Runde?‹?«, wollte George dann plötzlich wissen. Ich hatte eigentlich gehofft, dass er Jacobs blöden Kommentar vergessen hatte.

»Ich habe nicht die leiseste Ahnung«, behauptete ich und trank noch einen Schluck Wein. Der war verdammt süffig und nach dem Gin sicher keine gute Idee, denn Alkohol hatte bei mir den unangenehmen Nebeneffekt, dass erst meine Zunge ziemlich locker wurde und ich dann schlimmstenfalls zur … Nein, darüber wollte ich gar nicht nachdenken!

»Du bist keine besonders gute Lügnerin«, stellte George fest.

»Doch. Eigentlich schon, aber fürs Lügen bin ich schon zu beschwipst.« Wie gesagt, lockere Zunge. Klasse Leistung, König. Wirklich ganz großartig.

Er grinste breit. »Und was passiert, wenn du noch ein Gläschen trinkst?«

»Glaub mir, das willst du lieber nicht ausprobieren …«

»Oh, ich glaube, das will ich sogar ganz unbedingt«, gab er zurück, und in seinen Augen funkelte es feurig. So vernebelt konnten meine Sinne doch noch nicht sein.

Ich trank hastig mein Glas Wasser leer und goss mir ein weiteres ein. »Ich habe Jacob heute Nachmittag auf dem Veranstaltungsgelände kennengelernt«, sprach ich rasch weiter. Meine Bekanntschaft mit dem muskulösen Hünen war unverfänglicher als die Spekulation darüber, was passieren würde, wenn ich noch mehr Wein trank.

»Sieh an, sieh an«, sagte er. »Die Frau Ex-Kommissarin ermittelt gründlich.«

»So ein Quatsch. Ich war auf dem Weg zu Ainslee und Harriet in der Weberei und … Ist ja auch egal. Jedenfalls habe ich Jacob kennengelernt – auf eine Art, auf die ich gut hätte verzichten können. Er ist ein ziemlicher Angeber und mehrfacher Meister im Frauentragen.«

George verschluckte sich prompt an seinen Wildkräutern und musste heftig husten. Geschah ihm recht bei seinen indiskreten Nachfragen.

»Seinen Vorschlag, eine Trainingsrunde mit mir zu absolvieren, habe ich dankend abgelehnt«, sprach ich weiter, und George musste noch mehr lachen und husten.

»Ich weiß gar nicht, was daran so witzig ist. Oder anders ausgedrückt, warum *du* darüber so lachen musst. Es ist schließlich eine abseitige Tradition aus deinem Heimatland«, sprach ich leicht indigniert weiter.

»Keine, die ich erfunden habe«, brachte er schließlich unter Keuchen hervor. »Aber ich gebe zu, ich war selten so gern Schotte wie heute. Und so gut amüsiert wie heute habe ich mich auch schon lange nicht mehr.«

Ich betrachtete ihn ein Weilchen nachdenklich und sagte dann: »Das wiederum ist angesichts einer toten und einer verletzten Tänzerin und des unmoralischen Angebots eines Highlanders eine ziemlich betrübliche Aussage, Lord Seidentüchlein.«

»Ich gebe zu, das kam jetzt geschmackloser rüber als geplant, und mir tun die verblichenen beziehungsweise verletzten Damen auch aufrichtig leid, aber …« Wieder musste er sich mit aller Macht ein Lachen verkneifen. »Die Vorstellung, dass der Gorilla mit dir Frauentragen übt – vermutlich von Rudi über den Platz gejagt –, ist wirklich zu schön. Dieses Bild wird mich garantiert bis in meine Träume verfolgen.« Er legte sein Besteck auf den leeren Teller und goss noch einmal Wein nach. »Und was machen wir nun mit dem angebrochenen Abend?«

EINSAME RECHERCHE – LEIDER

»ICH MACHE GLEICH einen Verdauungsspaziergang mit Rudi. Was du tust, ist mir ehrlich gesagt egal«, entgegnete Fanny kühl. Hm, als so humorlos hatte ich sie eigentlich gar nicht eingeschätzt.

»Habe ich etwas Falsches gesagt?«, erkundigte ich mich vorsichtig. »Es tut mir leid, wenn mein Kommentar über meinen erfreulichen Tag geschmacklos klang, aber glaub mir bitte, ich hab es nicht so gemeint.« Ich versuchte es mit meinem treuherzigsten Blick – da hätte selbst Rudi noch etwas lernen können –, um sie wieder milder zu stimmen.

»Es ist ... es hat ...«, fing sie an, schüttelte dann aber den Kopf. »Es war ein langer und ziemlich ereignisreicher Tag für mich. Ich glaube, ein wenig frische Luft und Zeit zum Nachdenken würden mir guttun.«

»Ich könnte euch begleiten. Wir müssten auch nicht reden«, hakte ich rasch ein und fragte mich, ob ich noch alle Latten am Zaun hatte. Was biederte ich mich bei dieser Frau an, die ganz klar gesagt hatte, dass sie ihre Ruhe wollte?

Sie lächelte leicht – immerhin ein echtes Lächeln, kein gekünsteltes. »Das ist nett, aber es würde ja doch nicht funktionieren. Also das mit dem Nicht-Reden.«

Nett? Ich war schon vieles genannt worden, aber als nett hatte man mich nur selten bezeichnet. Ich war mir nicht sicher, ob es ein Kompliment war. Fühlte sich jedenfalls nicht wie eines an. Nun ja, ein bisschen Reststolz hatte ich glücklicherweise auch noch. »Alles klar«, entgegnete ich also so aufgeräumt wie möglich. »Dann erlaube mir aber bitte wenigstens, unser Essen zu bezahlen. Schließlich habe ich mich dir ja regelrecht aufgedrängt.«

Ihr Lächeln wurde offener. »Und es wäre nicht mal nötig gewesen, zwei Tische sind ja immer noch nicht besetzt.« Fanny deutete auf die beiden Zweiertische, die für andere Hausgäste reserviert waren, die aber entweder später kamen oder andere Pläne hatten. »Eine Einladung ist ebenfalls nicht nötig, aber weil ich keine Lust auf die Diskussion habe, die zweifellos folgen würde, sage ich einfach Danke.« Sie stand auf und zupfte an der Leine, an der der leise schnarchende Dackel hing. »Komm, Rudi, wir gehen«, ermunterte sie das Tier, das unwillig grunzte.

»Ich glaube, er würde auch gerne noch bleiben«, stellte ich fest, und ein kleiner Hoffnungsschimmer glomm in mir auf. Was um alles in der Welt war los mit mir?

»Mag sein, aber er hat kein Mitspracherecht in dieser Sache.« Sie zog ein wenig stärker, und Rudi erhob sich schließlich, gähnte laut und schüttelte sich demonstrativ. »Wir sehen uns bestimmt in den nächsten Tagen«, verabschiedete sie sich von mir und verschwand dann durch die Hintertür zur Treppe, die zu den Gästezimmern führte.

Ich blieb ratlos sitzen und starrte nachdenklich auf den Tisch. Was genau war da eben schiefgelaufen?

»Sag bloß, du hast Fanny vergrault?« Jon musterte mich mit einem leicht irritierten Stirnrunzeln.

»Hmpff.« Mehr hatte ich dazu nicht zu sagen, denn offensichtlich war es genau so gewesen. »Ihr hättet jedenfalls nicht so einen Aufstand wegen der Reservierungen machen müssen. Die beiden Tische sind immer noch frei.«

»Ich hatte eigentlich den Eindruck, dass ihr euch ganz gut versteht – und allein zu essen ist doch immer ein bisschen blöd, was?« Jon stapelte die beiden leeren Teller aufeinander und griff sich dann auch noch Fannys Gläser. »Kann ich dir noch eine Nachspeise bringen? Wir hätten heute Islas berühmte Schoko-Mousse mit kandierten Veilchen.«

»Nein danke«, erwiderte ich mit einem Seufzen. Mit Fanny hätte ich sicher eine Mousse gegessen – vielleicht hätten wir uns sogar eine geteilt? –, aber allein hatte ich keine Lust darauf. »Ich trink noch den Wein aus, dann gehe ich nach Hause. Muss noch was arbeiten. Kann ich zahlen?«

War das ein Hauch von Mitleid, der da über Jons Gesicht huschte? Doch einen Augenblick später strahlte er mich wieder mit seinem professionellen Gastgeberlächeln an und sagte: »Alles klar, ich schicke gleich Ivy zum Kassieren vorbei.«

Ich nickte und goss mir den restlichen Wein ins Glas. Von den umliegenden Tischen hörte ich einzelne Gesprächsfetzen. Die tote Gwen und die verletzte Muriel waren immer noch in aller Munde, und es wurde heftig spekuliert, wer dahinterstecken könnte und welche Konsequenzen diese Taten für die anstehenden Highland Games hatten.

Ich reichte Ivy meine Kreditkarte und ein üppiges Trinkgeld in bar und verabschiedete mich dann rasch. Ich würde den Abend mit einer ausführlichen Recherche über die Tanzszene verbringen. Ob das ähnlich erhellend sein würde wie meine Erkenntnisse über die Muskelmänner?

• • •

Im Zimmer angekommen, machte mir Rudi unzweifelhaft klar, dass er sich heute keinen Millimeter mehr bewegen würde. Er rollte sich auf seinem Hundekissen zusammen und schlief umstandslos wieder ein.

Irgendwie war das richtig süß gewesen, wie George sich vorhin um Rudi bemüht hatte. Die Charmeoffensive hatte dann auch prompt funktioniert, aber mein sturer Dackel war mit den richtigen Mitteln auch ziemlich leicht zu manipulieren. Eine gemütliche Decke und die leckeren Kekse waren Bestechung genug gewesen. Überhaupt hatte sich George als ausgesprochen angenehmer und witziger Gesprächspartner entpuppt, den mein hastiger Aufbruch sichtlich irritiert hatte. Dabei war nicht er das Problem gewesen, sondern ich. Genauer gesagt meine vom Alkohol gelockerte Zunge – und meine offensichtlich genetisch verankerte Schwäche für attraktive Schotten. Das letzte Mal, als beide Elemente aufeinandergetroffen waren – also zu viel Alkohol und ein sehr attraktiver Schotte –, hatte das neun Monate später zu Louis geführt. Nicht, dass in meinem Alter diesbezüglich noch viel Gefahr bestand, aber man konnte nie wissen. Und Urlaubsflirts waren nicht geplant.

Außerdem waren da noch die tote und die verletzte Tänzerin, die mir keine Ruhe ließen. Immerhin hatte nun auch dieser Inspector Wilson kapiert, dass es kein Selbstmord gewesen war, und ermittelte endlich. Nur kam ich aus dem Augenrollen gar nicht raus, wenn ich an sein unbeholfenes Vorgehen dachte. Wenn Poldi das sehen könnte …

Mit einiger Mühe unterdrückte ich den Impuls, ihn anzurufen. Ich hätte mich sehr gerne auf rein freundschaftlicher und professioneller Ebene mit ihm ausgetauscht, aber beides war nicht möglich. Langsam hatte ich nämlich den Verdacht, dass er die freundschaftliche Ebene verlassen und wieder mehr als ein Freund sein wollte, und für einen Profi in Sachen Mordermittlung hielt er mich selbstredend auch nicht. Immerhin, in diesem Punkt hatte er recht. Allerdings dürfte ich wohl kaum dämlicher sein als dieser Wilson. Trotzdem, ein Gespräch mit Poldi kam gerade nicht infrage.

Ob Kristie inzwischen wieder aufgetaucht war? Mit ihr würde ich wirklich wahnsinnig gerne mal sprechen. Im Dorf schienen ja alle die größten Stücke auf sie zu halten – in diesem Punkt herrschte sogar unerwartete Einigkeit zwischen George und Ivy –, doch auch das hatte ich von Poldi gelernt: Eindrücke konnten täuschen. Selbst die nettesten Menschen hatten das Zeug dazu, in bestimmten Situationen zum Täter zu werden.

Die Idee mit dem Spaziergang war nicht blöd, auch wenn ich heute schon reichlich Bewegung gehabt hatte. Vielleicht könnte ich rein zufällig an der alten Schule vorbeilaufen, wo womöglich noch geprobt wurde? Und eventuell mit ein paar Leuten unverfänglich ins Gespräch kommen? Ja, das klang nach einem guten Plan. Da Rudi mir demonstrativ den Rücken zukehrte und sonor schnarchte, schlüpfte ich in meine Jacke und machte mich allein auf den Weg, hinaus in den immer noch nicht besonders späten Abend.

Es herrschte noch einiger Betrieb. Auf dem Dorfplatz standen mehrere Grüppchen zusammen, im Rathaus brannte hinter fast allen Fenstern Licht, und etliche Fahrzeuge bogen auf die Straße ab, die zum Herrenhaus führte. Vielleicht ging es da um die allerletzten Vorbereitungen für die Großveranstaltung? Auch zwei Wohnmobile fuhren diese Straße entlang. Weitere Muskelmänner, nahm ich an und dachte mit Schaudern an Jacob. Der fiel eindeutig nicht die Kategorie der heißen Schotten, die mir gefährlich werden konnten. Weder mit noch ohne Alkohol. Und schon gar nicht, wenn er mich durch die Gegend tragen wollte … Seltsamer Vogel.

Ich hatte gerade die Hauptstraße überquert und näherte mich der alten Schule, als mir eine riesige, grau getigerte Katze laut maunzend entgegenkam. »Wer bist du denn?«, fragte ich das Tier und beugte mich vor, um es an meiner Hand schnuppern zu lassen.

»Mau«, kam es zurück, und gleich darauf strich mir der mächtige Katzenkörper um die Beine.

»Du bist ja süß«, freute ich mich und streichelte das weiche Fell. Gut, dass Rudi nicht dabei war. Der Dackel war kein besonderer Katzenfreund, und dieses Exemplar war sogar größer als er, da würde eine Auseinandersetzung schnell zu seinen Ungunsten ausgehen. »Hast du dich verlaufen?«, fragte ich, aber außer einem weiteren »Mau« erhielt ich keine Antwort.

»Das ist Elvis, der Kater von unserer Dorfärztin«, sprach mich eine Frau von hinten an. »Er war bestimmt bei Lennox und ist jetzt auf dem Heimweg.«

»Dann ist es ja gut«, antwortete ich, obwohl ich keine Ahnung hatte, wer Lennox war und was der Kater dort zu suchen hatte. War aber auch egal. Die Frau, die mir gegenüberstand, war groß, schlank, hatte lange dunkle Locken – und ein ziemlich blasses Gesicht mit einer reichlich gestressten Miene. »Du musst Kristie sein«, schloss ich scharfsinnig und reichte ihr die Hand. »Ich bin Fanny.«

»Das habe ich mir schon gedacht«, entgegnete sie und schüttelte meine Hand mit sanftem Druck. »Du hast Gwens neues Kleid genäht und …« Sie schluckte und wischte sich eine Träne von der Wange.

»Ja, das ist absolut entsetzlich«, gab ich zurück. »Du hast die verletzte Tänzerin gerade zum Bahnhof gebracht, nicht wahr?«, fragte ich dann.

Sie nickte und kämpfte sichtbar mit dem nächsten Schwall Tränen.

»Schauerliche Sache, das mit den Schuhen.« Kater Elvis rammte mir noch einmal seinen dicken Kopf gegen die Wade, offensichtlich ungehalten darüber, dass ich meine Aufmerksamkeit Kristie zugewandt hatte. Dann trollte er sich mit einem letzten »Mau«. Männer zu enttäuschen war heute offensichtlich meine Spezialität. »Der zuständige Polizist, DI Wilson, hat dich vorhin gesucht«, sprach ich weiter, als Kristie schwieg.

»Er hat mich gefunden«, erwiderte sie düster. »Er hat mir allen Ernstes vor meinem Cottage aufgelauert und mir dann eine Million Fragen gestellt.«

»Du hast hoffentlich nichts zu ihm gesagt, oder?«, rief ich alarmiert.

»Doch, natürlich.« Sie sah mich verwundert an. »Warum hätte ich denn nichts sagen sollen?«

»Weil man in einer Situation wie deiner eigentlich nie mit der Polizei reden sollte, und dieser Wilson scheint mir das Kaliber zu sein, das jede Aussage nach seinem eigenen Gutdünken so hindreht, wie es passend für ihn ist.« Ich stieß laut Luft aus. Einer von Poldis besten Freunden war Strafverteidiger, und selbstredend waren die beiden bei vielem, was Polizeiarbeit und Ermittlungsverfahren betraf, sehr unterschiedlicher Meinung. Rolf hatte mir zu Poldis Verdruss immer eingeschärft, niemals mit der Polizei zu reden. Nicht bei einer Polizeikontrolle, nicht bei einer Routinebefragung in der Nachbarschaft. Jedenfalls nicht ohne Anwalt. Ich hatte das nie ernst genommen, denn wieso sollte man nichts sagen, wenn man unbeteiligter Zeuge war?

Als dann mein Atelier abbrannte, hatte es natürlich auch sofort Ermittlungen gegeben. Glücklicherweise hatte ich mich da an Rolfs Worte erinnert und ihn sofort angerufen, ehe ich bei der Polizei irgendwelche Angaben gemacht hatte. Offenbar hatte ich direkt im Verdacht gestanden, meinen Laden selbst angezündet zu haben – und ich mochte mir gar nicht ausmalen, wie das hätte ausgehen können.

»Aber ich will doch helfen, damit die Sache rasch aufgeklärt wird«, sprach Kristie in meine Gedanken hinein.

»Kann ich total verstehen, aber … na ja, ist ja auch egal. Kennst du notfalls einen Anwalt, den du anrufen könntest, sollte es haarig werden?« Ehrlich gesagt fragte ich mich gerade, warum mir so viel daran lag, dieser mir vollkommen unbekannten jungen Frau zu helfen, die ich vor ein paar Minuten noch selbst dem Kreis der Verdächtigen zugeordnet hatte. Nun musste ich Ivy und George insgeheim recht geben.

Sie lächelte. »Nicht nur einen. Meine Cousine Robin Stewart leitet die Großkanzlei, die ihr Großvater gegründet hat. Du bist den beiden vielleicht schon im Herrenhaus begegnet.«

Ich erinnerte mich an die dunkelhaarige Frau, die ich einmal kurz in der Teeküche neben der Weberei getroffen und die sich später als die Tochter von Heather Stewart entpuppt hatte. Und sich von mir einen Tartan-Mantel nähen lassen wollte. Ob das aber die Anwältin war, konnte ich nicht sagen.

»Gut. Vielleicht rufst du sie besser mal an. Ich will dir keine Angst machen, aber …«

»Denkst du, dieser Wilson will mir etwas anhängen?«

Ich zuckte mit den Schultern. »Keine Ahnung. Ausschließen würde ich nichts. Aber wenn er sich auf ein paar wenige oberflächliche Fragen beschränkt hat, musst du dir vielleicht keine allzu großen Sorgen machen«, beruhigte ich sie, auch wenn ich mir selbst nicht so sicher war. »Ein Anruf bei deiner Cousine schadet aber ganz bestimmt nicht.«

»Okay.« Sie seufzte, und ich hatte das Gefühl, gerade noch einen weiteren Brocken Ballast auf ihre schmalen Schultern geladen zu haben.

»Bist du unterwegs zur alten Schule?«, wechselte ich das Thema.

»Ja, wir mussten das letzte Training ja abbrechen, weil Muriel …« Sie schüttelte sich bei dem Gedanken. »Jedenfalls wollten wir noch mal die Choreografien für morgen durchgehen und die Abläufe besprechen.«

»Was dagegen, wenn ich mitkomme?« Ich lächelte sie aufmunternd an.

»Nein, gar nicht. Interessierst du dich für Highland Dancing?« Ihre Augen verloren etwas von ihrem matten, sorgenvollen Schimmer und begannen zu leuchten.

»Total«, log ich und schränkte gleich darauf lachend ein: »Ehrlich gesagt habe ich nicht allzu viel Ahnung davon, aber durch das Kleid, das ich für Gwen genäht habe, bin ich wirklich neugierig geworden. Es muss toll aussehen, wenn all der Stoff hochfliegt.«

»Es ist spektakulär«, betonte Kristie mit einem Lächeln. »Komm mit, dann kannst du es dir anschauen.«

• • •

Ich musste zugeben, dass Highland Dancing ziemlich spektakulär sein konnte. Nachdem ich mir gefühlt drei Millionen Videos angesehen hatte, fühlte ich mich sogar in der Lage, selbst subtile Qualitätsunterschiede festzustellen. Ich ließ meine steifen Schultern kreisen und rieb mir die trockenen Augen. Viel schlauer als vorhin war ich allerdings nicht. Natürlich kannte ich Highland Dancing schon mein ganzes Leben lang, genau wie Dudelsackblasen und die verschiedenen Disziplinen bei den Highland Games. Das kannte man als Schotte einfach. Aber ich war längst nicht so traditionsbewusst wie die meisten meiner Landsleute und hatte mich mit diesen Dingen ewig nicht beschäftigt. Verständlich vielleicht bei meinen vielen Jahren im Ausland. Vielleicht aber auch nicht, denn viele Exil-Schotten hielten die Traditionen an ihren jeweiligen Lebensmittelpunkten hoch und gründeten Schottland-Clubs, wo der Whisky floss und die Dudelsäcke dröhnten.

Das Bedürfnis nach Alkohol und seltsamen Tänzen schien aber in so gut wie allen Kulturen ausgeprägt zu sein. Ich dachte an die Tarantella, die in Sizilien bei vielen Gelegenheiten ganze Dörfer in Ekstase versetzte. Doch nachdem ich nun alles, was ich auf die Schnelle hatte finden können, über Highland Dancing gelesen und etliche Videos gesehen hatte, musste ich zugeben, dass dies schon eine besondere Kunstform war. Ich hatte dabei auch herausgefunden, dass Kristie eine Ausbildung bei Phyllis Montgomery genossen hatte, die seit vielen Jahren ein hochdekorierter Star in der Szene war. Sie bildete nur wenige, handverlesene Tänzerinnen und Tänzer aus, und die umgab dann fast von selbst ein gewisser Nimbus.

Kristie zeigte sich auf der Website ihrer Tanzschule sehr bescheiden und machte keinen großen Wirbel um ihr Können, aber als ich sah, was für Preise sie für ihre Workshops aufrief, musste ich schlucken. Die waren richtig teuer, wenn auch auf demselben Niveau wie die aller anderen Ausbilder, denen diese Phyllis ihren Segen gegeben hatte. Dass Hobbytänzerinnen und -tänzer in der Lage waren, einfach so solche Summen auf den Tisch zu legen, fand ich erstaunlich. Fanny hatte sich gewundert, dass sich Gwen ein Cottage im Bed & Breakfast hatte leisten können und den Preis für ein handgenähtes Tanzkostüm gezahlt hatte, ohne mit der Wimper zu zucken. Aber anders als bei den Athleten, die mutmaßlich über Wetten an ihr Geld kamen, ging es bei den Tänzern um sehr ordentlich dotierte Auftritte.

Offenbar engagierte jedes Unternehmen, jedes Luxushotel und jede Traditionsveranstaltung in Schottland Highland

Dancer als Show-Act. Aber auch bei Privatveranstaltungen wie Hochzeiten oder Geburtstagen gab es Auftrittsmöglichkeiten. Wer etwas auf sich hielt, buchte besonders gern prominente Namen – Gruppen oder Solisten, die auf dem Siegertreppchen schon mal ganz oben gestanden hatten. Das konnte sich also richtig lohnen. Vor allem wenn es um Auftritte im Ausland ging, wo solvente Exil-Schotten ein bisschen mit ihrer alten Heimat angeben wollten.

Ich persönlich konnte das alles nicht wirklich nachvollziehen, aber auf abstrakter Ebene machten die Sabotage-Akte plötzlich Sinn. Wenn eine unliebsame Konkurrentin nicht starten konnte, weil ihr Auftrittskleid zerstört oder ihre Füße ruiniert waren, dann konnte das den Unterschied zwischen einem Hauptjob an der Supermarktkasse und Flügen mit der Business Class bedeuten.

RÄNKESCHMIEDE

ALS ICH MIT KRISTIE die alte Schule betrat, herrschte dort eine eigenartige Stimmung: aufgekratzt und vorfreudig einerseits, betroffen und sorgenvoll andererseits.

Knapp ein Dutzend Frauen und drei Männer in Sportklamotten waren in der Aula versammelt und hatten kein anderes Gesprächsthema als Gwen, Muriel und die Highland Games.

»Oh, da bist du ja endlich wieder!«, rief eine der Frauen und sprang von ihrem Platz auf. »Wir hatten mehrfach Polizeibesuch. Erst war ein junger Uniformierter da, der Muriels blutige Schuhe eingepackt hat und sich die Umkleidekabine hat zeigen lassen. Kurz darauf kam er mit einem älteren Inspector noch mal zurück, und beide haben Fragen gestellt.« Die Frau sah zu mir. »Bist du die Schneiderin?«, erkundigte sie sich und trat auf mich zu.

»Ja, die bin ich. Ich heiße Fanny«, stellte ich mich vor und musterte die Frau. Ich schätzte sie auf Ende zwanzig. Sie hatte lange schwarze Haare, graue Augen und einen makellosen Schneewittchen-Teint. Und mindestens so viele Kurven wie ich, was ich erstaunlich fand, denn die meisten anderen Tänzerinnen waren eher grazile Püppchen.

»Ich bin Shona«, sagte sie. »Kristies Cousine. Ich betreibe hier im Ort die Destillerie.«

»Was habt ihr der Polizei denn erzählt?«, unterbrach Kristie unsere Vorstellung.

»Nicht viel. Schließlich soll man der Polizei ja nicht ohne Not irgendwelche Fragen beantworten. Und dieser Inspector Wilson ist ein echt schmieriger Typ.« Shona stemmte die Hände in die Hüften und schaute sich herausfordernd im Raum um. Es war klar, dass längst nicht alle in der Runde ihrem guten Rat gefolgt waren.

Ich unterdrückte ein Lachen. Shona war mir sympathisch, doch Kristie warf ihr einen düsteren Blick zu. »Du nicht auch noch. Wieso soll man nicht mit der Polizei reden? Ich meine, wie soll die Polizei ihre Arbeit machen, wenn niemand mit ihr redet?«

»Das ist ja nicht mein Problem. Und ich habe zu viele True-Crime-Podcasts gehört, als dass ich in diese Falle tappen würde. Ich hab übrigens auch mit Robin telefoniert, und ich soll dir ausrichten, dass du auf gar keinen Fall mit Wilson sprechen sollst.«

»Das hätte sie mir vielleicht besser selbst gesagt«, murmelte Kristie und wurde wieder blass.

»Hat sie versucht, aber du bist nicht an dein Handy gegangen.« Shona musterte ihre Cousine kritisch. »Heißt das etwa, du hast mit ihm gesprochen?«

»Ich fürchte ja.« Sie kramte in ihrer Handtasche herum und zog gleich darauf ihr Telefon hervor. »Mist. Mehrere vergebliche Anrufversuche. Und jetzt?«

»Wir müssten wirklich noch ein bisschen trainieren«, mischte sich eine der jungen Tänzerinnen ein. »Ich hab meinen Eltern Bescheid gegeben, dass ich spätestens um zehn zu Hause bin.« Einige andere nickten.

»Okay, du kümmerst dich jetzt mal um die Kleinen, und ich informiere Robin«, übernahm Shona das Ruder und wandte sich dann an mich. »Magst du zuschauen?«

»Total gerne.«

»Dann setz dich doch zu Kendrick, ich komme auch gleich.« Damit verschwand sie, offenbar um mit der Anwältin zu telefonieren, und ich sah mich fragend nach jemandem um, der Kendrick heißen könnte.

Da überhaupt nur drei Männer im Raum waren und zwei davon eindeutig minderjährig, ging ich zu dem dritten, der mir sogar irgendwie bekannt vorkam. »Kendrick?«, sprach ich ihn an, und er lächelte freundlich.

»Der bin ich.«

»Hi, ich bin Fanny, und Shona hat gesagt … Moment, du bist der Tierarzt!« Mir fiel mein erster Tag in Kirkby ein, als ich vor dem bunten Ortsschild eine Vollbremsung hingelegt hatte und dabei beinahe mit dem Tierarzt zusammengekracht wäre. Das war erst vor drei Tagen gewesen, und doch kam es mir wie eine Ewigkeit vor.

»Und du bist das Schilderopfer vom Montag«, entgegnete er lachend. »Mit einem sehr lauten Dackel.« Er schaute sich um, als würde er erwarten, dass Rudi im nächsten Moment um die Ecke gebogen kam.

»Rudi ist in meinem Zimmer geblieben. Für seinen Geschmack hatte er heute schon genug Aufregung und Bewegung.«

»Stimmt, ihr habt ja heute Morgen die arme Gwen gefunden. Das muss schrecklich gewesen sein«, sagte er mitfühlend.

»Schön war es jedenfalls nicht.« Ich sprach nicht weiter, weil in diesem Moment ziemlich ohrenbetäubende Musik ertönte und vier Mädchen und die beiden Jungs mit einer beeindruckenden Gruppenchoreografie loslegten. Kristie stand am Rand und dirigierte die Tanzenden mit sparsamen Handbewegungen, doch ich hatte den Eindruck, dass die ihre Abläufe perfekt im Kopf und in den Füßen hatten.

Die Musik war nicht ganz mein Geschmack, aber der Tanz war mitreißend, also klatschte ich enthusiastisch, als er vorbei war.

»Ihr habt es wirklich gut drauf«, lobte auch Kristie mit einem stolzen Lächeln. »Geht heim, schlaft euch gut aus, und vergesst nach Möglichkeit die Ereignisse des heutigen Tages. Wir treffen uns morgen um elf hier in der Schule. Dann machen wir noch einen Probedurchgang, ziehen uns um und fahren anschließend zum Herrenhaus.« Sie klatschte die Teenager einen nach dem anderen ab, doch sobald das junge Gemüse von der Aula in den ersten Stock gelaufen war, um sich umzuziehen, kehrte ihre Anspannung zurück. »Oh Mann, was mach ich nur, wenn mich dieser Wilson am Ende verhaftet?«, sagte sie ängstlich zu Kendrick.

»Warum sollte er dich denn verhaften?«

»Weil er glaubt, dass ich etwas mit Gwens Tod und Muriels Verletzung zu tun habe«, kam es kläglich von ihr.

»Aber das ist doch der totale Unsinn«, entgegnete Kendrick.

»Ja, natürlich, aber jetzt, wo ich ein bisschen drüber nachdenken konnte, habe ich schon den Eindruck, dass er mir das zutraut und …« Sie sah sich Hilfe suchend zu mir um.

»Es ist ja nicht mehr zu ändern. Du hast mit ihm gesprochen und ihm erzählt, was du weißt. Ich bin mir sicher, dass …«, begann ich, wurde jedoch von Shona unterbrochen, die gerade wieder in die Aula kam.

»Robin hat gesagt: Keine Panik!«, rief sie.

»Immer ein guter Rat«, pflichtete ich ihr bei.

»Sie hat gut reden«, stöhnte Kristie jedoch. »Bis vor ein paar Minuten war ich lediglich schockiert wegen dem, was heute passiert ist. Aber seit ihr mir den Floh ins Ohr gesetzt habt, dass ich nicht mit der Polizei reden darf, habe ich das

Gefühl, mich selbst ans Messer geliefert zu haben.« Sie warf mir und ihrer Cousine anklagende Blicke zu.

»Tut mir leid«, murmelte ich zerknirscht, doch Shona schien kein Mitleid zu haben.

»Würdest du auch mal True-Crime-Podcasts hören, dann wüsstest du das. Aber es ist, wie es ist. Robin meinte, dass sie nachher vorbeikommt. Sie hat erst noch zwei Online-Meetings mit Kollegen in den USA, aber danach ist sie für dich da. Sollte Wilson noch einmal auftauchen, wovon sie nicht ausgeht, sollst du nichts zu ihm sagen und sie sofort anrufen. Ja?« Sie sah Kristie eindringlich an.

»Okay«, antwortete die, immer noch sehr niedergeschlagen, aber mit ein bisschen mehr Zuversicht.

»Dann können wir ja mit den Proben weitermachen«, schlug Shona vor. »Ich fürchte nämlich, dass wir nicht so fit sind wie die Teenies.« Sie deutete auf drei weitere junge Frauen und sich selbst.

Eine von den anderen erkannte ich. Es war Daisy, das Zimmermädchen aus dem Bed & Breakfast, und spontan überkam mich schlechtes Gewissen. Ob sie inzwischen begriffen hatte, dass ich mir mit ihrer Hilfe Zugang zu Gwens Zimmer verschafft hatte, obwohl ich da schon gewusst hatte, dass sie tot war? Sie schenkte mir jedoch ein ganz offenes Lächeln und tuschelte mit ihrer Freundin. Nun ja, vielleicht hatte ich ja Glück. Ich würde das Gespräch jedenfalls nicht darauf bringen.

»Dass ihr nicht so fit seid wie die ›Young Thistles‹, ist die Untertreibung des Jahrhunderts«, stellte Kristie mit düsterer Miene fest. »Ehrlich, wenn ich nicht gleich einen riesigen Quantensprung sehe, muss ich mir überlegen, ob ich euch von der Starterliste streiche. Es könnte sonst richtig peinlich werden für meine Tanzschule.«

»Habt ihr das gehört, Mädels?«, rief Shona mit gespielter Empörung. »Unsere werte Trainerin glaubt nicht an uns und sorgt sich um ihren guten Ruf! Dann sollten wir ihr mal beweisen, was wir draufhaben.« Sie stellte sich mit den drei anderen Frauen auf und funkelte Kristie herausfordernd an. »Wir wären dann so weit, Sklaventreiberin!«

Ich verzog mich mit Kendrick wieder an den Rand, und wir setzten uns auf zwei Stühle, während die vier Tänzerinnen zunächst einige Figuren ohne Musik probten. Es sah ziemlich kompliziert aus, aber lange nicht so unbeholfen, wie ich nach Kristies harschen Worten gedacht hatte. Wahrscheinlich war das ihre Form von Motivation gewesen.

»Tanzt du auch?«, wollte ich von dem smarten Tierarzt wissen, der ebenfalls Sportklamotten trug. Irgendwie konnte ich mir nicht vorstellen, dass er an so einem Herumgehüpfe Spaß hatte.

»Ja, seit vielen Jahren schon. Ich bin Kristies Tanzpartner, wir nehmen aber nicht am Turnier teil, sondern tanzen nur am Eröffnungsabend und beim großen Finale in historischen Kostümen.«

»Wow«, sagte ich und hoffte, dass ich angemessen beeindruckt klang, denn er war sichtlich stolz.

»Lass dich einfach überraschen«, entgegnete er mit einem Grinsen. »Aber wenn's dir nicht gefällt, ist es auch okay. Es muss ja nicht jedem alles gefallen.«

»Auch wieder wahr.« Nun stellte Kristie die Musik an, und die vier Frauen wirbelten übers Parkett.

Mitten im Stück unterbrach sie die Darbietung jedoch und brachte die Anlage zum Verstummen. »Habt ihr eure Kostüme dabei?«, wollte sie wissen. »Wir müssen das wenigstens einmal für den Ernstfall üben, denn ihr steht zwischendurch viel zu nah beieinander, da kommt ihr euch mit den Röcken ins Gehege.«

Die vier Frauen trollten sich nach oben in die Umkleide, keuchend von der Anstrengung, aber gut gelaunt, und ich nahm aus dem Augenwinkel wahr, wie sich die Tür nach draußen öffnete und dann wieder schloss. War da gerade jemand rausgegangen? Vielleicht einer von den Teenies? Oder …

»Trainieren hier nur die Mitglieder von Kristies Tanzschule?«, fragte ich Kendrick und ließ die Tür nicht aus den Augen.

»Nein, auch die anderen Tänzerinnen und Tänzer können hier arbeiten«, sagte er. »Es gibt oben noch einen Raum, der für Yoga- und Tanzunterricht genutzt wird, der steht den externen Teilnehmenden zur Verfügung. Manche sind schon seit dem letzten Wochenende hier, um sich auf das Turnier vorzubereiten – und um Tipps von Kristie zu bekommen.«

»Ist das nicht ungewöhnlich? Ich meine, dass die Konkurrenz gemeinsam trainiert?« Nun polterten die sechs Tanz-Teenager im Pulk die Treppe herunter, riefen Verabschiedungen und verschwanden dann durch die Eingangstür. Es musste also jemand anders gewesen sein. Es juckte mich in den Fingern, nachzusehen, doch ich widerstand dem Impuls.

»Nein, das ist gar nichts so Besonderes. Wir sind eine große Gemeinschaft und kennen uns alle. Oder vielmehr, ich kenne kaum noch jemanden, aber früher, als ich selbst aktiv bei Events getanzt habe, wusste ich genau, was in der Szene läuft.«

»Aber Kristie könnte doch ihren Heimvorteil nutzen«, dachte ich laut. »Trotzdem stellt sie fremden Leuten ihre Trainingsräume zur Verfügung.« Ich war mir nicht sicher, ob ich das für großherzig, naiv oder einfach nur gutgläubig halten sollte.

»Kristie ist sehr großzügig, und sie käme nie auf die Idee, anderen Leuten ihre Hilfe zu verweigern. Man kann das naiv finden …« Er warf mir einen wissenden Blick zu. Konnte der Mann etwa Gedanken lesen? »Ich finde es wundervoll. Es zeigt, wie stark der Gemeinschaftssinn in der Szene ist und dass im Zweifel alle zusammenhalten.«

»Alle?«, sagte ich zweifelnd. »Das ruinierte Kleid von Gwen, die Fußverletzung von Muriel, Gwens Tod …« Für mich klang das nicht zwingend nach einem ausgeprägten Gemeinschaftssinn.

»Schwarze Schafe gibt es immer«, behauptete er, doch nun war auch sein Blick sorgenvoll umwölkt.

»Ist Muriel eine Schülerin von Kristie oder …?«

»Sie ist eine der besten Solistinnen der Szene, hat bei Kristie einige Workshops gemacht und lässt sich von ihr beraten, aber sie tritt nicht für die Tanzschule an, sondern ist unabhängig.«

»Genau genommen tritt sie gar nicht an. Genau wie Gwen«, gab ich zu bedenken.

»Worauf willst du hinaus?«, wollte er wissen und hatte die Augen zu schmalen Schlitzen verengt.

»Auf gar nichts. Ich finde nur, es sieht so aus, als würde jemand gezielt die Konkurrenz aus dem Weg räumen. Gibt's hier in Kirkby auch Solistinnen, die die Chance auf eine gute Platzierung haben? Oder andere Tänzerinnen, von außen?«

»Iris und Lavinia werden von Kristie trainiert«, sagte er langsam und deutete auf die beiden hübschen Frauen, die sich außerhalb unserer Hörweite mit Kristie berieten. »Sie sind schon ziemlich gut, aber wohl keine ernsthaften Kandidatinnen für eine Top-Platzierung. Nicht in diesem Jahr jedenfalls. Und dann gibt's noch zwei junge Frauen, die auch schon die ganze Woche hier sind und wirklich viel auf dem

Kasten haben. Ich weiß allerdings nicht, wie sie heißen. Und bestimmt kommen morgen noch ein paar andere dazu, die erst unmittelbar vor dem Event anreisen.«

»Hm.« Mir fielen spontan die beiden Tänzerinnen ein, die heute Mittag im Pub Kommentare zu Gwen abgegeben hatten. Die elegante Blondine und die kleine Spitzmausige. Wäre eine von beiden zur Sabotage bereit? Am Ende sogar zum Mord? Oder wollte jemand um jeden Preis Kristies Tanzschule auf einen frühzeitigen Zenit hieven?

• • •

Die Tanzrecherche hatte mich unruhig gemacht – all die fliegenden Füße standen in einem ungesunden Kontrast zu meiner recht statischen Schreibtischsitzerei. Normalerweise würde ich mich jetzt mit einem Buch aufs Sofa legen oder eine Serie gucken, aber heute trieb es mich noch einmal nach draußen. Ich musste fast ein bisschen über mich selbst lachen, denn so viel Bewegung wie heute hatte ich selten.

Ich lief los, ohne einen echten Plan zu haben. So mies und verregnet sich der Tag über weite Strecken auch gezeigt hatte, jetzt war der Himmel klar und versprach ein sommerliches Wochenende für die ersten Highland Games von Kirkby. Highland Games, die von einem Mord überschattet wurden.

Ich hatte vorhin die Online-Ausgaben mehrerer Zeitungen durchgeklickt, aber da war noch nichts gemeldet. Stattdessen hatte ich einige sehr enthusiastische Ankündigungen gelesen, die zweifellos spontan entschlossene Besucher aus der Gegend nach Kirkby bringen sollten. Wenn es nach den Medien ging, stand einem unbeschwerten Spektakel also nichts im Wege.

Ziellos ließ ich mich in Richtung Dorfplatz treiben und sah, wie zwei der Muskelmänner gerade den Pub verließen.

Sollte ich noch mal auf einen Absacker in *The Wise Pelican* gehen? Vielleicht gab es inzwischen neue Entwicklungen, von denen ich noch nichts ahnte?

Ich entschied mich jedoch dagegen, denn auf die flapsigen Kommentare der vorlauten Ivy konnte ich sehr gut verzichten. Die schrankgroßen Athleten schlugen zu meiner Verwunderung nicht den Weg zum Herrenhaus ein, wo doch sicher ihre Wohnmobile parkten, sondern überquerten die Hauptstraße und hielten sich in Richtung Destillerie und alte Schule. Merkwürdig. Vielleicht hofften sie auf ein spontanes Whiskytasting bei Shona?

Aus einem Impuls heraus folgte ich den beiden in einigem Abstand und wünschte mir einen irrationalen Moment lang einen Hund an meiner Seite. Das würde viel natürlicher wirken, eben wie jemand, der seinen Fiffi Gassi führte, und nicht wie jemand, der zwei Baumstammwerfer stalkte.

Ob einer von beiden dieser Jacob war, der Fanny zum Frauentragen überreden wollte? Bei der Erinnerung daran tobten sofort wieder widerstreitende Gefühle in mir. Einerseits fand ich die Vorstellung ziemlich witzig, dass jemand den Nerv hatte, die schlagfertige Schneiderin dazu aufzufordern, auf seinen Rücken zu springen und sich durch die Gegend tragen zu lassen. Andererseits ging es mir gewaltig gegen den Strich, dass dieser Jemand ausgerechnet einer der tumben und laut meinen Recherchen potenziell korrupten Traditionskämpfer war und nicht etwa ich.

Mir entfuhr ein ersticktes Geräusch bei diesem Gedanken. Was um alles in der Welt ging zurzeit zwischen meinen Ohren ab? Das war doch nicht normal. Ich verspürte nicht das geringste Bedürfnis, Fanny König auf meinem Rücken durch die Gegend zu … ähm … tragen. Ach was, ich wollte wenigstens in meiner Vorstellung ehrlich sein: zu schleppen!

Eine zarte Elfe war sie nämlich nicht, sondern eine barocke, sinnliche Erscheinung, die meinen Bandscheiben ganz sicher nicht guttäte. Dafür konnte ich mir sehr gut andere Körperregionen vorstellen, die …

»Schluss jetzt!«, rief ich mich halblaut zur Räson. Dieses mönchische Leben, das ich hier in Kirkby führte, war eindeutig ungesund, aber jetzt war nicht der richtige Moment, mir darüber Gedanken zu machen. Schon gar nicht mit Fanny König in der Hauptrolle.

Und wo bitte schön waren die beiden Typen abgeblieben? Scheiße, im diskreten Beschatten war ich früher auch besser gewesen. Wäre mir auf Sizilien ein derartiger Lapsus passiert, läge ich vermutlich schon tot im Graben. Vielleicht waren Highland Games doch nicht so mafiös, wie ich es mir heute zusammengereimt hatte? Hoffentlich.

Ich sah mich um, konnte die Kerle aber nirgendwo entdecken, und das war bei den Staturen der beiden eine beachtenswerte Leistung – auch wenn es langsam ziemlich dämmerig wurde. Das ließ zwei Schlüsse zu: Entweder hatten sie ein Gebäude betreten, oder sie lagen irgendwo auf der Lauer. Die zweite Option gefiel mir gar nicht, daher nahm ich mir zunächst die erste vor. Es kamen eigentlich nur die alte Schule und die Destillerie infrage. Die Brennerei schien mir die logischere Variante zu sein. Bei Shona Fraser gab es abends häufig Tastings und Führungen, sicher hatte sie im Dunstkreis der Highland Games weitere Termine dafür eingeplant. Doch als ich mich dem markanten Gebäude mit den für Brennereien typischen Pagodendächern näherte, waren alle Fenster dunkel. Auf der nahe gelegenen Weide graste die Alpakaherde, die der *Golden Alpaca Distillery* ihren Namen gegeben hatte. Von Tauziehern und Frauenschleppern keine Spur. Also ging ich rasch, aber mit einem aufmerksamen

Blick für meine Umgebung zur alten Schule. Die war hell erleuchtet, was nicht ungewöhnlich war, denn dort fanden häufig irgendwelche Veranstaltungen oder Kurse statt. Und dann fiel mir ein, dass dort auch Kristies Tanzschule untergebracht war und womöglich noch Last-Minute-Proben abgehalten wurden.

Als ich noch rund hundert Meter entfernt war, kamen ein paar Jugendliche aus dem Gebäude und liefen laut lachend und palavernd davon. Ob das auch Tänzerinnen waren? Ich drückte mich ein wenig hinter einen Busch, war mir aber ziemlich sicher, dass mich die vier Mädchen und zwei Jungs nicht gesehen hatten. Warum war es mir plötzlich wichtig, dass mich die Dorfjugend nicht bemerkte? Wieder eine Frage, der ich lieber nicht nachgehen wollte. Stattdessen schlich ich langsam zu dem kürzlich frisch renovierten Gebäude, das genauso proper herausgeputzt war wie die meisten anderen Häuser in Kirkby. An den Fenstern im Erdgeschoss hingen sogar schön bepflanzte Blumenkästen.

Kurz bevor ich ein Fenster erreichte, hörte ich ein merkwürdiges Geräusch ganz in meiner Nähe – ein irgendwie dumpfes Schleifen, das für mich keinen Sinn ergab. Doch ich sah nichts und nahm an, dass es vielleicht von einem Tier stammte. Ich trat seitlich an das Fenster heran und hatte einige Mühe, an den üppig blühenden Petunien vorbei ins Innere zu schauen.

In der Aula erspähte ich Kristie, im Gespräch mit zwei anderen jungen Frauen in Sportkleidung. Etwas im Hintergrund entdeckte ich Kendrick, den Tierarzt – und Fanny! Natürlich. Es ärgerte mich ein wenig, dass sie auch da war, wunderte mich aber ehrlich gesagt nicht. Doch nun war es ausgeschlossen, dass ich ebenfalls reinging. Mit welcher Ausrede auch?

Sonst sah ich niemanden in dem großen Raum, aber während ich noch überlegte, ob ich gehen oder bleiben sollte, kamen vier junge Frauen die Treppe vom ersten Stock herunter. Sie trugen Tanzkostüme und bauten sich vor Kristie auf, die die beiden anderen Frauen stehen ließ und sich auf die vier Tänzerinnen konzentrierte. Ich verfolgte, wie sie vier Stellen auf dem Boden mit Klebeband markierte und den Mädels Anweisungen gab. Dann ging sie zur Stereoanlage und schaltete Musik ein. So laute Musik, dass ich sie selbst draußen deutlich hören konnte.

Wieder nahm ich ein seltsames Geräusch wahr und hatte den Eindruck, dass jemand oder etwas hinter mir vorbeistrich, aber als ich mich umdrehte, konnte ich nichts erkennen. Vermutlich war ich endgültig paranoid geworden.

Ich hörte, wie sich ein Auto näherte, und trat wieder ans Fenster. Fanny starrte mit zusammengekniffenen Augen genau in meine Richtung, schaute aber seltsamerweise an mir vorbei. Schielte sie?

Doch dann trafen sich für den Bruchteil einer Sekunde unsere Blicke. In ihrem meinte ich Überraschung auszumachen – und dann sah ich Sternchen und versank in tiefer Dunkelheit.

SCHLAGENDE ARGUMENTE

ICH HÖRTE KAUM NOCH auf das, was Kendrick alles erzählte. Die Tür, die sich vorhin so geheimnisvoll wie von selbst geöffnet und dann wieder geschlossen hatte, ging mir nicht aus dem Kopf. Und nun tauchten an den Fenstern immer mal wieder irgendwelche Schatten auf. Viel konnte ich nicht erkennen, denn draußen war es inzwischen ziemlich düster, und die Aula war hell erleuchtet, doch ich hätte schwören können, dass es einer oder zwei dieser Muskelmänner waren. Warum trieben die sich so konspirativ an der alten Schule herum? Irgendwie hatte ich kein gutes Gefühl wegen der Teenie-Truppe, doch andererseits waren die im Pulk unterwegs, und da würde hoffentlich nichts passieren. Und vermutlich war ich nach dem ereignisreichen Tag mit seinen dramatischen Entwicklungen einfach nur ein bisschen dünnhäutiger als sonst.

Nun kamen die vier Tänzerinnen wieder die Treppe herunter – ausgestattet mit ihren Kostümen mit den weit schwingenden Röcken, die aus sehr vielen Metern Stoff bestanden. Kristie klebte Markierungen auf den Fußboden, auf die sich die Frauen stellen sollten, gab ihnen Anweisungen und machte dann wieder die ohrenbetäubend laute Musik an. Ging das zu Trainingszwecken nicht leiser?

Offenbar nicht, denn das Quartett wirbelte viel dynamischer und engagierter über das Parkett als im vorherigen Durchlauf und machte ein Spektakel daraus, die Röcke fliegen zu lassen. Jetzt wurde mir auch klar, warum Kristie so großen Wert auf die richtigen Abstände legte, denn die Kleider waren wirklich extrem ausladend, und vermutlich kam man sich leicht ins Gehege, wenn man zu eng beieinanderstand. Die Gesichter der Tänzerinnen leuchteten vor Konzentration und Freude, und vor allem Daisys Wangen glühten vor Begeisterung. Jede der vier hatte einen kleinen Solo-Part in der Choreografie, und als Daisy dran war, ließ sie ihre Röcke derart in die Höhe rotieren, dass wir Zuschauer eine tadellose Aussicht auf ihr neonpinkes Spitzenhöschen hatten. Kendrick lachte bei diesem Anblick, doch Kristie runzelte die Stirn. Offensichtlich war das eine unautorisierte Abwandlung des Kostüms, die beim Wettbewerb nicht erlaubt sein würde.

Erneut huschte mein Blick zum Fenster. Da waren jetzt drei Gestalten, und wenn mich nicht alles täuschte, hielt eine von ihnen irgendwas in der Hand. Ich kniff die Augen zusammen, um besser zu sehen. Einer der drei kam so nah ans Fenster, dass ich ihn erkannte: Es war niemand anders als George King, der mir nun direkt in die Augen schaute. Was um alles in der Welt tat er hier? Wollte er mir etwas sagen? Ich hatte den starken Impuls, rauszulaufen und ihn zur Rede zu stellen, doch da war er auch schon wieder verschwunden.

»Wow, das war viel besser, Mädels!«, rief Kendrick enthusiastisch, als die Musik endlich erstarb und die vier Frauen mit glänzenden Augen keuchend nach Atem rangen. Schien ganz schön anstrengend zu sein, dieses Rumwirbeln. Er nahm Shona in den Arm und reichte ihr eine Wasserflasche.

»Ich bin auch sehr zufrieden«, lobte Kristie. »Da seid ihr wirklich über euch hinausgewachsen. Aber morgen beim Wettbewerb will ich bitte bei allen die korrekte Bekleidung sehen«, fügte sie mit einem Seitenblick auf Daisy hinzu, die jedoch so glücklich strahlte, dass die Kritik an ihr abperlte wie Wasser an einer Teflonpfanne. Täuschte ich mich, oder schaute auch sie immer wieder zu den Fenstern?

Die Tür ging auf, und eine weitere Frau kam herein – in einem etwas schrägen Outfit. Sie hatte ihre dunklen Haare hochgesteckt, war perfekt geschminkt und trug über ihrer schicken Seidenbluse einen gut geschnittenen Blazer. Kombiniert hatte sie das Ganze mit einer fleckigen, ausgebeulten Jogginghose und Sneakers, die auch schon bessere Zeiten erlebt hatten.

»Ich bin so schnell gekommen, wie ich konnte«, rief sie und eilte auf Kristie zu. »Ich hatte nur diese blöden Video-Calls mit den Büros in New York und Los Angeles.«

»Das erklärt auch den Staranwältin-im-Homeoffice-Look«, befand Shona grinsend und deutete auf die Jogginghose.

»Alex hat mir Karotten auf den Rock gekotzt«, entgegnete die Frau, die wohl die viel besungene Anwaltscousine Robin war. Und tatsächlich diejenige, die einen Tartan-Trenchcoat bei mir bestellt hatte. Sie verdrehte die Augen.

»Alex ist ihr kleiner Sohn«, erklärte mir Kendrick grinsend, der mein beredtes Mienenspiel offensichtlich richtig interpretiert hatte.

»Verstehe«, murmelte ich und überlegte, was ich nun tun sollte. Robin hatte Kristie in Richtung Treppen gelotst, sodass ich nicht hören konnte, was sie miteinander besprachen. Daisy hatte ihr Handy aus dem Miederoberteil gezogen und bekam noch rötere Wangen, während sie eine Nachricht las. Wieder linste sie zu den Fenstern, doch da war niemand zu erkennen. Die Solistinnen Iris und Lavinia wirkten zunehmend genervt von den endlosen Verzögerungen, und auch Shona und ihre drei Mitstreiterinnen sahen etwas ratlos aus.

»Sind wir vier durch, oder brauchst du uns heute noch?«, rief Shona Kristie zu, die sich wild gestikulierend mit Robin unterhielt.

Die beiden unterbrachen ihr Gespräch und kamen zurück in den Raum. »Ihr seid fertig für heute«, erwiderte Kristie mit leicht zitternder Stimme. »Ihr könnt gerne nach Hause gehen. Danke für eure Geduld.«

»Sollte die Polizei mit euch reden wollen«, mischte sich Robin ein und bedachte jede Einzelne mit einem strengen Blick, »dann sagt nichts. Verstanden? Gar nichts.«

»Denkst du, die kommen heute noch mal?«, wollte Daisy mit großen Augen wissen.

»Ich hoffe nicht«, entgegnete Robin. »Und ich gehe auch nicht davon aus. Aber das gilt nicht nur für heute, sondern auch für morgen und übermorgen und eigentlich ganz generell. Im Zweifel ruft mich lieber an. Ja?«

»Logo, Cousinchen«, versprach Shona lässig und schickte sich dann an, die Treppen zu den Umkleideräumen hochzusteigen. »Kann mein Liebster eigentlich auch Feierabend machen, oder brauchst du ihn noch?«, fragte sie Kristie dann noch mit einem Seitenblick auf Kendrick.

»Ich würde schon gerne noch einen Durchgang mit ihm machen. Nachdem Iris und Lavinia ihre Tänze absolviert haben«, erklärte Kristie entschuldigend. »Tut mir echt leid, dass das alles so lange dauert.«

»Ist ja nicht deine Schuld«, sagte Kendrick großzügig. »Sprich dich in Ruhe mit Robin aus, und dann konzentrieren wir uns aufs Tanzen.«

»Ich geh eine rauchen«, kündigte eine der Solistinnen leicht genervt an, kramte in ihrem Rucksack nach Zigaretten und einem Feuerzeug und schlüpfte dann zur Tür hinaus.

Ich wunderte mich noch, dass Rauchen mit diesem doch sehr anstrengenden Sport zusammenpasste, als draußen ein spitzer Schrei erklang. Gleich darauf kam sie wieder zurückgerannt, leichenblass und mit vor Entsetzen geweiteten Augen. »Da liegt ein blutüberströmter Mann, und ich weiß nicht, ob er noch lebt!«

• • •

»Gerüchte über mein Ableben sind stark übertrieben«, krächzte ich mühsam, als ich endgültig wieder zu mir kam. Ich hatte einen Schrei gehört und aufgeregte Frauenstimmen, die über meinen Zustand diskutierten.

»Gott sei Dank, er lebt!«, rief eine der Frauen, und ich hörte die Erleichterung in ihrer Stimme.

Ganz konnte ich sie nicht teilen, denn ich war mir noch nicht sicher, wie lebendig ich mich wirklich fühlte. Und ich hatte nicht die leiseste Ahnung, wie ich überhaupt in diesen unerfreulichen Zustand geraten war.

»Sollen wir ihn reintragen?«, fragte eine andere Stimme.

»Nein, lass uns besser auf Anna warten, nicht dass wir die Sache noch schlimmer machen«, sagte eine andere.

»Aber hier draußen holt er sich doch den Tod!« Das war eindeutig Fanny, und ich fühlte mich seltsamerweise geschmeichelt, weil sie sich um mich sorgte.

»Aber wenn er eine Rückenverletzung hat, könnte er für immer gelähmt sein, wenn wir ihn bewegen«, wandte eine weitere Stimme ein.

Ich wollte die Augen öffnen, aber es gelang mir nicht richtig. Dafür bewegte ich testweise Beine und Arme.

»Ich schätze, irgendjemand hat ihm eins über den Schädel gezogen«, stellte Fanny pragmatisch fest. »Ich glaube nicht, dass da eine Rückenverletzung zu erwarten ist. Schaut doch, er kann Arme und Beine bewegen.«

»Ja, aber ich kann nichts sehen«, mischte ich mich mühsam in die Diskussion ein.

»Das ist das viele Blut«, erklärte Fanny. Es sollte wohl beruhigend klingen. »Kopfwunden bluten immer stark, aber meist sieht es schlimmer aus, als es ist. Ich denke, wir sollten ihn ins Warme bringen und das Blut abwaschen, während wir auf die Ärztin warten.«

Ich fühlte eine Hand auf meiner Schulter. Ihre?

»Das wird schon wieder, schottische Sturköpfe sind stabil«, behauptete sie.

»Anna ist bereits bei einem anderen Notfall«, hörte ich jemanden sagen. Ich schätzte, das war Kristie.

»Kendrick, was meinst du denn? Du bist doch schließlich auch Arzt!« War das Shona?

Vermutlich.

»Ich bin Tierarzt, das ist ein Unterschied. Aber ich denke, dass Fanny gar nicht so unrecht hat. Wir können es wohl riskieren, ihn ins Warme zu bringen, aber dann sollten wir auf jeden Fall einen Rettungswagen rufen und ihn nach Inverness in die Klinik bringen lassen.«

Ich spürte, wie mehrere Menschen an mir herumzerrten und dass einer von ihnen meinen Kopf hielt. Augenblicke später lag ich wieder auf dem Boden – diesmal allerdings im Trockenen und halbwegs Warmen. Dann hatte ich etwas Feuchtwarmes im Gesicht. Ein nasses Handtuch, mit dem jemand meine Augenregion abtupfte und das er mir dann auf die Stirn legte.

»Versuch's jetzt mal mit dem Augenöffnen«, bat mich Fanny resolut.

Tatsächlich konnte ich diesmal die Lider heben, doch das grelle Licht brachte mich gleich dazu, sie hastig wieder zu schließen.

»Versuch's noch mal«, forderte mich Kendrick auf, der neben mir kauerte und meinen Kopf abtastete.

Beim zweiten Mal war ich auf das Licht besser vorbereitet, und ich erkannte eine Menge besorgter Gesichter um mich herum.

»Kannst du meinen Fingern folgen?«, forderte mich Kendrick heraus, und ich blickte gehorsam seinem Zeige- und Mittelfinger hinterher, die er im Victory-Zeichen v-förmig abgespreizt hatte.

»Wie ein Sieg fühlt es sich nicht an«, sagte ich. »Aber ich kann deine Finger sehen.«

»Glaub mir, das ist ein Sieg. Zumindest ist es ein sehr gutes Zeichen. Die Pupillen reagieren auch gleichmäßig.« Er hob das Handtuch hoch und betrachtete die Wunde, die offensichtlich auf meiner Stirn klaffte. »Das sollte auf jeden Fall genäht werden. Und im Notfall könnte ich das auch tun, aber ich habe sicher keine so zarte Technik wie Anna. Ich denke, wir können damit auf den Rettungswagen warten.«

Fanny könnte es nähen, kam mir in den Sinn. Und offensichtlich hatte ich das auch ausgesprochen, denn nun starrten mich die vielen Gesichter höchst irritiert an. »Sie ist doch Schneiderin und sicherlich daran gewöhnt, zarte Nähte zu setzen.«

»Er hat eindeutig eine schwere Gehirnerschütterung«, kommentierte Fanny trocken. »Mal abgesehen davon, dass meine Nähte nicht zart, sondern vor allem bombenfest und stabil sind, werde ich mich ganz sicher nicht an der Denkerstirn von Graf Seidentüchlein austoben.«

»Lord Seidentüchlein, bitte schön«, stellte ich klar. »Wir wollen schon korrekt bleiben. Der Graf heißt Klugscheißer.«

Einige lachten, anderen wechselten höchst irritierte Blicke, doch das war mir egal. Entscheidend war der Glanz in Fannys Augen, der nun etwas Amüsiert-Zärtliches hatte, wie ich fand. So könnte sie mich gerne immer anschauen.

»Ist das eine Gehirnerschütterung, oder redet er immer so?«, fragte eine Frau in Sportbekleidung, die ich nicht kannte.

»Er redet immer so«, antworteten Fanny, Kendrick und Shona wie aus einem Mund, und ich war mir nicht sicher, ob das ein Kompliment oder eine Beleidigung war.

»Na dann, ich muss jetzt wirklich eine rauchen«, sagte die Frau kopfschüttelnd und verschwand aus meinem Gesichtsfeld, gefolgt von ein paar anderen.

»Kannst du dich an irgendwas erinnern?«, wollte Fanny wissen.

»Woran genau?«

»Nun ja, an den Moment, ehe du in diesen unglücklichen Zustand verfrachtet wurdest.«

Ich schloss wieder die Augen, denn so fiel mir das Denken irgendwie leichter. Außerdem musste ich auf diese Weise nicht in ihre schauen, die mich auf ganz dumme Gedanken brachten. »Das Letzte, woran ich mich erinnere, ist dein Blick«, erklärte ich dann. »Ich weiß, es klingt seltsam, aber du hast mich durch das Fenster angestarrt und …«

»Ich verfüge über einige Fähigkeiten, aber nicht über die, via Gedankenkraft Kerle niederzustrecken«, erwiderte sie. »Und glaub mir, das bedaure ich sehr. Das wäre schon oft sehr nützlich gewesen.«

»Darüber wollen wir jetzt lieber nicht nachdenken«, mischte sich Kendrick ein und klang so, als sei er erleichtert, dass Fanny nicht über diese spezifischen Superkräfte verfügte. »Wir können also mit einiger Sicherheit ausschließen, dass Fanny deine Verletzung zu verantworten hat. Viel wahrscheinlicher ist, dass es jemand in deiner unmittelbaren Nähe war. Hast du da wirklich nichts gehört oder gesehen?«

»Ich hab ein paarmal irgendwelche schemenhaften Gestalten an den Fenstern wahrgenommen«, warf Fanny ein. »Zwei ziemlich große Gestalten. Könnten Jungs von den Highland Games gewesen sein.«

»Aber die sind ja derart bullig, dass selbst Lord Seidentüchlein sie bemerkt haben müsste, oder?« Kendrick schien das nicht ganz glaubhaft zu finden.

»Also, ich habe tatsächlich beobachtet, wie sich zwei Athleten vom Pub aus in Richtung Schule aufgemacht haben. Erst habe ich gedacht, dass sie in die Destillerie wollten, aber da war alles dunkel. Ich hab sie dann auch komplett aus den Augen verloren. Wären sie zur Schule gegangen, hätte ich sie wohl schon gesehen, oder?« Ich war mir plötzlich nicht mehr ganz sicher, ob ich sie wirklich nicht wahrgenommen hatte oder am Ende doch. Vermutlich hatte ich tatsächlich eine fiese Gehirnerschütterung.

»Vielleicht wollten sie zu Lennox ins Studio«, meinte Shona. »Was sollten sie schon in der Schule wollen? Uns beim Proben zugucken?«

»Warum nicht?«, schaltete sich nun wieder Fanny ein. »Ist doch spannend, deswegen bin ich ja auch hier.«

Ich hielt es für extrem unwahrscheinlich, dass Fanny König aus reinem Interesse an schottischer Folklore den Abend in der alten Schule verbrachte. Vielmehr unterstellte ich ihr unstillbare Neugier. Bestimmt hatte sie sich den Tatort der Scherben-Schuhe ansehen und Erkundigungen bei Zeugen anstellen wollen. Aber ich hielt lieber meine Klappe.

»Ich war lose mit Mitch verabredet«, piepste plötzlich eine kleine Stimme, die ich bisher noch gar nicht gehört hatte.

»Mitch? Was für ein Highland-Kämpfer heißt denn bitte schön Mitch?«, fragte Shona.

»Ein amerikanischer?« Die junge Frau war knallrot angelaufen. »Jedenfalls hat er mir vorhin geschrieben, dass er es nicht geschafft hätte, herzukommen.«

»Daisy«, sprach Fanny das Mädchen mit perfekter Bad-Cop-Stimme an. »Bist du sicher, dass er das so geschrieben hat? Ich hab beobachtet, wie du gestrahlt hast, als du seine Nachricht gelesen hast. Das sah nicht nach einer großen Enttäuschung aus.«

Die arme Daisy wurde noch röter, bekam jedoch einen energischen Zug um die Lippen. »Doch, das hat er geschrieben.« Sie zog ihr Handy hervor, wischte auf dem Display herum und reichte es Fanny.

»Er hat dich in seinen Wohnwagen eingeladen!« Nun klang sie eher wie eine empörte Gouvernante. »Da wirst du doch nicht hingehen wollen, oder?«

»Warum nicht? Ich habe auch ein bisschen Spaß verdient und …« Ihre Großspurigkeit ebbte sichtlich ab. »Und außerdem bin ich alt genug.«

Fannys Blick sprach Bände, doch sie hielt sich zurück. »Selbstverständlich. Du bist erwachsen und kannst tun, was du willst. Aber angesichts der heutigen Ereignisse solltest du womöglich etwas vorsichtiger sein. Ich meine, Gwen ist tot, Muriel kann in der nächsten Zeit nicht tanzen, und George hat einen Dachschaden von bislang unbekanntem Ausmaß.«

»Aber das war doch nicht Mitch!«, empörte sich Daisy.

»Vielleicht nicht. Aber wir wissen auch nicht sicher, dass er es nicht war.«

»Das versteh ich nicht.«

Fanny seufzte. »Ich meine nur, dass du vorsichtig sein solltest, ja? Was würde dir deine Mutter raten?«

»Wenn es nach Mum ginge, würde ich mit fünfundzwanzig als Jungfrau einen Typen heiraten, den sie ausgesucht hat und …« Sie schniefte. »Wie gesagt, ich bin alt genug und kann tun und lassen, was ich will.« Damit stand sie auf, und kurz darauf hörte ich, wie die Tür hinter ihr zufiel.

»Scheiße«, murmelten Fanny und Kristie gleichzeitig.

»Ich sollte mich nicht in Dinge einmischen, die mich nichts angehen«, stellte Fanny erstaunlich selbstkritisch fest. Allerdings hatte ich massive Zweifel, dass sie sich an diesen Vorsatz halten würde.

»Und ich hätte dafür sorgen müssen, dass Daisy heimgeht und nicht zu irgendwelchen Muskelbergen läuft«, ergänzte Kristie mit einem großen Seufzer. »Die Jungs sind alle total nett, und die meisten kennen wir schon lange. Ich glaube auch nicht, dass einer von ihnen für irgendwas von heute verantwortlich ist, aber Daisy ist halt auch …«

»Sie ist erwachsen«, sagte Shona. »Und sie hat ein Recht darauf, eigene Fehler zu machen.«

»Dann hoffe ich, dass dieser Fehler nicht tödlich endet«, sprach Fanny aus, was wohl alle im Raum dachten.

In das folgende düstere Schweigen hinein ertönte die Sirene des Rettungswagens, und wenige Minuten später war ich auf eine Trage verfrachtet und auf dem Weg nach Inverness. »In den besten Händen und in Sicherheit«, wie man mir versicherte. Doch viel lieber wäre ich geblieben, denn nun bekam ich nichts von dem mit, worüber Fanny und die anderen noch spekulierten.

MARIENKÄFER UND KILT

ICH WURDE VON EINEM leidenschaftlichen Kuss geweckt, der perfekt zu meinem aufregenden Traum passte, und es dauerte einen Moment, bis ich kapierte, dass nicht etwa der lädierte George King seine Zunge auf meinen Lippen tanzen ließ, sondern Rudi. »Bäh, du Ferkel!«, rief ich und versuchte, meinen treuen Gefährten vom Bett zu schubsen, doch der Dackel zeigte sich erstaunlich wendig und gut gelaunt. Kein Wunder, er hatte ja auch ausgeschlafen.

Ich tastete nach meinem Handy und sah auf die Uhr. Schon kurz vor zehn! So spät am Tag war ich lange nicht mehr aufgewacht, wobei ich es überhaupt ziemlich erstaunlich fand, dass ich doch noch in den Schlaf gefunden hatte. Die Attacke auf George und sein Abtransport zur Klinik waren der blutige Höhepunkt eines äußerst ereignisreichen Tages gewesen, der mich so aufgewühlt hatte, dass ich mich die halbe Nacht lang schlaflos im Bett hatte herumwälzen müssen.

Alle in der alten Schule waren gestern sehr verstört gewesen, und wir hatten vereinbart, dass wir die Sache nicht an die große Glocke hängen wollten. Es war zwar hochgradig unwahrscheinlich, dass alle dichthielten und niemand davon erfuhr, aber Kristie hatte uns regelrecht angefleht, diskret zu sein. Der Todesfall und die Verletzungen waren ihr sichtlich unter die Haut gegangen, genau wie die mutmaßlichen Unterstellungen von DI Wilson. Außerdem hing ihr Herz an diesen Highland Games, und sie wollte immer noch, dass die

Veranstaltung ein Erfolg wurde. Für Kirkby und für sie selbst. Ganz konnte ich das nicht mehr nachvollziehen, aber trotzdem hatten alle versprochen, nichts zu sagen.

Es hatte dann auch niemand zulassen wollen, dass ich allein zum Pub lief. Das war zwar irgendwie süß gewesen, aber auch absolut lächerlich, denn bis dahin waren es ja nur wenige Hundert Meter. Kaum anzunehmen, dass mir dabei etwas zugestoßen wäre. Doch das hatte George vermutlich auch nicht gedacht. Genauso wenig wie Muriel und vor allem Gwen. Aber womöglich war auch gar nicht die Sorge um mich der Grund gewesen, sondern man unterstellte mir sinistre Dinge? Es war dann jedenfalls Robin gewesen, die mich gefahren und mich dabei zum Fund von Gwen befragt hatte.

Im Pub hatte noch immer einiger Betrieb geherrscht, als ich gegen elf dort eingetroffen war, doch auf einen Absacker hatte ich verzichtet. Ich hatte auch keine Gesellschaft mehr gewollt, sondern hatte einfach runterkommen müssen vom mutmaßlich aufregendsten und schauerlichsten Tag meines Lebens.

Rudi hatte tief und fest geschlafen oder so getan, als würde er mich nicht hören. Jedenfalls hatte ich ihn nicht zu einer letzten Runde bewegen können, und daher wunderte mich sein Enthusiasmus gerade auch kein bisschen. Bestimmt drückte ihn die Blase ganz gewaltig. Aber hoffentlich konnte er sich noch eine weitere halbe Stunde gedulden, denn die brauchte ich, um mich für den Tag halbwegs präsentabel herzurichten.

Die Sonne strahlte, als hätte es gestern weder sintflutartige Regenfälle noch seltsame Anschläge gegeben. Als sich Rudi rasch erleichtert hatte und wir in den Pub zurückkehrten, herrschte auch dort eine fast friedliche Stimmung.

»Guten Morgen«, begrüßte mich Jon mit einem freundlichen Lächeln und musterte mich. Ich hatte heute wieder ein Dirndl an. Diesmal ein schwarzes, das mit unzähligen winzigen Marienkäfern bedruckt war. Kombiniert hatte ich es mit einer knallroten Bluse und meinen roten Chucks – für meine Verhältnisse ein fast traditionelles Ensemble. »Gut geschlafen?«, erkundigte er sich.

»Nicht wirklich. Erst gar nicht und dann verpennt.« Ich unterdrückte ein Gähnen. »Aber das macht nichts, denn streng genommen bin ich ja im Urlaub«, rief ich mir vor allem selbst ins Gedächtnis.

»Ich fürchte, du hast das Frühstück verpasst«, sagte er mit betretener Miene. »Ich habe ein paar Scones für dich zurückgehalten und natürlich Clotted Cream und Marmelade. Und ich kann dir auch Kaffee oder Tee zubereiten, aber die Küchencrew ist bereits geschlossen auf dem Festivalgelände, wo wir die Gastronomie für die nächsten Tage bereitstellen.«

Ich erinnerte mich, dass er mir das alles schon erklärt hatte, doch natürlich war diese Info bei all den Dramen ganz weit nach hinten gerutscht. »Kein Problem«, gab ich zurück. »Ich würde einfach einen Kaffee nehmen und einen Scone essen. Dann wollte ich auch zum Gelände fahren, damit ich nichts vom Turnier verpasse.«

»Beste Einstellung«, lobte er mich und machte sich an die Arbeit.

»Alles so weit friedlich im Ort?«, erkundigte ich mich, als er mir das Frühstück servierte und auch zwei kleine Kekskochen für Rudi mitbrachte. Wäre nachts noch etwas von Bedeutung geschehen, hätte Jon es doch sicher als einer der Ersten erfahren, oder?

»Ja, klar, warum fragst du?« Er wirkte tatsächlich etwas irritiert.

»Nun ja, wegen gestern halt. Hätte ja sein können, dass …« Ich ließ den Satz im Nichts austrudeln.

»Soweit ich weiß, sind alle Einwohner Kirkbys und sämtliche Gäste gesund und munter«, entgegnete er. »Und die meisten sind schon unterwegs zum Festivalgelände. Ich fahre in einer halben Stunde. Wenn du magst, nehme ich dich mit.«

»Das ist lieb, aber unnötig. Ich glaube, bei dem schönen Wetter geh ich zu Fuß. Rudi braucht schließlich auch seine Bewegung. Wo ist eigentlich deine Polly?«

Er grinste. »Die hat jetzt endgültig bei Isla im Restaurant Asyl gesucht. Ich schätze, solange Rudi hier ein und aus geht, wird sie nicht mehr so gerne in den Pub kommen.«

»Das tut mir echt leid«, sagte ich zerknirscht. »Der Zwerg kann ein echter Terrorist sein, dabei könnte Polly ihn problemlos zum Frühstück verspeisen.«

»Vielleicht, aber das wissen sie beide nicht. Mach dir keine Sorgen, ich habe nur einen Witz gemacht. Polly ist ohnehin fast immer im Restaurantgarten. Da gefällt es ihr deutlich besser als hier.«

»Trotzdem ist es mir peinlich, aber bald ist das Elend ja vorbei für sie.« Ich hatte mein Zimmer nur bis Montag gebucht, danach war es direkt wieder vermietet.

»Weißt du schon, wo du danach hinfährst?«

Ich schüttelte den Kopf. »Ich schau einfach, wohin mich der Zufall treibt«, erwiderte ich leichthin und konnte insgeheim nicht leugnen, dass es mir sehr leidtat, diesen schnuckeligen Ort und seine schrulligen Bewohner zu verlassen. In den wenigen Tagen hier hatte ich mich richtig eingelebt. Gut, auf den gestrigen Tag hätte ich vielleicht verzichten können, aber andererseits …

»Du kannst ja jederzeit wiederkommen. Zu Ende September hin wird die Buchungssituation dann auch entspannter«, meinte Jon. »Du wolltest doch ohnehin länger in Schottland bleiben, oder?«

»Ja, das habe ich vor. Ich habe kein Zeitlimit. Solange ich es irgendwie finanziert bekomme, werde ich bleiben«, antwortete ich.

»Das sollte ja kein Problem sein bei deinen Fähigkeiten.«

Ich zuckte mit den Schultern. »Das ist jedenfalls keine Sache, über die ich mir heute oder morgen Gedanken machen muss. Jetzt will ich erst mal das phänomenale erste ›Kirkby Clan Gathering‹ genießen.« *Bei dem es hoffentlich keine weiteren Opfer zu beklagen gibt*, fügte ich in Gedanken noch hinzu und dachte mit einer gewissen Beklemmung an Daisy. Ob sie der Einladung von Muckimann Mitch in seinen Trailer wohl noch gefolgt war? Egal wie, ich hoffte, dass sie fit und fröhlich war und bei ihrem Auftritt nachher Erfolge feiern würde.

Und wie es George wohl ging? Er hatte entsetzlich ausgesehen mit dem blutüberströmten Gesicht. Ich drückte die Daumen, dass es wirklich nur die Platzwunde an der Stirn gewesen war und er keine schlimmeren Verletzungen davongetragen hatte. Louis hatte jahrelang Hockey gespielt und mehr als einmal den Ball oder einen Schläger an den Kopf bekommen. Daher wusste ich, wie heftig Kopfwunden bluteten, dass sie aber meist schlimmer aussahen, als sie tatsächlich waren. Wobei ich jedes Mal fast krank vor Sorge gewesen war. Doch bei Louis waren es immer Unfälle oder Versehen gewesen, bei George dagegen? Das kam mir sehr wie Absicht vor, und ich fragte mich, was der Grund sein könnte. Was hatte Lord Seidentüchlein getan, um so eine Spezialbehandlung zu verdienen?

Nach dem Frühstück holte ich noch meine Tasche aus dem Zimmer und machte mich dann mit Rudi auf den Weg. Ich kam jedoch nicht weit, denn auf dem Dorfplatz musste ich einfach stehen bleiben und das putzige Ensemble in mich aufsaugen. Die liebevoll gepflegten Häuser, vor denen bunte Blumen in Kübeln wuchsen, waren über Nacht fast alle mit Girlanden im Kirkby-Tartanmuster und kleinen Flaggen mit dem Logo des Clan Gathering geschmückt worden. Doch auch ohne diese Deko sorgten die farbenfroh lackierten Türen und Fensterrahmen für optische gute Laune auf den grauen Granitmauern. Ich knipste eifrig ein paar Fotos und schickte sie an meine Freundinnen in München. Auch Louis und Poldi bekamen eine Auswahl zugeschickt. Die beiden hatten offensichtlich einen absurd falschen Eindruck, und ich hoffte, dass die stimmungsvollen Bilder aus dem Ort ihre vollkommen unbegründete Sorge um mich lindern würden.

Gleich darauf klingelte mein Telefon, und ich hatte schon Angst, dass es Poldi sein könnte, aber es war meine beste Freundin Caro, die im Glockenbachviertel eine schicke Boutique betrieb. Sie war die Einzige, die ich wirklich vermisste. Was hätten wir hier beide gemeinsam für einen Spaß!

»Wow, das ist ja extrem malerisch«, rief sie. »Kein Wunder, dass du keine Lust auf die Heimat hast. Wenn ich könnte, würde ich auf der Stelle zu dir kommen.«

»Das wäre toll«, sagte ich und fühlte einen kleinen schwermütigen Stich im Herzen. »Ich vermisse dich. Dich und Butterbrezeln, aber davon abgesehen zieht mich gar nichts zurück nach München.«

Caro stieß ihr kehliges Lachen aus. »Schön, dass du mich wenigstens vor den Butterbrezeln genannt hast!«

»Die sind aber wirklich etwas, was hier fehlt. Nicht, dass ich hungern würde, ganz im Gegenteil, aber selbst der würzigste Blue-Cheese-Scone kommt nicht an eine knusprige Brezel ran.« Ich seufzte und musste dann über mich selbst lachen.

»Und? In Schottland schon aufregende Dinge erlebt?«, wollte sie dann wissen.

»Och …« Normalerweise erzählten Caro und ich uns alles, aber irgendwie schreckte ich davor zurück, ihr vom gestrigen Tag zu berichten. Ich brauchte gerade ihre positive und enthusiastische Art, und die würde vermutlich rasch ziemlichem Entsetzen weichen, wenn ich von Wasserleichen und niedergeschlagenen Lords anfing.

»Ach komm schon, irgendwelche vielversprechenden Bekanntschaften?«, bohrte sie weiter.

»Einige. Die Leute sind unglaublich nett«, wich ich aus. »Gleich starten hier im Ort übrigens Highland Games. Da wird getanzt, und muskelbepackte Männer in Kilts werfen Baumstämme und Steine durch die Gegend. Außerdem gibt es einen Mittelaltermarkt, Dudelsackmusik und irgendwelche Reiterspiele in historischen Kostümen.«

»Hast du schon rausgefunden, was die Schotten unterm Kilt tragen?«, fragte sie und ließ wieder ihre dreckige Lache hören.

»Bereits vor zweiundzwanzig Jahren, wie du weißt«, entgegnete ich augenrollend. »Das Ergebnis studiert gerade in Edinburgh.«

»Vielleicht hat sich seitdem etwas geändert«, mutmaßte sie kichernd. »Ich finde, du solltest da noch gründlicher recherchieren.«

»Ich habe einen der Muskelmänner gestern nackt gesehen«, platzte es ungeplant aus mir hervor. »Er hat mir angeboten, mit ihm zu trainieren. Seine Spezialdisziplin ist Frauentragen.«

Der kurzen, fassungslosen Stille am anderen Ende der Leitung folgte ein derart explosiver Lachflash, dass ich das Telefon vom Ohr weghalten musste.

»Ich habe übrigens abgelehnt«, fügte ich noch hinzu, was das Gackern nicht wesentlich reduzierte.

»Schade«, japste sie vergnügt. »Das wäre bestimmt ein einzigartiges Erlebnis geworden.«

»Vermutlich, aber mir war nicht so danach. Zumal der Typ keine dreißig war.«

»Ja, und? Jugendliche Liebhaber haben nur Vorteile«, behauptete sie. »Sie stehen voll im Saft, haben Ausdauer und sind verspielt.«

»Das klingt eher nach einem Welpen, und die sind vor allem anstrengend.« Ich schielte zu Rudi, der das Welpenalter glücklicherweise längst hinter sich gelassen hatte, aber immer noch ein durchaus fordernder Dackelmann mit viel zu viel Persönlichkeit war.

»Ich hätte jedenfalls nicht Nein gesagt«, verkündete Caro, und diesmal musste ich lachen.

»Es ist wirklich mehr als schade, dass du nicht hier bist.« Mein Blick fiel auf zwei Familien, die offensichtlich auf dem Weg zum Festivalgelände waren. Die Männer trugen alle Kilts – selbst die, die noch im einstelligen Alter waren –, und auch die Frauen hatten jede irgendwas mit Tartanmuster an. Röcke, Hosen oder wenigstens ein Schultertuch. Ob sich alle Gäste so für das Event rausputzten? »Aber ich schätze, ich werde dir heute noch sehr viele Kiltfotos schicken können«, sprach ich weiter. »Die Eingeborenen haben sich alle traditionell in Schale geworfen.«

»Wie in Bayern halt auch. Da tragen beim Maibaumaufstellen doch auch alle Lederhose und Dirndl«, stellte Caro fest. »Was hast du eigentlich an?«

»Mein Marienkäfer-Dirndl.«

»Sehr schön, das passt doch. Ich muss jetzt leider aufhören, Kundschaft … Schick Fotos und tu nichts, was ich nicht auch tun würde. Bussi!« Dann legte sie auf.

Ich war mir nicht sicher, ob ich wirklich all das tun wollte, was Caro hier zweifellos anstellen würde, aber ich beschloss, mich auf das Fest einzulassen. Und vielleicht würde ich dabei nebenbei herausfinden, wer die gestrigen Schauertaten zu verantworten hatte.

Das ist Sache der Polizei!, erinnerte mich meine innere Stimme, die bereits wieder verdächtig nach Poldi klang und die ich deswegen auch gleich abwürgte.

»Wir sehen jetzt mal, ob George schon wieder zu Hause ist und wie es ihm geht«, sagte ich zu Rudi. »Und dann laufen wir zum Herrenhaus.«

• • •

Es war ziemlich lange her, dass ich das letzte Mal meinen Kilt getragen hatte, stellte ich fest, als ich ihn aus dem Schrank holte und mir um die Hüften wickelte. Das musste kurz nach meiner Rückkehr nach Schottland gewesen sein, bei der Beerdigung eines Onkels vor gut zwei Jahren. Bei den zahllosen Dorffesten hier in Kirkby glänzte ich meist durch Abwesenheit oder gab den Spielverderber, indem ich als einer von wenigen Männern im Anzug erschien. Doch heute war mir seltsamerweise danach, mich der Tradition zu beugen. Hatte ich am Ende doch eine Gehirnerschütterung davongetragen?

Das Notaufnahme-Team in Inverness hatte mich letzte Nacht flott wieder zusammengeflickt. Ziemlich routiniert, aber zweifellos liebloser, als Dorfärztin Anna es gemacht hätte. Vermutlich wären sogar Tierarzt Kendrick und Fanny zartfühlender ans Werk gegangen. Nun ja, ich wollte nicht jammern. Ich lebte immerhin noch, und außer einer Beule und einer genähten Platzwunde ging es mir gut. Ich hatte die Nacht zur Beobachtung in der Klinik verbracht, aber dann waren alle Beteiligten froh gewesen, als sich am frühen Morgen unsere Wege wieder trennten. Ich sollte es ruhig angehen lassen, hatte mir die junge Assistenzärztin noch eingeschärft, mir aber ansonsten beste Gesundheit bescheinigt.

Allerdings hatte ich nicht das geringste Bedürfnis danach, den Tag allein auf dem Sofa zu verbringen, denn was vor allem Schaden genommen hatte, war mein Ego. Auf Sizilien war ich in zahllosen haarigen Situationen gewesen, hatte mich aber niemals dermaßen übertölpeln lassen. Wenn man bedachte, wie glimpflich die Attacke verlaufen war, hatte ich wahrscheinlich mehr Glück als Verstand gehabt.

Oder der Angreifer wusste nicht, was er tat.

Oder er hatte mir lediglich einen Denkzettel verpassen wollen.

Egal, wie ich es drehte und wendete, es ergab keinen Sinn. Wenn mein Inkognito aufgeflogen und mir die Mafia tatsächlich auf die Spur gekommen wäre, dann wären sie nicht so dilettantisch vorgegangen. Sie hätten eindeutig dafür gesorgt, dass gestern mein letzter Tag auf diesem Planeten gewesen wäre. Das konnte ich also mit einiger Sicherheit ausschließen. Blieben noch zwei andere Ansätze: Entweder hatte jemand herausgefunden, dass ich hinter dem Blog »The King's Speech« stand, und wollte mir klarmachen, dass ich nicht so despektierlich über die Highlands schreiben durfte. Ich bezweifelte aber stark, dass einer der braven Bürger Kirkbys zu derart drastischen Maßnahmen greifen würde. Eher hätte man mich in einer außerordentlichen Gemeinderatssitzung verbal in die Mangel genommen und mir das Versprechen abgerungen, zukünftig nur noch freundlich zu berichten.

Oder aber ich war schlicht zum falschen Zeitpunkt am falschen Ort gewesen, und jemand hatte verhindern wollen, dass ich etwas sah, das die Aufmerksamkeit woandershin lenkte. Das schien mir die naheliegendste Option zu sein, jedoch eine, die mir ebenso wenig Freude bereitete wie die beiden anderen.

An diesem Punkt kam ich gerade nicht weiter, also konzentrierte ich mich wieder auf mein Outfit. Wie feierlich wollte ich es gestalten? Das volle Programm mit Weste und Spencer-Jacke? Oder lieber die lässige Version? Angesichts des milden Spätsommertages und meines lädierten Zustands entschied ich mich für Letzteres und schlüpfte in ein weißes Leinenhemd, dessen Ärmel ich bis zu den Ellbogen hochkrempelte. Die wollweißen Kniestrümpfe waren etwas kratzig. Ich musste über mich selbst lachen – Lord Seidentüchlein war offensichtlich total verweichlicht. Ich beschloss, die Wadenpein zu ignorieren, und schlüpfte noch in knöchelhohe Lederstiefel. Die waren zwar auch nicht ganz stilecht, aber schließlich musste ich ja keine flotte Sohle auf den Tanzboden legen.

Aus dem Augenwinkel nahm ich eine Bewegung draußen vor dem Haus wahr. Neugierig und mit der jahrelang eingeübten Vorsicht, die mir in letzter Zeit allerdings etwas abhandengekommen war, trat ich seitlich ans Fenster und spähte nach draußen. Auf der Straße standen Fanny und ihr Dackel und schauten zum Doppelhaus. Heute hatte sie endlich wieder eines ihrer lustigen Kleider an. Schwarz, mit roten und weißen kleinen Tupfen, und rote Chucks. Ich fand es kühn, dass sie zu ihren rotblonden Haaren, die sie heute in einem hohen Pferdeschwanz trug, eine knallrote Bluse kombinierte, doch irgendwie passte es zu ihr.

Sie schien zu überlegen, was sie tun sollte, und in mir breitete sich ein warmes Gefühl aus. Hatte sie sich Sorgen um mich gemacht und wollte nun nachsehen, wie es mir ging? Dann öffnete sie das Gartentörchen, ging jedoch nicht zu meiner Tür, sondern zur rechten Haushälfte. Vielleicht konnte sie sich nicht mehr erinnern, wo ich wohnte? Sie war jetzt so nah am Haus, dass ich mein Gesicht an der Scheibe platt drücken musste, um überhaupt noch etwas zu erkennen. Offensichtlich spähte sie interessiert nach drinnen. Ohne groß nachzudenken, öffnete ich mein Fenster und rief ihr zu: »Ich wohne übrigens hier, und ich lebe auch noch!«

Rudi bellte – ob freudig oder wütend, konnte ich nicht bestimmen, so nahe standen wir uns noch nicht –, und Fanny wirkte tatsächlich etwas ertappt.

»Ich weiß«, sagte sie beim Näherkommen. »Also dass du auf der linken Seite wohnst. Und ich bin echt erleichtert, dass du noch lebst. Aber ich habe das ›Zu vermieten‹-Schild gesehen und … egal. Das ist mir gestern gar nicht aufgefallen.«

»Die rechte Hälfte steht seit ein paar Wochen leer. Ich bin ein bisschen eigen, was meine Nachbarn angeht.«

»Da wär' ich nie im Leben drauf gekommen«, entgegnete sie lachend und mit mehr als nur einer Spur Ironie in der Stimme. »Du bist also auch der Vermieter?«

»So ist es.« Jetzt erkannte ich, dass die vermeintlichen roten und weißen Tupfen in Wirklichkeit Marienkäfer waren. Irgendwie rührte mich das. Es war zauberhaft, witzig und unschuldig – und meine Gedanken waren der ultimative Beweis für eine Gehirnerschütterung. Ich hätte im Krankenhaus bleiben sollen.

»Und es ist möbliert?«

»Ähm …?« Ich war immer noch abgelenkt von den vielen Käfern, die auf dem engen Mieder und dem weit schwingenden Rock krabbelten.

»Möbel«, half sie mir auf die Sprünge. »Im Haus nebenan.«

»Es ist teilmöbliert.« Ich riss mich zusammen und löste meinen Blick von den Krabbeltieren. Stattdessen schaute ich ihr in die blauen Augen, in denen ich kupfergoldene Sprenkel ausmachen konnte. Sie passten wundervoll zu den Sommersprossen auf ihrer Nase.

Ich war offiziell am Arsch.

Sie schien es nicht zu bemerken, oder falls doch, ließ sie es sich nicht anmerken. Stattdessen erkundigte sie sich immer weiter nach der leer stehenden Haushälfte. »Und suchst du dauerhaft jemanden, oder wäre auch eine kürzere Zwischenmiete denkbar?«

»Warum willst du das alles wissen?«

»Nur so.« Sie zuckte mit den Schultern und betrachtete mich dann zum ersten Mal an diesem Tag genauer. »Wie geht's denn deinem Kopf?«

»Im Krankenhaus haben sie behauptet, dass die Verletzung nur äußerlich wäre, meine Gehirnfunktion sagt jedoch was anderes …«

Fanny stellte sich vor dem Fenster auf die Zehenspitzen, sodass sie mit den Fingern meine verpflasterte Stirn berühren konnte. Ich zuckte zusammen – nicht vor Schmerz, sondern weil es sich wie ein kleiner elektrischer Schlag angefühlt hatte. »Tut mir leid«, entschuldigte sie sich und zog sofort ihre Hand weg. »Das war ein ganz schöner Schreck gestern.«

»Hm.« Ich wünschte mir, dass ihre Finger erneut über mein Gesicht streichen würden.

»Sag mal, hast du etwa einen Kilt an?« Der sorgenvolle Blick war einem überraschten gewichen.

»Klar«, antwortete ich so lässig wie möglich. Offenbar war sie eine der auswärtigen Frauen, die bei Männern im Kilt glasige Augen bekamen. Und offen gestanden war das nicht nur meine heimliche Hoffnung gewesen, sondern auch die Hauptmotivation für meine Outfit-Wahl.

»Heißt das, du gehst auch zum Festival?«

»Aber selbstverständlich. Jeder, der nicht tot ist, geht hin.« Bei meinem blöden Scherz entglitten ihr leicht die Gesichtszüge. »War vielleicht keine so geschickte Formulierung«, gab ich zu. »Jedenfalls habe ich nicht vor, das zu verpassen. Wenn du magst, können wir gemeinsam hingehen.«

In diesem Moment fing Rudi wie ein Verrückter zu bellen an, und gleich darauf kam ein Polizeiauto die Straße entlanggefahren und hielt vor meinem Haus.

IN DER RUHE LIEGT DIE KRAFT

AUF INSPECTOR WILSON hatte ich ungefähr so viel Lust wie auf das Loch im Kopf, dem ich knapp entgangen war. Genauer gesagt sogar noch weniger, aber ich konnte natürlich nachvollziehen, warum er hier war. Bei der Aufnahme im Krankenhaus war die Polizei von meiner Attacke informiert worden, und ich hatte bei der Entlassung die Ansage bekommen, dass man sich bei mir melden wollte. Das hatte ich bis jetzt erfolgreich verdrängt.

»Einen wunderschönen guten Morgen, DI Wilson«, begrüßte Fanny den zerknautschten Typen, bei dem ich mich fragte, ob er tatsächlich jedes Klischee auslebte und in seinen Klamotten schlief. Bei Rudis Radau konnte ich nicht ausmachen, wie viel Ironie in ihren Worten lag, ich ging jedoch von einer hohen Dosis aus.

»Sie schon wieder«, knurrte der Bulle. »Ihre Nähe zum Verbrechen finde ich langsam ausgesprochen verdächtig.«

»Ein Münchner Kollege von Ihnen würde Ihnen da vollumfänglich beipflichten, aber ich kann Ihnen versichern, dass meine Anwesenheit rein zufällig ist.« Sie grinste ihn frech an. »Aber es freut mich sehr, dass Sie inzwischen von ›Verbrechen‹ reden.«

»Wie auch immer.« Wilson winkte genervt ab. »Ich hab jetzt ein paar Fragen an Mr King, wenn Sie mich also entschuldigen würden …«

»Wie Sie meinen, aber ich hätte womöglich sachdienliche Hinweise für Sie. Schließlich war ich ja Zeugin.«

»Sie haben also gesehen, wer Mr King gestern niedergeschlagen hat?« Er heuchelte Interesse, doch das nahm ihm niemand ab.

»Nein«, gab sie zu.

»Dann haben Sie vielleicht wenigstens gesehen, wie Mr King niedergeschlagen wurde?«

»Nein. Aber ich war zu diesem Zeitpunkt in der alten Schule, und da waren schemenhafte Gestalten in der Dunkelheit.«

»Schemenhafte Gestalten. Verstehe.« Auch wenn seine Miene äußerlich unbewegt blieb, konnte ich DI Wilsons Augenrollen regelrecht hören. Erstaunliche Fähigkeit. Fragte sich nur, ob von ihm oder von mir.

»Haben Sie gesehen, wie diese Schemen Mr King niedergestreckt haben?«

»Nein, aber ...«

»Also streng genommen haben Sie gar nichts gesehen, Ms König«, fasste er zusammen.

Sie schnaubte und verschränkte die Arme vor der Brust, was interessante Dinge mit ihrem Dekolleté machte, doch der Inspector wandte sich unbeeindruckt ab und mir zu. Banause.

»Darf ich reinkommen, Mr King?«, fragte er, etwas höflicher, als er mit Fanny umgegangen war.

»Natürlich, Inspector«, antwortete ich und ging zur Tür.

»Du musst ihm nichts erzählen«, warnte sie mich. »DI Wilson hat den Ruf, aus Zeugen Verdächtige zu machen. Vielleicht magst du einen Anwalt dazubitten?«

»Ich komm schon klar«, sagte ich. »Wir sehen uns dann bei dem Fest.«

»Falls du nicht verhaftet wirst.«

»Weswegen? Stehe ich im Verdacht, mich selbst ausgeknockt zu haben?« Ich grinste, doch Wilson runzelte bei meinen Worten auf besorgniserregende Art und Weise die Stirn.

»Sie könnten auch gestürzt sein«, bemerkte er.

»Die Erde könnte auch eine Scheibe sein«, mischte sich Fanny prompt ein. »Sie machen wohl Witze, Inspector.«

»Fanny, es ist vielleicht wirklich besser, wenn wir uns gleich am Herrenhaus treffen«, sagte ich rasch und bat Wilson in mein Haus. Dann schloss ich ohne weiteren Kommentar die Tür hinter ihm.

• • •

»Ist das denn zu fassen?«, schimpfte ich leise vor mich hin, und Rudi grummelte bestätigend. »Kein Wunder, dass es so viele schottische Krimis gibt. Wenn die Ermittler alle so schmalspurig drauf sind wie dieser Wilson, müssen die Highlands das Mekka der Schwerverbrecher sein, weil hier offensichtlich gar nichts aufgeklärt wird!«

»Wuff!«, gab mir Rudi recht.

»Der dreht das garantiert als Unfall hin oder behauptet am Ende noch, George hätte das alles nur inszeniert, um irgendwas zu vertuschen«, regte ich mich weiter auf und stapfte vom Haus weg.

»Wuff«, bestätigte Rudi wieder. Wenn es hart auf hart kam, war er einfach der Beste und gab mir immer das gute Gefühl, dass ich richtiglag.

Es ging mir so unglaublich auf die Nerven, dass DI Wilson mich überhaupt nicht ernst nahm.

Ist vielleicht besser, dass er nicht mit dir redet. Wer weiß, was er sich zusammenreimen würde?, sprach mein innerer Poldi zu mir. Natürlich hatte er recht. Da propagierte ich allenthalben, dass man ohne anwaltlichen Beistand nicht mit der Polizei reden sollte – schon gar nicht mit DI Wilson –, und dann drängte ich mich ihm geradezu auf. Die Ironie daran glitt jedoch spurlos an mir ab, denn ich wusste ja, dass meine

Aussage sinnvoll und hilfreich wäre und dass ich komplett unschuldig war. Bei allen anderen konnte ich mir da nicht so sicher sein …

Mein Telefon meldete sich, und ich zog es aus der Tasche. Poldi hatte auf meine Bildernachricht geantwortet: *Netter Versuch, abzulenken!* Dazu ein Foto von einer herrlich frischen Butterbrezel und sonst kein weiterer Kommentar. Männer! Alles Idioten. Hielten sich für unwiderstehlich, wenn sie mit knusprigen Backwaren, in Lederhose oder Kilt ankamen, aber sonst war nichts dahinter. Nur heiße Luft. Ich ersparte mir eine Antwort und stopfte das Handy zurück in die Handtasche. Gleichzeitig versuchte ich, meinen Ärger abzuschütteln. Dafür war der Tag viel zu schön, und außerdem war ich nun wirklich neugierig auf die ersten Wettbewerbe der Highland Games. Womöglich würden mir dabei ein paar Dinge klarer werden?

Plötzlich durchbrach Dudelsackmusik vom Herrenhaus her das beschauliche Vogelzwitschern. Ging es am Ende schon los? Rudi und ich legten einen Zahn zu und kamen eine Viertelstunde später auf dem Festivalgelände an, das bereits gut gefüllt war. Mich wunderte sehr, dass für das Spektakel kein Eintritt verlangt wurde, sondern jeder herzlich willkommen war. Wenn ich an bayerische Ritterspiele dachte, bei denen man ein mittleres Vermögen bezahlen musste, nur um das Gelände zu betreten, dann fand ich das sehr erstaunlich – und außerordentlich sympathisch. Auf dem Turnierplatz war gerade nichts los, also wanderte ich zum Budendorf des Historienmarktes. Rudis Schnauze zuckte, und ich konnte es ihm nicht verübeln, denn die Gerüche waren auch für menschliche Nasen betörend. Mein Magen knurrte, obwohl ich doch erst vor Kurzem gefrühstückt hatte.

»Reiß dich zusammen«, beschwor ich mich selbst und beschloss, die »Taverne« erst einmal zu ignorieren und eine Runde zu drehen, um zu sehen, was es hier alles zu kaufen gab.

Meinen ersten Stopp machte ich bei der Weberei-Werkstatt. Ainslee und Harriet hatten ihren historischen Webstuhl vom Atelier im Herrenhaus nach unten geschafft. Nun stand er in einer halb offenen Holzhütte, die zauberhaft mit roher Wolle, gesponnenen Garnen und schon fertigen Stoffen dekoriert war. Ainslee saß in einem wunderschönen grünen Kostüm an dem Gerät und erklärte interessierten Zuschauern, wie ein Tartanmuster entstand. Ich schaute ein paar Minuten lang fasziniert zu und wandte mich dann Harriet zu, die, ebenfalls im Kostüm, am Verkaufstresen stand und bereits die ersten Stücke verkaufte. Während Ainslee ein Kleid trug, war Harriet als Hofnarr verkleidet – warum auch immer.

»Lach nicht«, sagte sie, als sie mich erspähte. »Das war eine spontane Schnapsidee, aber tatsächlich bin ich froh, dass ich mich nicht in tausend Unterröcke und ein Korsett zwängen muss.«

»Das ist ein gutes Argument«, entgegnete ich grinsend. »Ist ja schon ganz schön was los hier.«

»Ja, wir haben schon ein bisschen was verkauft«, erwiderte sie mit einem Lächeln. »Wenn das so weitergeht, wird das ›Kirkby Clan Gathering‹ zu einem echten Erfolg.«

»Ich wünsche es euch von Herzen.« Dass ich es kühn fand, eine halbe Stunde nach Eröffnung schon ein erstes Zwischenfazit zu ziehen, behielt ich lieber für mich. »Die Sachen sind auch wirklich toll.« Ich strich mit einer Hand über den weichen Stoff einer Stola, die im Kirkby-Tartan gewebt worden war. Im selben Muster gab es auch Schals, Decken, Kissenbezüge und Teddybären in drei Größen. Harriet hatte das

Muster exklusiv für Kirkby designt, und es schien großartig anzukommen, denn hinter mir drängten sich bereits weitere Leute.

»Reservierst du mir eine Stola?«, bat ich und trat zur Seite. »Ich bezahle sie gerne gleich, aber ich würde sie erst später abholen.«

»Kein Ding, das kriegen wir auch nachher hin.« Harriet nahm einen Notizzettel, schrieb meinen Namen drauf und pinnte ihn mit einer Stecknadel an eine der Stolas, die in ein Regal unter dem Tresen wanderte. »Großartiges Kleid übrigens«, lobte sie mich noch mit einem Lächeln. »Ich liebe die Marienkäfer.«

»Danke. Wir sehen uns nachher. Gute Geschäfte.« Ich ging ein paar Schritte weiter. Da war die nächste Werkstatt aufgebaut – eine Töpferei diesmal, und ich beobachtete fasziniert eine junge Frau, die an der Töpferscheibe saß und aus einem Klumpen Ton eine Schale formte. Ein ziemlich attraktiver Typ mit schulterlangen dunklen Haaren erklärte gerade einigen Leuten, wie der Prozess ablief – vom Ton bis zur fertigen Müslischale, die dann sogar spülmaschinenfest war. Beide trugen ebenfalls Kostüme, er mit Kilt, wie so gut wie jeder Mann hier. Meine Gedanken flogen zurück zu George. Ich hatte nur einen kurzen Blick auf die volle Pracht erhaschen können, als er die Haustür für DI Wilson geöffnet hatte, aber der Anblick war sehr erfreulich gewesen, wenn auch ungewöhnlich. George war einer der Männer, die so wirkten, als seien sie schon als Anzugträger zur Welt gekommen. Ich hoffte, dass Wilson ihm keinen Ärger machte. Diesem Provinzbullen traute ich wirklich alles zu – nur keine solide Arbeit.

»Wir machen auch Sonderanfertigungen«, hörte ich die sonore Stimme des Töpfermeisters zu einer Kundin neben mir sagen, und ich riss mich rasch von meinen düsteren Gedanken los. Mein Blick fiel auf die schönen Keramikteile auf der Verkaufsfläche. Teller, Tassen, Schalen in allen Größen, Krüge und Vasen. Es juckte mich stark in den Fingern, aber was sollte ich mit Geschirr anfangen? Ich war ja schließlich auf Reisen. Mir entfuhr ein tiefer Seufzer. Da wandte sich der Mann an mich. »Und wir versenden auch«, ergänzte er mit einem warmherzigen Lächeln.

»Ähm.« Mehr fiel mir gerade nicht ein. Konnte er Gedanken lesen?

»Ich bin Sean Gordon, und ich nehme an, dass du die bayerische Schneiderin bist, die gerade in Kirkby zu Besuch ist. Ich habe schon einiges über dich gehört.« Sein Lächeln wurde zu einem Grinsen.

»Ähm … Ich würde gerne sagen, gleichfalls, aber das wäre eine Lüge.«

Nun lachte er. »Ich bin Haileys Freund.«

»Wie schön. Denke ich. Ich habe allerdings keine Ahnung, wer Hailey ist.« Der Name kam mir nicht ganz unbekannt vor, aber in den letzten Tagen waren so viele Namen gefallen, dass ich den Überblick verloren hatte.

»Entschuldige bitte, ich gehe immer automatisch davon aus, dass hier jeder jeden kennt. Also Hailey ist die Schwester von Kristie, die …«

Nun fiel bei mir der Groschen. »Jetzt weiß ich's!«, unterbrach ich ihn. »Hailey ist die Pferdefrau, die die Reiterspiele organisiert. Und irgendwie sind sowieso alle miteinander verwandt hier, weshalb du auch weißt, wer ich bin.« Ich streckte ihm meine Hand entgegen. »Fanny. Freut mich sehr, dich kennenzulernen.«

»Ebenso.« Er schüttelte meine Hand. »Ich hab das ernst gemeint mit den Versandmöglichkeiten.«

»Deine Sachen sind wirklich wunderschön«, entgegnete ich. »Aber ich weiß noch nicht, wie lange ich unterwegs sein werde und wann und ob ich überhaupt nach München zurückkehre.«

»Oh?«

Ja, die Aussage überraschte mich selbst. Ich sah ihn verblüfft an. »Keine Ahnung, woher das jetzt kam«, sagte ich kopfschüttelnd und beschloss, darüber zunächst lieber nicht weiter nachzudenken. »Aber zwei Tassen würde ich gerne auf jeden Fall nehmen, die kann man ja immer brauchen – auch wenn man unterwegs ist«, sprach ich rasch weiter. Ich deutete auf zwei große, blau glasierte Henkelpötte. »Die hätte ich gerne.« Ich zückte meinen Geldbeutel und reichte ihm meine Kreditkarte. »Darf ich sie später abholen?«

Ich musste über mich selbst lachen. Erst ein paar Minuten hier und schon absolut im Kaufrausch. Neben der Schautöpferei gab es eine Holzwerkstatt mit Dingen, die mein Herz ebenfalls höher schlagen ließen. Gedrechselte Schalen und Kerzenständer, die eine absolut coole Symbiose aus traditioneller Handwerkskunst und modernem Design abgaben. Ein kleines Schränkchen mit unzähligen Schubladen und Fächern tat es mir besonders an.

So etwas Ähnliches hatte ich in München in meiner Werkstatt gehabt – gefüllt mit Knöpfen, Nähgarnen und anderen Kurzwaren –, doch das war wie alles andere in Flammen aufgegangen. Die Erinnerung daran gab mir einen schmerzhaften Stich. Der Schock saß immer noch tief, obwohl mir dieses Unglück die Möglichkeit geboten hatte, endlich mal zu reisen. Ob ich jemals wieder als Schneiderin arbeiten würde? Falls ja, dann würde ich mir einen Zubehörschrank wie diesen gönnen.

Der Kilt-Kerl, der diesen Stand betrieb, schenkte mir ein Lächeln, war aber gerade von einer Horde Kinder belagert.

Die standen mit glänzenden Augen vor einem gigantischen Puppenhaus, in dem es unglaublich viel zu entdecken gab. Ich war froh, dass Louis längst aus dem Quengelalter heraus war, und ich beneidete die Eltern nicht, die garantiert Schwierigkeiten haben würden, ihren Nachwuchs hier loszueisen, ohne ein Vermögen auszugeben.

Ich beschloss, später noch einmal wiederzukommen, und schlenderte weiter. Da stand das blaue Zelt, das mir gestern schon aufgefallen war. »Lass dir die Zukunft weisen von Madame Apollonia« stand auf einem Schild, und ich zögerte. Wollte ich wissen, was die Zukunft für mich bereithielt? Rudi neben mir grollte, denn er hatte den Raben erspäht, der ihn gestern so erschreckt hatte. Der schwarze Vogel war wieder aus den Zeltfalten hervorgekrochen, flatterte nun auf das Schild und starrte meinen Dackel mit seinen funkelnden Augen an. Herausfordernd? Wissend? Ich konnte seinen Blick nicht interpretieren, doch Rudi entschied sich für einen geordneten Rückzug und versteckte sich hinter mir. »Feigling«, raunte ich ihm amüsiert zu. »So kenn ich dich gar nicht.«

»Er ist nicht feige, er ist sehr klug«, sagte eine rauchige Stimme, und ich erschrak, denn plötzlich stand eine Frau vor mir, die niemand anders sein konnte als Madame Apollonia. Um ihr wirres, langes graues Haar hatte sie ein farbenfrohes Seidentuch gewickelt. An ihren Ohrläppchen klimperten riesige Ohrringe, und um ihren Hals waren Dutzende Ketten geschlungen: aus unterschiedlichen Metallen, aus Holz und eine, die nach Tierknochen aussah. Sie trug ein Wallekostüm in Mitternachtsblau, das mit goldenen Sternen bestickt war und erstaunlich hochwertig wirkte. Genau wie das Zelt, das nicht den Eindruck machte, als wäre es billiger Jahrmarkttrödel. Aber wie hatte die Frau es bloß geschafft, sich wie aus dem Nichts vor mir zu materialisieren?

»Wollt ihr nicht reinkommen?« Sie deutete auf ihr Zelt – und obwohl ich eigentlich ganz und gar nicht wollte, folgte ich ihr stumm.

Rudi hatte ebenfalls sichtlich Vorbehalte, doch er wagte es nicht, ihnen im Angesicht des Raben Gehör zu verschaffen, also folgte er mir schließlich mit eingeklemmter Rute und missmutiger Miene.

»Du musst dich vor Ralph nicht fürchten«, sagte die Wahrsagerin erstaunlich liebevoll zu meinem Hund. »Der tut nur immer so bedrohlich, ist aber in Wirklichkeit ganz lieb.« Rudi wedelte zaghaft mit dem Schwanz. »Kommt dir bekannt vor, was?« Die Frau lachte und bot dem Dackel dann ein Leckerli an, das er natürlich sofort annahm. Dankbar leckte er ihr über die Hand.

Es war richtig schön, dass hier eigentlich alle Menschen Hundefans waren und für vierbeinige Besucher kleine Bestechungen bereithielten. In München war das keine Selbstverständlichkeit. Da hatte ich für meinen grantigen Vierbeiner immer reichlich dumme Sprüche kassiert.

»Was hast du auf dem Herzen, mein Kind?«, sprach Madame Apollonia nun mich an.

»Ähm …« Ich musste dringend an meiner Eloquenz arbeiten. Dieses Herumgestammele, an dem ich hier litt, war wirklich untypisch für mich. »Eigentlich …«, begann ich, klappte den Mund dann aber sofort wieder zu. Ich hatte sagen wollen, dass ich eigentlich gar nichts auf dem Herzen hatte und dass alles super sei, doch das wäre eine Lüge gewesen. Und irgendwie hatte ich das sichere Gefühl, dass diese alte Frau das sofort bemerken würde. »Ich weiß gar nicht, wo ich anfangen soll«, platzte es schließlich aus mir hervor.

»Dann willst du also nicht nur wissen, ob der geheimnisvolle dunkelhaarige Kiltträger der Mann deines Lebens wird?«, fragte sie mich mit einem Augenzwinkern, und ich war mir nicht sicher, ob sie mich veräppelte.

Spontan fielen mir gleich mehrere dunkelhaarige Männer im Kilt ein, die irgendwie geheimnisvoll wirkten. Sean beispielsweise, der Töpfer, dem ich eben begegnet war. Oder Highland-Kämpfer Jacob. Wobei der seine Geheimnisse gleich bei der ersten Begegnung vollständig offengelegt hatte. Zumindest die anatomischen – an denen ich nicht das geringste Interesse hatte.

Oder meinte sie am Ende George?

Ich merkte, wie meine Wangen rot anliefen. Gut, dass es im Zelt so schummerig war. »Dunkelhaarige Kiltmänner können mir gestohlen bleiben«, behauptete ich mit halbwegs fester Stimme.

»Verstehe«, entgegnete sie. »Auch wenn das Schicksal andere Pläne hat, aber das wirst du noch früh genug mitbekommen, da mache ich mir keine Sorgen.«

»Das freut mich«, sagte ich lahm und fragte mich, warum ich mich dermaßen befangen fühlte.

»Du willst wissen, wohin dein Weg dich führt, nicht wahr?«, sprach die Wahrsagerin weiter.

»Ja, aber weniger mein Schicksalsweg als sehr konkret die nächsten Stationen meiner Reise. Wohin fahre ich als Nächstes, wie lange bleibe ich in Schottland? Wann werde ich nach München zurückkehren?«

»München ist weit weg«, erwiderte die Alte. »Und ich meine das nicht nur im geografischen Sinn.« Sie nahm nun ernsthaft eine Glaskugel aus dem Regal. »Deine Aufgabe in Kirkby ist noch nicht beendet.«

»Welche Aufgabe?«, entfuhr es mir.

»Das wirst du besser beurteilen können als ich, aber ich sehe ganz deutlich, dass du hier noch einiges zu erledigen hast. Und dass du ein Weilchen bleiben könntest – wenn du es denn willst.«

Mein Kopf war plötzlich wie leer gefegt – und gleichzeitig poppten bunte Gedankenfetzen vor meinem inneren Auge auf. Eine blau lackierte Tür, das hübsche Keramikgeschirr und das tolle Holzschränkchen. Die Schneideraufträge für Heather und Robin Stewart. Ich musste unwillkürlich lächeln. Das waren schöne Vorstellungen. Doch dann folgten der Anblick der toten Gwen, das zerstörte Tanzkleid, der blutende George. Bedeutete das etwa, dass ich tatsächlich diesen Fall lösen musste?

»In der Ruhe liegt die Kraft«, fuhr Madame fort. »Heute wird sich nichts entscheiden. Nutze den Tag, um Kraft und Informationen zu sammeln – und um dein Herz für Möglichkeiten zu öffnen.«

Mein Magen knurrte laut. »Ich glaube, erst mal sollte ich etwas essen«, stellte ich fest und erhob mich von dem kleinen Sessel. Wobei ich mich beim besten Willen nicht daran erinnern konnte, mich hingesetzt zu haben. Sehr mysteriös.

• • •

»Ich kann Sie gern zum Festivalgelände mitnehmen«, bot mir Inspector Wilson an, als ich mich nach seiner Befragung von ihm verabschiedete.

»Nein danke, ich muss noch etwas erledigen und gehe dann zu Fuß«, sagte ich und schloss die Tür hinter ihm. Mannomann, dieser Typ war wirklich keine Zierde seines Berufsstandes. Ich hatte Fannys Bemerkungen vorhin ein wenig übertrieben gefunden, doch nun war ich bereit, ihr vollumfänglich recht zu geben. Aber vielleicht war seine etwas tanzbärenhafte, tumbe Attitüde auch nur Tarnung, und in Wirklichkeit hatte er alles scharfsinnig im Blick?

Ich hatte ihm von den beiden Athleten erzählt, denen ich gestern Abend vom Pub aus gefolgt war, die ich dann aber bald aus den Augen verloren hatte. Ich hielt es nicht für unwahrscheinlich, dass einer von beiden meinen lädierten Kopf zu verantworten hatte, auf die Frage nach dem Warum wusste ich allerdings auch keine Antwort. Wilson hatte x-mal nachgefragt, ob ich irgendwas getan hätte, was den Unmut der Kämpfer auf mich gezogen haben könnte, und natürlich hatte ich stets verneint.

Meinen Blog wollte ich um keinen Preis erwähnen – zumindest noch nicht. Und eigentlich war es ja wohl vor allem auch sein Job, herauszufinden, wer mir die Verletzung verehrt hatte und warum.

Ich überlegte, ob ich Matteo anrufen sollte. Wir hatten uns immer abgesprochen, wenn die Situation bei unseren Recherchen knifflig wurde, doch er nahm die Vorgänge hier in Kirkby kein bisschen ernst. Daraus hatte er gestern keinen Hehl gemacht. Und wie sollte er mir überhaupt helfen auf die Distanz?

Eigentlich müsste ich eine Geschichte für meinen Blog schreiben. Von Gwens mutmaßlicher Ermordung und den anderen Vorfällen war immer noch nirgendwo etwas zu lesen. Dass diese Neuigkeiten es noch nicht in die gedruckten Ausgaben der Zeitungen geschafft hatten, war nicht weiter verwunderlich, dass aber auch nichts im Netz zu finden war, schon eher. Auf der Taxifahrt von der Klinik nach Hause vorhin hatte ich ausführlich danach gesucht. Inzwischen hatte ich mir sogar einen Such-Alarm eingerichtet, der mich informieren würde, sobald auf irgendeinem Kanal eine Meldung erschien.

Wenn ich ehrlich war, hatte ich aber auch nicht die geringste Lust, etwas darüber zu schreiben, zumindest nicht zum jetzigen Zeitpunkt. Stattdessen wollte ich dringend herausfinden, wer oder was hinter den Anschlägen steckte. Außerdem war ich ja mit Fanny verabredet und wollte sie nicht versetzen. Wer wusste schon, auf was für Unsinn sie sonst wieder kam?

Zwanzig Minuten später traf ich auf dem Gelände von Monroe Manor ein und war bass erstaunt über den Rummel, der dort schon herrschte. Wenn unser Bürgermeister etwas beherrschte, dann die ganz große PR-Maschinerie anzuwerfen, dachte ich, nicht ohne Bewunderung. Aus dem Stand ein dreitägiges Festival zu organisieren war keine Kleinigkeit, und dass bereits zum Auftakt so viele Besucher hier waren, konnte Collum McDonald eindeutig als großen Erfolg verbuchen.

Ich ging erst zum Turnierplatz, wo gerade Wettbewerbe im Tauziehen stattfanden, was ungefähr so spannend war, wie es klang. Die meisten anderen Besucher schienen das jedoch anders zu empfinden, denn sie feuerten ihre Lieblingsteams enthusiastisch an. Fanny war nicht hier – ich war mir sicher, dass ich sie mit ihrem Marienkäferkleid und dem rotblonden Pferdeschwanz sofort erspäht hätte –, also ging ich zu den Marktbuden. Aus dem Garten der Taverne klang die wohltönende Stimme meines Lieblingsdackels. Auf den ersten Blick konnte ich ihn und sein Marienkäfer-Frauchen nicht entdecken, dafür registrierte ich, wie liebevoll und detailversessen hier alles aufgebaut worden war.

Nun tauchte Fanny von der Selbstbedienungstheke her auf, einen gut gefüllten Teller in der einen und ein großes Glas in der anderen Hand, und eilte durch die Menschenmenge zu einem Tisch, den Rudi offensichtlich gegen feindliche Übernahme sicherte.

»Halt die Klappe, Rudi«, hörte ich Fanny mit ihrem Dackel schimpfen, als ich mich näherte. »Das ist sehr unhöflich von dir.«

»Er wollte doch nur sichergehen, dass du bei deiner Rückkehr noch Platz für die Beute hast«, sagte ich, als ich am Tisch ankam.

Bei meinem Anblick verstummte Rudi schlagartig und wedelte begeistert. Offensichtlich waren wir immer noch Freunde. »Hast du gut gemacht, Rudi«, lobte ich ihn und kraulte seine Ohren. Als ich mich wieder aufrichtete, wurde mir prompt schwindlig, und ich ließ mich wenig elegant auf die Sitzbank fallen. »Puh.«

»Doch eine Gehirnerschütterung?«, erkundigte sich Fanny und nahm mir gegenüber Platz.

»Nur ein bisschen Schwindel. Geht schon wieder.« Rudi schüttelte sich und rollte sich umständlich unter dem Tisch zusammen. Ich beneidete ihn. Es musste schön sein, unangenehme Gefühle einfach abschütteln zu können.

»Soll ich dir was zu essen oder zu trinken holen?«, bot sie mir an und musterte mich besorgt.

»Nein, es ist wirklich alles wieder gut. Ich hol mir rasch selbst etwas.« Ich stand auf und war erleichtert, dass sich die Welt nicht drehte. Dann ging ich zur Theke, wo ich mir einen Grillteller und einen alkoholfreien Pimm's-Cocktail holte. Wenige Minuten später war ich wieder zurück.

Fanny hatte mit dem Essen und Trinken auf mich gewartet und hob nun ihr Glas. »Worauf sollen wir heute trinken?«, fragte sie mich.

»Auf die Lösung der vielen Rätsel?«, schlug ich vor.

»Vielleicht erst mal auf deine Gesundheit«, bestimmte sie und stieß ihr Glas gegen meines.

»Ist auch eine gute Idee«, gab ich zu. »Slàinte mhath.«

Sie lächelte mir zu und trank einen großen Schluck. »Das Zeug ist lecker. Hätte nie gedacht, dass es bei so einem Dorffest alkoholfreie Cocktails gibt.«

»Das ist Kirkby«, entgegnete ich, weil ich mir schon lange abgewöhnt hatte, mich über solche Sachen zu wundern.

»So, und jetzt erzähl mir alles, was DI Wilson von dir wollte«, forderte sie mich auf, als ich mir gerade den ersten Bissen Fleisch in den Mund schob.

»Ich glaube, das willst du nicht wissen«, entgegnete ich, als ich runtergeschluckt hatte.

WIE HOLMES UND WATSON

ES WAR WIE DIE ANGST vor dem weißen Blatt Papier, der leeren Seite, wie nur Menschen sie kannten, die ihr Geld mit Schreiben verdienten. Oder es zumindest versuchten. Meist war ich davor gefeit, aber in diesem Fall wollte mir der erste Satz einfach nicht gelingen. Obwohl es gar nicht ums Schreiben ging. Nicht mal ums Reden. »Es ergibt einfach keinen Sinn«, murmelte ich.

»Was? Dass man es in deinem Land als Sport bezeichnet, wenn Männer Steine oder Baumstämme in die Luft werfen?« Fanny grinste.

Nach dem Mittagessen waren wir gemeinsam zum Turnierplatz gegangen, hatten uns fliegende Tellerröcke und Kilts bei einem Kinder-Tanzwettbewerb angeschaut und beobachteten nun, wie sich einige meiner Geschlechtsgenossen in diesen seltsamen Disziplinen maßen. Es waren wohl Amateurdurchgänge, denn die Männer wirkten längst nicht so gemeißelt wie die Jungs, die in den letzten Tagen den Pub frequentiert hatten. Ich nahm an, dass es Teilnehmer aus der Region waren, auch wenn ich keinen von ihnen erkannte. Sie hatten selbstverständlich alle Kilts an, aber die meisten trugen dazu Sportfunktionsshirts, die sich über recht ordentliche Plauzen spannten. Nicht unbedingt ein Anblick, der zum Träumen anregte.

»Stimmt, das ergibt ebenfalls keinen Sinn«, stimmte ich Fanny zu. »Und ich schäme mich fast dafür, dieser Spezies anzugehören.« Ich konnte kaum hinsehen, als sich ein eher schmächtiges Bürschlein an einem riesigen Stein abmühte, ihn aber kaum vom Boden heben, geschweige denn in die Luft werfen konnte.

»Nun ja, bei manchen Exemplaren deiner Art ist der angeborene Gendefekt eben stärker ausgeprägt als bei anderen«, tröstete sie kichernd. »Aber was ergibt keinen Sinn?«

»Der Mord an Gwen«, antwortete ich.

»Wann macht Mord schon Sinn?« Sie verzog das Gesicht, weil dem Hänfling der Felsbrocken auf den Fuß gefallen war. »Den muss man doch vor sich selbst schützen.«

»Den meisten gewaltsamen Todesfällen liegt irgendeine Logik zugrunde«, widersprach ich ihr. »Genauso wie es logisch ist, dass es auch Teilnehmer wie diesen Unglückswurm geben muss. Dadurch kommen die ernsthafteren Athleten erst richtig zur Geltung.«

Fanny betrachtete mich, als hätte ich ein paar Schräubchen locker – was nach dem Schlag gegen meinen Kopf gestern durchaus wahrscheinlich war. »So was kann auch nur ein Mann sagen.«

»Was? Dass es bei Morden eine Logik gibt? Das ist doch unbestreitbar. Zumindest aus Sicht der Mörder.«

Sie schüttelte den Kopf. »Ich bin mir nicht sicher, ob ich Beispiele dafür hören möchte.«

»Schade, ich hätte ein paar tolle Geschichten auf Lager«, erwiderte ich trocken.

»Schwänke aus deiner bewegten Vergangenheit?«, spekulierte sie und ahnte hoffentlich nicht, wie nah sie der Wahrheit kam.

»Ich lese halt gerne Krimis und überlege ja, selbst einen zu schreiben. Da ist es wichtig, dass man sich schon im Vorfeld eine gewisse Sinnhaftigkeit überlegt, damit die fiktive Tat auch nachvollziehbar wirkt.«

»Nur dass es in unserem Fall eine sehr reale Tat war«, gab sie zu bedenken.

»Das streitet ja niemand ab, aber …« Ich konnte einfach nicht den Finger darauf legen. Genau das war mein Problem. Meine Instinkte sagten mir, dass hier etwas ganz gewaltig nicht stimmte, aber ich konnte es nicht eingrenzen.

»Madame Apollonia hat mir erzählt, dass heute nichts mehr passieren wird, also können wir uns wohl entspannen«, entgegnete sie schließlich.

»Will ich wissen, wer Madame Apollonia ist?« Ich war mir fast sicher, dass ich mich besser nicht darum kümmern sollte, doch nun war der Satz raus, und ich nahm gerade alles, was mich ablenken könnte.

»Die Wahrsagerin auf dem Markt.« Fanny lächelte schief. »Sie macht einen sehr kompetenten Eindruck, und Rudi fürchtet sich vor ihrem Raben Ralph.«

»Wie kann man so viele irre Aussagen in so wenigen Worten unterbringen?«

»Das ist ein Talent, an dem ich lange gefeilt habe, aber in diesem Fall habe ich lediglich Fakten präsentiert.« Sie zuckte mit den Schultern, als sei es die normalste Sache der Welt, Wahrsagerinnen bei Mordfällen zurate zu ziehen.

Und ihnen auch noch zu glauben. Von Rudi und dem Raben Ralph wollte ich gar nicht erst anfangen. Wie konnte man einen Raben Ralph nennen? Und warum bitte schön beschäftigte mich das über Gebühr? Immerhin war ich von meinem mentalen weißen Blatt abgelenkt und sollte wohl allein dafür schon dankbar sein.

»Oh, schau mal, da sind schon wieder DI Wilson und sein bedauernswerter Assistent Cook«, sagte Fanny mit gerunzelter Stirn und deutete auf die andere Seite der Arena, wo die beiden Polizisten mit unserem Bürgermeister diskutierten.

Zwei weitere Männer standen ebenfalls dabei, doch die erkannte ich nicht, denn sie hatten uns den Rücken zugekehrt. Collum sah nicht sehr erfreut aus.

»Man wird doch nicht etwa ernsthaft ermitteln?« Meine Frage triefte vor Ironie.

»Schön wär's.« Fannys Stirnrunzeln war einer steilen Zornesfalte zwischen ihren Augen gewichen, die ich gern mit einem Finger glatt gestrichen hätte. »Ich hab kein gutes Gefühl bei ihm«, grollte sie.

»Warum treibt dich das so um?«, wollte ich wissen. »Ich meine, warum kannst du die Sache nicht einfach auf sich beruhen lassen und darauf vertrauen, dass die Polizei ihre Arbeit macht?«

»Ernsthaft?«, fauchte sie mich an. »Ausgerechnet du fragst mich das?«

»Betrachte es als hypothetische Frage«, beeilte ich mich hinzuzufügen.

»Ich habe gestern die Leiche einer toten Tänzerin im Loch Ness gefunden. Einer Frau, die sich von mir ein sehr teures Tanzkostüm hat schneidern lassen. Stunden später werden einer weiteren Tänzerin die Füße ruiniert, und wieder ein Weilchen danach wirst du auf übelste Weise niedergeschlagen«, rief sie mit zunehmender Lautstärke, was für wachsendes Interesse bei den Umstehenden sorgte. »Und alle hier tun so, als wäre alles in bester Ordnung!«

»Also ich nicht«, erinnerte ich sie sachte und lotste sie ein Stück von dem Gewühl weg. Es brachte ja nichts, wenn sie sich noch weiter in Rage redete und noch mehr Zuschauer aufschreckte. »Ich weiß das alles. Aber wieso bist du so sicher, dass Wilson und seine Leute die Sache nicht aufklären können?« Ich hatte keine Ahnung, warum ich so intensiv nachbohrte. Vermutlich weil ich es ganz genauso sah und dringend gute Argumente brauchte, um die leere Seite zu füllen?

»Ist das nicht offensichtlich?« Sie japste nun beinahe vor Frustration.

»Ehrlich gesagt nicht.«

Sie betrachtete mich mit einem merkwürdigen Blick, der in Sekundenschnelle von Angriffslust zu Nachdenklichkeit wechselte. Eine nach innen gekehrte Nachdenklichkeit. »Du hast recht«, erklärte sie schließlich, deutlich ruhiger. »Es ist nicht offensichtlich. Es gibt keine faktischen Anhaltspunkte für meine Befürchtung oder Unterstellung. Es ist nur einfach so, dass …«

»Dass du dir absolut sicher bist«, mutmaßte ich.

»Ja«, gab sie zu. »Und ich weiß, dass sich das vollkommen bescheuert anhören muss.« Sie hielt meinem Blick stand, als wollte sie Widerspruch von mir herausfordern.

»Nein, tut es nicht. Ich sehe es genauso. Und genau das ist es, was mich so nervt. Dass ich die Sache nicht richtig greifen kann, dass es weder in meinem Kopf noch in Wirklichkeit Sinn ergibt. Außerdem – und das mag jetzt arrogant klingen – habe ich massive Zweifel daran, dass DI Wilson die nötige geistige Flexibilität hat, um sich seinerseits einen Reim darauf zu machen.«

»Oh, das glaube ich nicht. Im Reimen ist er ganz großartig«, entgegnete Fanny düster. »Genau das ist das Problem. Er reimt sich irgendwas zusammen, ohne sich ernsthaft mit den vielen widersprüchlichen Ereignissen auseinanderzusetzen.«

»Auch eine Möglichkeit. Keine, die mich glücklich macht.«

»Und nun?«, wollte sie wissen.

»Genießen wir den Tag, weil das deine Wahrsagerin gesagt hat?« Diese Spitze konnte ich mir nicht verkneifen.

»Sie ist nicht meine Wahrsagerin! Sie ist *die* Wahrsagerin, die des Events.«

»Haarspaltereien«, winkte ich ab. »Hast du sie ernsthaft nach dem Mord gefragt?«

»Natürlich nicht. Ich habe sie eigentlich nach gar nichts gefragt, aber sie war sehr klar in ihrer Aussage.«

»Sie hat also behauptet, dass sich im Mordfall Gwen und bezüglich der Attacken auf Muriel und mich heute keine neuen Erkenntnisse finden lassen?«, bohrte ich nach.

»Nicht mit diesen Worten«, gab sie zu. »Aber halt so, dass ich zu diesem Schluss kommen musste. Und glaub mir, ich weiß, wie das klingt«, fügte sie noch ein wenig defensiver hinzu.

»Welche Schlüsse hast du aus ihrer Prophezeiung gezogen?«

»Wie sich das anhört, Prophezeiung ...« Sie blickte mich ärgerlich an. »Keine Ahnung, ich hab es jedenfalls so interpretiert, dass ich heute die Augen offen halten sollte, aber keine akute Gefahr herrscht.«

»Das wäre ja immerhin erfreulich. Also halten wir die Augen offen.«

»Wir?«

»Vier Augen sehen mehr als zwei. Und wenn wir Rudi mitrechnen, sind es sogar sechs Augen.«

»Hunde sehen nicht besonders gut«, gab sie zu bedenken, doch ein kleines Lächeln war auf ihre Lippen zurückgekehrt.

»Aber er hat eine sensationelle Spürnase, die zählt mehr als ein drittes Paar Augen«, behauptete ich.

»Nur damit ich dich richtig verstehe, du schlägst vor, dass wir in der Sache gemeinsam Erkundigungen anstellen?«

»So ist es.«

»Dir ist schon klar, dass ich dich nicht komplett von meiner Verdächtigenliste gestrichen habe?« Ihre Augen funkelten.

»Das tut zwar weh, aber umgekehrt ist es genauso. Der ganze Schlamassel ging schließlich ziemlich zeitgleich mit deinem Erscheinen in Kirkby los.« Ich bemühte mich um die blasierteste Graf-Klugscheißer-Miene, doch bei ihrem empörten Schnauben musste ich schon wieder grinsen.

»Schön, dann behalten wir uns also gegenseitig im Auge und sehen, ob sich noch andere Hinweise finden.« Sie stieß mir ihren Zeigefinger leicht gegen die Brust. »Zumindest für die Attacke auf dich habe ich nämlich ein wasserdichtes Alibi.«

»Das beruhigt mich ungemein. Also, haben wir einen Deal? Wir klären gemeinsam den Mord an Gwen auf?«

»Und die Attacken auf Muriel und dich. Und die auf Gwens Kleid«, fügte sie noch hinzu und schlug in meine ausgestreckte Hand ein. »Wie Holmes und Watson.«

»Oder wie King und König«, schlug ich vor. »Besser als Wilson und Cook sind wir auf jeden Fall.«

Ich war mir nicht sicher, ob das eine meiner blöderen oder brillanteren Ideen war, doch sie fühlte sich richtig an. Zum ersten Mal seit ziemlich langer Zeit hatte ich wieder eine Aufgabe – und konnte dabei Zeit mit der faszinierenden Fanny verbringen.

• • •

Ein seltsames Gefühl durchströmte mich. Eine Hitzewallung? Hoffentlich nicht. Aber es war ein Kribbeln, wie ich es lange nicht mehr gespürt hatte. Ein wenig euphorisch und voller vorfreudiger Aufregung. »Dann lass uns mal loslegen«, forderte ich George auf und rieb mir voller Tatendrang die Hände.

»Was schlägst du vor?« Auch er wirkte plötzlich viel leichtfüßiger, so als hätten wir uns eben gegenseitig die Legitimation für dieses Abenteuer gegeben.

»Wir schlendern ein bisschen herum und schauen, mit wem wir so ins Gespräch kommen können. Ich will unbedingt nach Daisy sehen und ihr ein paar Fragen stellen. Und vielleicht sollten wir uns auch mal im Trailerpark tummeln? Oder hast du bessere Ideen?«

»Nein, das klingt schon ganz gut. Lass uns doch mal in Richtung Bühne gehen, vielleicht können wir ja mit dem Bürgermeister reden und erfahren, was Wilson zu ihm gesagt hat.«

Wir kamen jedoch gar nicht so weit, denn aus dem Zelt hinter der Bühne, in dem sich die Tänzerinnen auf ihren Auftritt vorbereiten oder auch umziehen konnten, hörten wir aufgeregte Stimmen. Ganz deutlich war ein hysterisches »Du hast mein Kleid ruiniert« herauszuhören.

»Ich glaube, da sollte ich mal nachsehen«, sagte ich zu George, der nickte und Anstalten machte, hinter mir herzulaufen. »Du nicht. Wenn da halb nackte junge Frauen herumspringen …«

Er seufzte gespielt. »Spielverderberin. Dann schau ich eben alleine nach Collum. Wann wollen wir uns wieder treffen?«

»Gib mir mal deine Telefonnummer, dann können wir uns einfach kurzschließen«, bestimmte ich und tippte rasch die Nummernfolge ein, die er mir diktierte. Ich klingelte einmal bei ihm durch, damit er auch meinen Kontakt hatte, und dann trennten sich unsere Wege.

Die Keiferei im Zelt hatte eine kleine Schar Neugieriger angelockt, die nun vor dem Eingang herumlungerten und, ihren Mienen nach zu urteilen, auf Sensationen hofften. Unter den Schaulustigen waren auch zwei der Muskelmänner, die gestern im Pub gewesen waren, als ich die Nachricht von Gwens Tod verbreitet hatte. War das wirklich erst vor ungefähr sechsundzwanzig Stunden gewesen? Mir kam es vor wie in einem anderen Leben. Rudi knurrte die Gaffer-Meute angriffslustig an, und ich bahnte mir energisch einen Weg zum Zelt.

»Kann ich helfen?«, erkundigte ich mich, als ich die Stoffbahn am Eingang etwas zur Seite geschoben hatte und hineinspähte. Im Zelt befanden sich gut ein Dutzend Frauen, darunter die vier Tänzerinnen um Shona, deren Generalprobe ich gestern hatte beobachten dürfen. Zu meiner großen Erleichterung war auch Daisy dabei, die einen unversehrten, wenn auch gerade ziemlich bedröppelten Eindruck machte. Kristie sprach mit ausladenden Gesten eindringlich auf zwei Frauen ein, die mutmaßlich die Mütter von einigen der anderen Mädchen hier im Zelt waren. Eins davon war die spitzmausige Tänzerin, die gestern im Pub so interessante Spekulationen über Gwen von sich gegeben hatte. Nun weinte sie bitterlich und schien untröstlich zu sein.

»Es hat einen weiteren Sabotage-Akt gegeben«, sagte Shona, die mich ins Zelt winkte.

»Wieder ein zerschnittenes Kleid?«, wollte ich wissen. Das wäre der Beweis dafür, dass Madame Apollonia tatsächlich nur eine Quacksalberin war.

»Nein, aber jemand hat es mit einem Edding kreativ verziert.« Shona hatte sichtlich Mühe, ihre Gesichtszüge zu kontrollieren. Sie deutete auf das rot-weiß karierte Kostüm, das an einem Kleiderständer hing und mit dem wenig kreativen Schriftzug »Bitch« und stilisierten Penissen verziert war. Dutzendfach.

»Das ist echt übel«, stimmte ich ihr zu und biss mir auf die Unterlippe, um nicht laut loszulachen.

»Wer immer es war, er oder sie hat einen bestechenden Sinn für Symmetrie«, befand Shona knochentrocken und ließ meine Beherrschung in sich zusammenfallen wie ein Soufflé im Windzug.

Ich versuchte, meinen aufkommenden Lachanfall mit Husten zu tarnen, doch das misslang gründlich. Stattdessen japste ich hilflos, und Tränen liefen mir über die Wangen. Auch Shona verlor daraufhin die Contenance und giggelte ebenfalls los.

»Finden Sie das etwa witzig?«, herrschte mich eine der Mütter in einem Ton an, der selbst die strengste Internatsgouvernante zum Erbleichen gebracht hätte.

Ich wischte mir die Lachtränen aus den Augen und vermied jeden Blickkontakt mit Shona. »Natürlich nicht«, entgegnete ich so würdevoll, wie es mir nur eben möglich war. »Es ist nur eine unangemessene Schockreaktion«, flunkerte ich und ignorierte Shonas erstickte Geräusche. »Es ist absolut entsetzlich, was geschehen ist.« Ich linste zu Kristie, die heute noch gestresster wirkte als gestern Abend und den Tränen nah zu sein schien.

»Ja, das ist es. Und ich kann mir nicht vorstellen, dass es ein Zufall war!«, donnerte die Mutter weiter.

»Sicher nicht«, pflichtete ich ihr bei. »Aber positiv zu vermerken ist wenigstens, dass das Kostüm intakt ist. Man könnte es also tragen.«

»Dieses Kleid tragen?«, schrie die Frau. »Glauben Sie wirklich, ich würde zulassen, dass sich meine Bonny mit dieser würdenlosen Schweinerei auf der Bühne zeigt?«

Das war vermutlich eine rhetorische Frage, doch ich wagte trotzdem eine Antwort: »Auf die Distanz erkennt man die Schmierereien wahrscheinlich gar nicht, und außerdem kommt es doch darauf an, wie Bonny tanzt, und nicht auf die … ähm … Hülle.«

Bei diesen Worten nahm Bonny/Spitzmaus die Hände vom Gesicht und sah mich regelrecht mordlüstern an. Zumindest bildete ich mir das ein. Das Ganze hatte vielleicht eine Millisekunde gedauert, ehe sie ihr dramatisches Geheul fortsetzte. Ich hätte schwören können, dass ihr Gesicht vollkommen trocken war.

»Nur über meine Leiche!«, rief die Mutter so laut, dass man es bestimmt auf dem ganzen Gelände hören konnte, und ich sparte mir den Hinweis, dass man darüber besser nicht scherzen sollte.

»Aber es wäre doch schade, wenn Bonny wegen dieses … ähm … Streichs nicht antreten könnte, nicht wahr?«, startete ich einen neuen Versuch. »Heute sind doch die Qualifikationsrunden für das eigentliche Turnier morgen, oder?« Ich hoffte, ich hatte das richtig in Erinnerung – so wahnsinnig spannend hatte ich das Prozedere eigentlich nicht gefunden. »Wenn sie also heute nicht daran teilnimmt, hat sie keine Chance, morgen zu starten. Und womöglich könnte man das Kostüm bis morgen wieder sauber bekommen.« Ich fand, das klang nach einem vernünftigen Vorschlag, doch wieder traf mich zwischen Bonnys verkrampften Fingern hindurch ein Todesblick von ihr. Sehr interessant.

»Auf gar keinen Fall. Bonny wird sich dieser Schande nicht aussetzen, und ich werde nicht eher ruhen, als bis ich die Saboteurin persönlich zur Rechenschaft gezogen habe«, kündigte die Mutter an und betrachtete uns alle im Zelt mit ihrem eisigen Gouvernanten-Blick. »Und ich werde den Veranstalter verklagen, der so viel seelisches Leid über mein Kind gebracht hat.«

»Wieso gehen Sie davon aus, dass es eine Saboteur*in* war?«, fragte ich, ehe ich mich zügeln konnte. »Es könnte ja auch ein Mann gewesen sein. Und es gäbe doch noch eine Alternative: Bonny könnte sich ein Kleid von einer Kollegin leihen.« Ich scannte den Raum und sah mindestens drei Mädchen, die eine vergleichbare Statur hatten. »Daisy beispielsweise«, schlug ich vor.

»Das habe ich ihr auch schon angeboten«, piepste das Zimmermädchen verschüchtert, und prompt brach die nächste Tirade der Gouvernanten-Mutter über uns herein.

»Okay, wissen Sie, was?«, sagte ich in eine kurze Atempause hinein. »Ich glaube, Sie sind gar nicht an einem Kompromiss interessiert.« Ich hörte, wie einige bei meinen Worten laut nach Luft schnappten – Kristie und Daisy? –, doch das war mir egal. Dieses unangenehme Mutter-Tochter-Gespann hatte ein wenig Gegenwind verdient. »Ich glaube außerdem, dass Sie nur darauf aus sind, schlechte Stimmung und Zwietracht zu säen, und es wäre wohl im Sinne aller Beteiligten, wenn Sie die anderen Mädchen sich jetzt in Ruhe auf ihre Wettbewerbe vorbereiten lassen, da Bonny ja ohnehin nicht teilnehmen wird.«

Die Stille, die sich daraufhin im Zelt ausbreitete, war ohrenbetäubend. Aber leider nur von sehr kurzer Dauer, denn die Mutter verwandelte sich von einer fiesen Gouvernante in einen Feuer spuckenden Drachen auf dem Kriegspfad – und Rudi wurde zum Ein-Dackel-Wolfsrudel.

»Oh ja, wir gehen!«, schnaubte sie, und ich konnte die Funken regelrecht auf meiner Haut fühlen. »Aber denken Sie bloß nicht, dass das unsere letzte Begegnung war.« Damit packte sie ihre Tochter am Arm und stürmte mit ihr aus dem Zelt.

»War das eine Drohung?«, fragte ich, als sie verschwunden waren.

»Klang fast so«, bemerkte Shona, schien aber nicht sehr besorgt zu sein, sondern im Gegenteil ausgesprochen gut unterhalten. »Aber du musst dich nicht fürchten. Dein stattlicher Kampfhund wird dich garantiert voller Elan verteidigen.«

Das durfte als sicher gelten, denn Rudi hatte sich von der Drachen-Gouvernante kein bisschen einschüchtern lassen, sondern mindestens ebenso lautstark seine Meinung gebellt.

Nun grollte er nur noch leise vor sich hin. »Da hast du zweifellos recht«, sagte ich zu Shona und wandte mich dann an Daisy. »Hast du eine Minute Zeit?«

Daisy nickte, doch Kristie, die immer noch ziemlich mitgenommen wirkte, bat: »Aber bitte wirklich nur eine Minute, der Auftritt der Gruppe steht gleich an.«

»Geht ganz schnell«, versprach ich und zog Daisy ein Stückchen zur Seite.

»Ich weiß gar nicht, ob ich in der Verfassung bin, zu tanzen«, klagte sie leise und wirkte vollkommen geknickt.

»Ihr werdet das grandios meistern«, munterte ich sie auf. »Denk nur an gestern Abend, da habt ihr das ja auch so toll gemacht. Ich wollte mich übrigens bei dir entschuldigen.«

»Oh?« Sie starrte mich überrascht an. »Dafür, dass du dir mit mir Zugang zu Gwens Cottage verschafft hast?«

Mist. Sie war doch heller als gedacht. »Auch. Das tut mir echt leid, aber ich stand noch total unter Schock und wusste eigentlich selbst nicht genau, was ich da mache.« Das war zwar nicht ganz die Wahrheit oder eigentlich sogar eine absolute Lüge, aber es klang gut, und Daisy schien nicht nachtragend zu sein. »Vor allem wollte ich mich wegen gestern Abend bei dir entschuldigen. Du bist eine erwachsene Frau, und es steht mir nicht zu, dich wie ein Kind zu behandeln. Du kannst natürlich machen, was du willst, und dich treffen, mit wem du willst. Das war übergriffig und unverschämt von mir. Ich hoffe, du kannst mir verzeihen.«

Erschreckenderweise stiegen Daisy bei meinen Worten Tränen in die Augen. »Meine Mutter hat sich noch nie bei mir entschuldigt, wenn sie so etwas zu mir gesagt hat«, erklärte sie mit erstickter Stimme. »Das zeugt von Größe, dass du das machst, und natürlich bin ich dir nicht böse. Auch nicht wegen dem Cottage.«

»Gut, da bin ich sehr erleichtert. Ich hoffe, du hattest einen netten Abend?«

»Es ging so«, gab sie zu. »Ich hatte gehofft, dass ich mit Mitch allein ein bisschen … nun ja … also dass wir …« Sie wurde knallrot.

»Ich versteh schon«, beeilte ich mich zu versichern und hoffte, dass man mir mein Unbehagen nicht anmerkte.

»Es waren aber noch ein paar der anderen Jungs da, und wir haben ziemlich viel getrunken und so.« Sie schaute verlegen zur Seite. »Ehrlich gesagt kann ich mich nicht mehr an alles erinnern. Ich vertrag nämlich nicht so viel Alkohol.«

Mein Unbehagen wuchs immer mehr, und unweigerlich stellte ich mir ein Rudel der bulligen Typen vor, die die zierliche junge Frau mit K.-o.-Tropfen gefügig machten und dann … Aber falls es zum Äußersten gekommen war, hätte sie doch bestimmt etwas bemerkt. Zumindest nachträglich?

»Die Hauptsache ist, dass es dir gut geht und …« Ich rang nach passenden Worten. »Und du heute keinen Kater hast, sondern gleich die Performance deines Lebens aufs Parkett legen wirst.«

»Mhm.«

»Es geht dir doch gut?«

»Ich glaub schon«, erwiderte sie leise und mit todtrauriger Stimme. »Ich hatte halt nur gehofft, dass ich auch mal jemanden finde, der mich gernhat und mit mir zusammen sein will, aber …«

»Du wirst so einen Jemand finden! Ganz bestimmt. Aber ich glaube nicht, dass die Wandervögel in diese Kategorie fallen. Ich schätze, die sind eher auf Trophäen als auf echte Freundschaften aus. Da ist es besser, dass du es rechtzeitig gemerkt hast.«

Sie nickte und wirkte wie ein kleines Mädchen – was meine Mutterinstinkte sofort wieder aufflammen ließ, auch wenn das genau die falsche Reaktion war.

»Aber ich höre mich schon wieder an wie eine Mutter«, stellte ich fest. »Vermutlich weil ich nicht ganz aus meiner Haut rauskann.«

»Ist schon gut. Es ist schön, dass sich jemand um mich sorgt.« Sie schenkte mir einen scheuen, fast hoffnungsvollen Blick, und ich fühlte mich gleich noch mieser.

»Da gibt es sicher eine Menge Leute. Allein schon deine Freundinnen.« Ich deutete auf die Tanztruppe, die sich nun langsam für den Auftritt fertig machte. »Ich will dich nicht aufhalten, aber weißt du zufällig, mit welchem der Athleten Gwen am Mittwochabend zusammen war?«

Sie nickte, und wieder sammelten sich Tränen in ihren Augen. »Es war Mitch. Ich weiß, es muss sich total geschmacklos anhören, dass ich mich am Tag ihres Todes an ihren Freund ranmachen wollte, aber es war eigentlich umgekehrt. Er hat mich angesprochen und …«

»Schon gut. Männer sind manchmal einfach nur Idioten«, sagte ich und zog sie in eine mütterliche Umarmung, von der ich nicht sicher wusste, wer sie nötiger hatte: sie oder ich. »Vergiss den Typen, und konzentrier dich auf die Performance. Ihr werdet das rocken. Toi, toi, toi!« Damit ließ ich sie los und scheuchte sie zu ihren Kolleginnen, bevor ich machte, dass ich aus dem Zelt kam.

Viele Erkenntnisse hatten diese paar Minuten nicht gerade gebracht, höchstens noch mehr Fragen aufgeworfen. Aber vielleicht war George ja erfolgreicher gewesen?

EIN LABYRINTH VOLLER INDIZIEN

ICH HATTE MIR MEINEN ersten Einsatz als Sherlock Holmes etwas aufregender vorgestellt, doch tatsächlich fühlte es sich kein bisschen anders an als die Arbeit eines Investigativ-Reporters bei der Recherche. Die Bedingungen waren vergleichbar – vor allem dann, wenn man sich weder als Journalist noch als Detektiv zu erkennen geben wollte. Und den besorgten Bürger nahm man mir irgendwie auch nicht so ganz ab, obwohl ich mit der sehr präsenten Platzwunde auf meiner Stirn doch eigentlich eine gut sichtbare Berechtigung für Fragen haben sollte. Bürgermeister McDonald war längst wieder verschwunden, als ich an der Stelle ankam, wo ich ihn vorhin mit dem Inspector gesehen hatte. Auch von DI Wilson war keine Spur mehr zu sehen, was ich jedoch etwas weniger bedauerte.

Die Athleten-Wettbewerbe waren fürs Erste durch. Ich verfolgte, wie Helfer sich bereit machten, einen mobilen Tanzboden aufs Gelände zu fahren, doch gerade paradierte wieder eine Dudelsackbläsertruppe herum und sorgte dafür, dass mein Tinnitus ganz neue Dimensionen erreichte. Wie es wohl um die Hörgeräte-Branche in Schottland bestellt war? Musste ich dringend mal herausfinden. Und mir für morgen Ohrstöpsel besorgen. Als endlich die letzten klagenden Bläserlaute verstummt waren und der Applaus abflaute, hörte ich über das Pfeifen in meinem Ohr hinweg die sich nervös überschlagende Stimme von Constable Cook, der mit zwei Männern sprach.

Ich trat ein Stückchen näher. »… illegale Absprachen … Sportwetten … nicht genehmigt …« War der junge Mann immer noch im Stimmbruch? Ständig ließ ihn sein Sprechorgan im Stich, sodass ich nur einzelne Wortfetzen verstehen konnte, doch die waren Wasser auf meine Mühlen. Meine Recherchen gestern hatten ja ergeben, dass es im Wettgeschäft bei den regionalen Highland Games im großen Stil zu Unregelmäßigkeiten kam. War die Polizei den Herrschaften etwa auch auf die Schliche gekommen? Falls jedoch Constable Cook bei diesem Fall die Exekutive geben musste, sah ich schwarz für die Aufklärung.

»Illegale Absprachen, ich bitte Sie!«, rief einer der beiden Männer unüberhörbar und schob ein wieherndes Gelächter hinterher. »Sie haben wohl zu viele Filme und Serien geguckt, was? Wir arbeiten absolut seriös und transparent, was Sie jederzeit in unseren Systemen nachvollziehen können. Natürlich nur, wenn Sie einen Durchsuchungsbefehl haben.« Eine weitere gekünstelte Lachsalve – diesmal von dem anderen Typen. »Systeme übrigens, die so gestaltet sind, dass für Schummeleien kein Raum mehr ist«, sprach der erste Kerl weiter. »Dafür haben ja die neuen Regularien der Regierung gesorgt. Keine guten Zeiten für Buchmacher.«

Sein Kollege nickte, nun mit Grabesmiene, und pflichtete ihm bei: »Früher war alles besser, aber jetzt stehen wir fest auf der richtigen Seite des Gesetzes. Sie sollten sich also dringend ein anderes Betätigungsfeld suchen, Constable. Oder eben einen Durchsuchungsbefehl besorgen. Aber jetzt würden wir gern unserer Arbeit nachgehen.« Mit diesen Worten drehten sich die beiden Männer um und ließen Constable Cook einfach stehen.

»Ich … ähm …«, stammelte er, und ein bisschen tat er mir leid.

»Vertrauen Sie Ihren Instinkten«, riet ich ihm tröstend. »Allerdings dürfte das ein größeres Unterfangen werden, das Zeit braucht. Vielleicht gibt es gerade dringendere Angelegenheiten?« Ich deutete nachdrücklich auf meine verpflasterte Stirn.

»Ja, natürlich, Sir, da sind wir dran«, sagte er entgeistert zu mir.

»Haben Sie denn schon irgendwelche Anhaltspunkte?«

»Ähm …« Er kratzte sich am Kinn, und ich sah Schweißperlen auf seiner Stirn. Lag bestimmt an dem albernen Bobby-Helm, den er tragen musste, was bei den erstaunlich sommerlichen Temperaturen sicher eine Tortur war. »Ich darf mich zum Stand der Ermittlungen nicht äußern, Sir«, fügte er hinzu.

»Nicht mal mir gegenüber? Immerhin bin ich ja ein Betroffener.« Ich setzte eine leidende Miene auf, doch ich musste dem jungen Constable mehr Rückgrat bescheinigen, als ich ihm zugetraut hätte.

»Ganz besonders nicht gegenüber einem Betroffenen«, entgegnete er mit erstaunlich fester Stimme. Sein Funkgerät gab nun neben statischem Rauschen einige für mich unverständliche Laute von sich. »Würden Sie mich bitte entschuldigen?« Er nahm das Gerät aus seinem Gürtelholster und eilte rasch außer Hör- und Sichtweite.

Wie gesagt, noch nicht sehr zielführend, das Ganze. Ich überlegte kurz, ob ich Fanny anrufen sollte, aber es war keine halbe Stunde vergangen, seit sich unsere Wege getrennt hatten, und ich wollte nicht bedürftig klingen. Stattdessen trat ich näher an die Absperrung des Turniergeländes heran, wo gerade die ersten Tanzwettbewerbe des Tages angekündigt wurden.

Kristie Fraser betrat den Tanzboden und übernahm das Mikrofon des Event-Moderators. Sie wirkte außerordentlich angespannt und nervös, und ich fragte mich, ob das am Lampenfieber lag oder ob es womöglich andere Gründe hatte. Was war wohl im Zelt geschehen? Sie räusperte sich einmal, was eine fiese Rückkopplung zur Folge hatte, doch dann begann sie, etwas über die kommenden Tänze und die Tanzgruppen zu erzählen. Erst mit dünner Stimme, doch von Satz zu Satz souveräner. Ich merkte, dass sie wirklich mit Herz und Seele für Highland Dancing lebte, und auch wenn ich diese Leidenschaft persönlich nicht teilen konnte, hatte ich doch sehr viel Respekt vor ihrer Hingabe und ihrer Liebe zur Tradition. Trotzdem schweiften meine Gedanken wieder ab. So aufregend fand ich die Feinheiten der Fußarbeit dann doch nicht.

Ich fragte mich stattdessen, ob die beiden schmierigen Buchmacher etwas mit den Geschehnissen zu tun hatten. Ich war bereit, meine rechte Hand darauf zu verwetten, dass die beiden nicht ganz sauber waren – aber vermutlich würde dieser Einsatz nach hinten losgehen. Das Geschwafel über die neuen Regularien, die es ihrem Berufsstand angeblich so schwer machten, war nichts als ein Ablenkungsmanöver gewesen. Das hatte auch der schwitzende Constable Cook mit seinem kieksenden Stimmbruch-Organ begriffen. Allerdings hatten die beiden recht damit, dass man ihnen nicht so leicht auf die Schliche kommen konnte. Es war wohl tatsächlich so, wie sie gesagt hatten: Das Computersystem, mit dem Sportwetten seit einiger Zeit verpflichtend abgewickelt werden mussten, war praktisch nicht korrumpierbar. Doch das galt natürlich nicht für die Daten, mit denen es gefüttert wurde. Absprachen waren kein Problem, solange sie verbindlich getroffen wurden, bevor die Wetten im System vorlagen. Und selbst dann gab es noch die prächtigsten Manipulationsmöglichkeiten. Nicht mehr systemisch, aber doch, was den

Ausgang der jeweiligen Wettbewerbe betraf. Je nachdem, wie die Wettquoten aussahen, lohnte sich eine Einflussnahme auf die jeweiligen Athleten auch noch an dieser Stelle.

Doch das Ganze war ein undurchsichtiges Konglomerat von Beteiligten, und es war unglaublich schwer, Einzelnen konkret etwas nachzuweisen. Nicht umsonst gab es spezialisierte Glücksspiel-Dezernate, die jedoch mit den ganz großen Fischen ausgelastet waren. Das Perfide an diesen vergleichsweise kleinen, lokalen Wettbewerben war ja, dass sie keine breite Öffentlichkeit hatten und somit wunderbar unterm Radar blieben – und Missbrauch Tür und Tor öffneten.

Bei den einzelnen Wetten ging es hier nicht um Millionen und nur in seltenen Fällen um Tausende, aber die Masse machte es, und daraus ergaben sich unterm Strich sehr üppige Summen. Wieder kamen mir die Parallelen zur Mafia in den Sinn. Es konnte doch nicht sein, dass ich der Einzige war, dem das auffiel? Die meisten mafiösen Strukturen waren ebenfalls dezentrale »Kleinbetriebe«, die nur Beträge abschöpften, die kaum auffielen oder irgendjemanden in Erregung versetzten. Doch zusammengenommen …

Matteo glaubte, dass ich Gespenster sah und mir das Ganze nur einbildete. Er hatte das nicht mit diesen Worten gesagt, aber der Subtext war sonnenklar gewesen. Und ja, womöglich hörte ich Flöhe husten, oder es war eine Art perverses Wunschdenken, weil ich endlich wieder etwas Nützliches tun wollte, doch ich fand das alles sehr offensichtlich.

Die Frage war nur: Hatten die Buchmacher etwas mit Gwens Tod zu tun? Und mit ihrem zerstörten Kleid? Mit Muriels blutigen Füßen und meinem zerbeulten Kopf? Womöglich gab es lukrative Wettquoten für den Sieg einer bestimmten Tänzerin? Ich wusste es nicht, aber das konnte ich hier vor Ort auch nicht gut herausfinden. Ich hatte die einschlägigen Apps nicht auf meinem Handy, und für eine ausgedehntere Recherche war der Computer einfach besser geeignet.

Kristie war fertig mit ihrer Rede, und nun betraten vier junge Frauen die Tanzbühne. Eine davon war Shona Fraser, die Betreiberin der örtlichen Destillerie, die anderen Damen kannte ich nur vom Sehen. Offenbar waren es Schützlinge von Kristie aus dem Stall ihrer Tanzschule, und ich war gespannt, wie sie sich schlagen würden. Kristie gab ein Signal an die Regie auf der Hauptbühne, auf der sich auch die Richterbank befand, und gleich darauf schallte, erneut in ohrenbetäubender Lautstärke, ein traditionelles schottisches Stück aus den Lautsprechern. Das Quartett begann kunstvoll herumzuwirbeln.

»Die sind gar nicht schlecht, oder?«, brüllte mir Fanny ins Ohr, und ich zuckte erschrocken zusammen. Ich hatte sie nicht kommen sehen, doch nun stand sie neben mir und deutete auf die Tänzerinnen. Ich machte eine etwas vage Geste mit den Händen, die hoffentlich zum Ausdruck brachte, dass ich weder grundsätzlich viel Ahnung hatte noch die aktuelle Performance im Besonderen beurteilen konnte. Fanny grinste.

Kurz darauf erstarb die Musik. Die vier Frauen verbeugten sich schwer atmend und unter begeistertem Applaus vor dem Publikum und wandten sich dann den Richtern zu, die noch über die Wertung nachdachten. Es war ein anderer Personenkreis als vorhin bei den Athleten, aber da war es ja auch um eindeutig messbare Ergebnisse gegangen – darum, wer weiter, höher, schneller werfen oder laufen konnte. Hier ging es neben der technischen Ausführung vor allem auch um ästhetische Dinge, die natürlich höchst subjektiv waren. Es erinnerte mich stark an Szenen, wie man sie bei Eiskunstlaufwettbewerben zu sehen bekam und die ich schon immer ziemlich albern gefunden hatte. Denn wie objektiv und fair konnten solche Urteile schon sein?

Kristies Quartett erhielt im Schnitt 8,1 Punkte von maximal zehn möglichen. Ich fand, dass das nicht schlecht klang, doch die versteinerten Mienen der Tänzerinnen sagten etwas anderes.

»Das war mindestens eine 8,6!«, ereiferte sich nun auch Fanny, die offensichtlich über Nacht zur Expertin gereift war. »Jetzt wird es knapp für die Hauptrunde.«

»Was auch immer das bedeutet«, murmelte ich.

»Das sind die Wettbewerbe, die morgen laufen. Da ist dann mehr Publikum da, und damit lässt sich auch mehr Prestige erreichen. Hat mir Shona gestern alles erklärt«, verriet sie. »Und es wäre schon gut für Kristies Schule, wenn ihre Schützlinge weit vorne mitspielen könnten.«

»Dann hätte Kristie also ein Interesse daran …« Ich beendete den Satz nicht, weil mir das immer noch undenkbar erschien. Ich wollte es nicht laut aussprechen.

»Ich denke, wir können zum gegenwärtigen Zeitpunkt niemanden ausschließen«, meinte Fanny, die offensichtlich nicht an einem inneren Maulkorb litt beziehungsweise das Undenkbare nicht automatisch als unmöglich einordnete. »Langsam glaube ich, dass jeder ein Motiv haben könnte. Zumindest für Sabotage.« Sie sah mich nachdenklich an.

»Sabotage ist eine Sache, Mord noch mal eine ganz andere«, gab ich zu bedenken. »Was war vorhin im Zelt eigentlich los?«, wollte ich wissen, doch da stand schon die nächste Gruppe auf dem Platz und unterband für die nächsten Minuten jedes weitere Gespräch.

Fanny beobachtete die Tänzerinnen mit leicht zusammengekniffenen Augen und dem Stirnrunzeln, das ich bei ihr schon so oft wahrgenommen hatte. Erstaunlich eigentlich, dass sie deswegen nicht mehr dauerhafte Falten hatte. Die Gruppe bekam eine 8,4, die nächste eine 7,8, und so ging es eine ganze Weile weiter, bis nach einer gefühlten Ewigkeit feststand, dass es Kristies Tänzerinnen gerade so ins Hauptfeld geschafft hatten.

Puh. Mir dröhnte der Kopf von der lauten Musik und den vielen fliegenden Röcken. Und vielleicht auch von meiner Verletzung. Die Vernunft riet mir, nach Hause zu gehen und mich aufs Sofa zu legen, aber auf Vernunft hatte ich gerade keine Lust. Der Moderator kündigte eine weitere Umbaupause an und riet den Gästen, sich »auf dem Marktgelände an Leib und Seele zu laben«, ehe in anderthalb Stunden die offizielle Eröffnung mit einer spektakulären Reitershow anstand.

Die Menschen strömten wie die Lemminge vom Turnierplatz weg, doch ich war mir nicht sicher, was ich tun wollte.

»Du hast mir immer noch nicht gesagt, was vorhin im Zelt los war«, erinnerte ich Fanny, die genau wie ich ein wenig unentschlossen wirkte.

»Wieder ein Sabotage-Akt. Das Kleid einer Tänzerin war mit ›Bitch‹-Schriftzügen und gezeichneten Penissen verunziert«, berichtete sie.

»Charmant«, befand ich.

»Vielleicht eine Spur drüber«, entgegnete Fanny. »Und ich bin mir ziemlich sicher, wer der Urheber dieses Kunstwerks ist.«

»Ach?« Ich wurde hellhörig. »Heißt das, wir haben unseren Täter?«

»Wer weiß? Aber ehrlich gesagt glaube ich das nicht.« Sie seufzte. »Ich denke, in diesem Fall war es die Tänzerin selbst, die das Kleid ruiniert hat.« Fanny erzählte mir von der beeindruckenden Heulperformance dieser Bonny, die ihr zwischendurch tödliche Blicke zugeworfen hatte.

»Du meinst also, sie wollte sich selbst aus dem Wettbewerb nehmen?«

»Den Eindruck hatte ich. Ich weiß nur nicht, warum.«

Ich erzählte ihr von meinen Recherchen zum Thema Wettbetrug und der Begegnung mit den beiden halbseidenen Buchmachern. »Vielleicht ist das alles doch größer als gedacht«, spekulierte ich.

»Oder wir jagen Windmühlen, denn offen gestanden wissen wir immer noch nicht mehr als gestern oder vorhin.«

»Doch, wir wissen eine Menge mehr. Die neuen Informationen ergeben nur genauso wenig Sinn wie die bisherigen«, stellte ich fest und fühlte mich plötzlich ziemlich frustriert und ausgelaugt. Mein Hochgefühl von vorhin war vollkommen verschwunden.

»Oder aber wir haben die Verbindung zwischen den ganzen Ereignissen einfach noch nicht erkannt.« Fanny runzelte wieder die Stirn, und diesmal konnte ich dem Impuls nicht widerstehen, ihr mit dem Daumen über den Faltenwurf zu streichen.

»So ist es besser«, befand ich, als sie mich mit großen Augen, aber glatter Haut verwundert ansah. »Denkst du, wir haben uns ein bisschen verrannt?«, fragte ich dann und nahm die Doppeldeutigkeit meiner Aussage erschreckend klar zur Kenntnis. Verrannten wir uns gerade in etwas?

»Meinst du den Fall?«, wollte sie wissen, und ihre Stimme war höher als sonst.

»Natürlich meine ich den Fall!« Ich legte so viel Bestimmtheit in meine Worte, wie es mir möglich war. Also nicht besonders viel.

Sie schüttelte den Kopf. »Nein, da stehen wir gerade nur in einem Dickicht, aber ich wette, wir finden den Weg aus dem Labyrinth.«

• • •

Das Labyrinth jedoch zeigte sich den Abend über als absolut unlösbar. Vielleicht musste ich mir aber auch eingestehen, dass ich gar nicht mehr versuchte, einen Weg durch die verschlungenen Pfade zu finden. Die offizielle Eröffnungsfeier war nämlich ein Spektakel von epischem Ausmaß, und ich musste zugeben, dass mich die Atmosphäre mehr und mehr gefangen nahm. Wer auch immer hinter dem Konzept und der Dramaturgie stand, hatte fantastische Arbeit geleistet. Ich hatte wirklich das Gefühl, Teil eines Clan-Treffens zu sein, bei dem der Chief die Parole ausgegeben hatte, einen Ehemann für seine Tochter zu finden.

Die Kostüme waren allesamt großartig und von wahnsinnig guter Qualität. Hailey Fraser hatte als störrische Prinzessin einen denkwürdigen Auftritt hoch zu Ross – und plötzlich machten auch die vielen Dudelsackbläser Sinn, die erstaunlicherweise gar nicht mehr so penetrant trötend klangen, sondern irgendwie stimmungsvoll. Jacob und sein tätowierter Kollege lieferten sich einen Schau-Schwertkampf, der fast so perfekt choreografiert war wie die Tanzeinlage von Kristie und Tierarzt Kendrick. »Das ist dann wohl Highland Dancing – Next Level«, sagte ich beeindruckt zu George, der genauso enthusiastisch klatschte wie ich.

»Allerdings. Ich habe langsam das Gefühl, mit einigen tief sitzenden Vorurteilen aufräumen zu müssen«, entgegnete er. »Es ist eben wie überall – es gibt Blender, und es gibt wahre Könner, und heute Abend ist eher die zweite Sorte unterwegs. Wow.«

Ich beobachtete, wie Kristie und Kendrick sich zum wiederholten Mal schwer atmend, aber strahlend vor dem begeisterten Publikum verbeugten.

»Selbst die beiden Kämpfer haben eine Grazie gezeigt, die ich ihnen echt nicht zugetraut hätte«, fügte George mit mehr als nur ein wenig Verblüffung in der Stimme hinzu.

»Als Grazie würde ich es jetzt nicht bezeichnen, aber es war schon cool, wie wendig und elegant sie sich bewegt haben und wie versiert sie mit den Schwertern umgegangen sind.« Ich musste meine Meinung über den frauentragenden Hünen wohl ebenfalls überdenken.

»Ja, die Herrschaften sind vielseitiger, als ich dachte. Aber ich schätze, das gilt für die meisten hier. Auf der Bühne und im Publikum.« George ließ seinen Blick über die vielen fröhlichen Menschen gleiten und sah mir dann tief und bedeutungsvoll in die Augen. So intensiv, dass ich schließlich etwas verlegen beiseiteschaute.

»Sollte das ein subtiler Hinweis auf unsere Ermittlungsarbeit sein, Watson?«, fragte ich flapsig, um meine seltsame Scheu zu überspielen.

»Watson? Ich soll Watson sein?«, rief er mit gespielter Empörung.

»Warum denn nicht? Ohne Dr. Watson wäre Holmes aufgeschmissen. Mit seinem flinken Pragmatismus ist er der perfekte Gegenpart zum genialen Wahnsinn des guten Sherlock.« Ich funkelte ihn an, musste dann aber lachen. »Jetzt, wo ich drüber nachdenke, wäre es mir doch lieber, wenn ich Watson sein dürfte. Sherlock Holmes war letztlich ein reichlich verhaltensauffälliger und drogensüchtiger Psychopath.«

George verdrehte die Augen. »Ich schätze, wir lassen das Ermitteln für heute besser sein. Wenn wir uns schon nicht auf Vorbilder einigen können, wird das ohnehin nichts.«

»Zumal ja auch Madame …«, begann ich, doch er unterbrach mich mit einer Handbewegung.

»Ich weiß, ich weiß, die wundersamen Prophezeiungen der Wahrsagerin Apollonia und ihres Hexenraben.«

»Der Rabe hat gar nichts prophezeit«, korrigierte ich ihn mit einem vergnügten Kichern, dann entfuhr mir ein Gähnen. »Aber jetzt würde er mir zweifellos die nötige Bettschwere bescheinigen. Ich glaube, mir reicht es für heute.«

»Das ist vermutlich die vernünftigste Entscheidung«, erwiderte er, doch ich meinte ernsthaftes Bedauern aus seiner Stimme herauszuhören.

Ein Gefühl, das ich teilte, denn der Nachmittag und Abend mit George King war ausgesprochen nett gewesen. Sehr nett sogar. Viel zu nett. Und ich traute mir selbst nicht über den Weg, wenn ich jetzt noch einen leckeren Gin Tonic als Absacker trank. Oder ein Dram Whisky … Nein, lieber nichts riskieren.

»Ich geh dann mal«, kündigte ich also an, und Rudi bellte bestätigend. Er war für heute eindeutig auch fertig mit der Welt.

George zögerte. Offensichtlich rang er mit sich, ob er mitkommen oder bleiben sollte. »Süße Träume, Marienkäfer«, sagte er dann und klang seltsam belegt. »Ich dreh noch eine letzte Runde, dann werde ich ebenfalls nach Hause gehen. Wir sehen uns morgen.«

Marienkäfer? Waren wir jetzt schon bei liebevollen Kosenamen angekommen? Es war mir zu anstrengend, darüber nachzudenken oder mir eine angemessene Replik zu überlegen. Daher hob ich nur kurz die Hand, nuschelte ein »Gute Nacht« und verließ dann zügig den Platz. Ich hatte schon fast die Straße erreicht, die in den Ort führte, als mir einfiel, dass ich ja die Stola bei Ainslee und Harriet sowie die beiden Tassen bei Sean abholen musste. Rudis Protest ignorierend, kehrte ich noch einmal um und lief zum Markt. Vor der Taverne herrschte

Hochbetrieb, und vor Madame Apollonias Zelt hatte sich eine kleine Schlange gebildet, doch die Kunsthandwerksstände hatten alle schon geschlossen. Schade. Aber vielleicht waren Ainslee und Sean noch irgendwo unterwegs? Ich sah mich um, erspähte aber kein bekanntes Gesicht. Allerdings hörte ich hinter der Weberei-Hütte aufgeregte Frauenstimmen.

Geh endlich heim!, forderte mich mein innerer Poldi vehement auf, und Rudi stimmte ihm brummend zu, aber meine Neugier überwog. Waren Harriet oder Ainslee mit jemandem in Streit geraten? Am Ende miteinander? Vorsichtig drückte ich mich an der Töpfer-Scheune vorbei und schlich mich im Schutz der Dunkelheit an.

»Petronella, jetzt lass es endlich mal gut sein!«, hörte ich und kam noch ein bisschen näher. Da standen vier Gestalten, die wild gestikulierend miteinander palaverten. Zwei von ihnen hatten die Taschenlampen an ihren Handys aktiviert und schienen damit den Boden abzusuchen.

»Ich kann und werde es nicht gut sein lassen!«, entgegnete eine andere Frau – und deren Stimme hätte ich überall wiedererkannt. Es war Bonnys bösartige Gouvernanten-Mutter. Erstaunlich, dass sie noch hier war, wo ihre Tochter doch nicht am Wettkampf teilnehmen konnte. *Weil sie selbst ihr Kleid ruiniert hat!* Da war ich mir ziemlich sicher.

»Aber das bringt doch nichts«, beharrte die erste Frau, und als eine Taschenlampe kurz in ihre Richtung leuchtete, erkannte ich sie als die andere Mutter, die heute Nachmittag im Zelt mit Kristie diskutiert hatte. Neben ihr stand die kühle hellblonde Tänzerin, die sich gestern im Pub so wenig entsetzt über Gwens Tod gezeigt hatte. Offenbar ein weiteres Mutter-Tochter-Gespann.

»Ich muss es finden«, sagte Petronella jedoch stur und mit entschlossener Stimme.

»Aber warum? Das macht doch keinen Sinn.« Die andere Mutter hörte sich inzwischen reichlich genervt an.

»Du musst nicht alles wissen, und jetzt leuchtet weiter den Boden ab. Und Orna sollte sich morgen besser in Topform zeigen. Ihr Auftritt ist unsere letzte Chance, und wir haben schon viel zu viel riskiert, um uns eine weitere Niederlage leisten zu können.«

»Für Topform müsste ich langsam mal schlafen«, warf die kühle Blonde ein, die offensichtlich Orna hieß.

Was waren das denn bitte für großartige Namen? Petronella? Orna? Bonny? Da brauchte sich über Fanny ja nun wirklich niemand lustig zu machen. Energisch schob ich diesen idiotischen Gedanken beiseite und fragte mich, was Petronella so dringend suchte. Und was genau sie alles riskiert hatten, dass sie sich keine weitere Niederlage leisten konnten.

Ich hätte gerne noch länger gelauscht, aber meinem Dackeltier riss jetzt endgültig der Geduldsfaden. Rudi kläffte laut los, und prompt wurde ich von zwei Taschenlampen geblendet.

»Hi«, sagte ich zu dem Quartett, das nun wieder komplett in Dunkelheit gehüllt war, sodass ich keine Miene lesen konnte.

»Was machen Sie denn hier?«, blaffte mich Gouvernanten-Petronella harsch an, doch ich hatte nicht vor, mich einschüchtern zu lassen.

»Mit meinem Hund Gassi gehen«, entgegnete ich also so nonchalant wie möglich. »Und Sie?«

»Das geht Sie gar nichts an«, schnauzte Petronella weiter.

»Ich könnte Ihnen beim Suchen helfen«, bot ich mit zuckersüßer Stimme an. »Rudi hat eine ganz hervorragende Spürnase. Er würde sich sicher sehr gerne nützlich machen, nicht wahr?«

Sein ärgerliches Wuffen konnte man nur mit viel gutem Willen als Zustimmung werten, aber das wussten die Frauen ja nicht.

»Vielen Dank, wir kommen klar«, entgegnete die andere Mutter, offensichtlich um einen verbindlicheren Tonfall bemüht. »Schönen Abend noch.«

Eine Taschenlampe war immer noch auf mich gerichtet, die andere schwenkte wieder unruhig durch die Gegend, und kurz konnte ich einen Blick auf die beiden Frauen erhaschen, die ungefähr in meinem Alter sein mussten. Sie wirkten beide ziemlich nervös, so als hätte ich sie bei irgendwas ertappt. Sehr mysteriös. Aber leider fiel mir keine Ausrede ein, die es mir ermöglichen würde, noch zu bleiben. »Alles klar, dann viel Erfolg«, sagte ich schließlich und bog wieder hinter die Töpferei-Hütte ab. Außer Sichtweite blieb ich stehen und spitzte die Ohren, doch ich verstand nichts mehr von dem Stimmgewirr, das wieder eingesetzt hatte.

»Du bist wirklich eine Niete beim Observieren«, schimpfte ich mit Rudi, als wir uns endgültig auf den Heimweg machten. Ich war ein bisschen enttäuscht und sehr müde, und ich sehnte mich nach meinem Bett und einem erholsamen Schlaf. »Vermutlich hat Bonny den Filzstift verloren, mit dem sie ihr Kleid verunziert hat«, murmelte ich halb zu Rudi, halb zu mir selbst. Schließlich hatte ja auch Madame Apollonia gesagt, dass heute nichts mehr geschehen würde.

NICHTS ALS REINE SPEKULATION

»SAG BLOSS, ICH HAB SCHON wieder das Frühstück verpasst?«, fragte ich Jon am nächsten Morgen, verblüfft, weil ich um kurz nach acht einen fast leeren Gastraum vorgefunden hatte. Während die Highland Games liefen, wurden im Pub ohnehin nur die Hausgäste mit Frühstück bewirtet, doch es waren nur noch zwei eingedeckte Tische zu sehen: meiner und der von dem amerikanischen Touristenpaar, das vorgestern von einer Nessie-Begegnung in der Familie berichtet hatte.

»Keine Sorge«, tröstete mich Jon mit einem Lächeln, das seine müden Augen ein wenig erhellte. »Du bekommst alles, was du willst. Die Tänzerinnen sind schon unterwegs nach Monroe Manor.«

Ach, die wohnten hier? Ich hatte eigentlich gedacht, dass die meisten Tänzerinnen in Privatunterkünften untergebracht waren, aber außer den Amerikanern konnte ich mich auch nicht an meine Mitgäste erinnern. Ich hatte allerdings auch nicht darauf geachtet und war ja mit anderen Dingen beschäftigt gewesen.

»Lange Nacht?«, erkundigte ich mich bei Jon, der versuchte, sein Gähnen zu unterdrücken.

»Eher sehr kurz«, entgegnete er mit einem Grinsen. »Aber das ist das Los eines Pubwirts. Was darf ich dir bringen?«

Unwillkürlich entfuhr mir ein Seufzer, weil ich gerade wieder rasenden Appetit auf eine Butterbrezel verspürte.

Doch die gab es hier ja nicht, also orderte ich einen Rosinen- und einen Cheddarscone samt Clotted Cream und Marmelade sowie ein Kännchen Earl Grey. Auch schön. Während ich frühstückte, checkte ich mein Handy. Keine Nachrichten von Louis und Poldi, was mich sehr erleichterte. Caro hatte mir ein Filmchen von den »Kilted Yogis« geschickt, zwei sehr appetitlich durchtrainierten jungen Herren, die in der Wildnis und nur mit Kilts und Wanderstiefeln bekleidet die anspruchsvollsten Körperverwicklungen praktizierten. *Da würde ich nicht Nein sagen*, hatte sie dazugeschrieben.

Ich musste grinsen. *Ich schon*, schrieb ich zurück. *Das wäre mir viel zu anstrengend.* Ich fügte ein Lach-Smiley hinzu und wünschte ihr noch gute Geschäfte für den Samstag – traditionell der umsatzstärkste Tag der Woche bei ihr in der Boutique. Zum Telefonieren würde sie daher frühestens morgen wieder Zeit haben.

George hatte sich nicht gemeldet. Insgeheim hatte ich wenigstens auf eine kleine SMS gehofft, doch bei Lord Seidentüchlein herrschte Funkstille. Ob er gestern wohl länger gefeiert hatte und sich zu seiner Platzwunde nun auch noch ein fieser Kater gesellte? Oder litt er doch an einer Gehirnerschütterung? Manchmal traten die Effekte erst später auf. Ich unterdrückte meine irrationale Sorge – was ging es mich schließlich an? – und beendete mein Butterbrezel-loses Morgenmahl, um mich dann auf den Weg zum Festivalgelände zu machen. Dort würde ich ihn sicherlich treffen. Aber zuerst ging's zurück in mein Zimmer. Ich hatte mir nämlich etwas Tee auf mein blau-weiß kariertes Dirndl geschüttet und musste mich noch einmal umziehen.

Vor der Zimmertür blieb Rudi wie angewurzelt stehen, als ich nach dem Schlüssel kramte. Er legte die Stirn in tiefe Falten und schnupperte angestrengt.

»War etwa Polly hier?«, sagte ich scherzend zu ihm und schloss auf. Ich schälte mich aus meinem Kleid und zog das sonnengelbe mit den weißen Margeriten aus dem Schrank. Bei dem strahlenden Tag draußen war das eigentlich sowieso die bessere Wahl, und die knallpinke Bluse, die ich mit dem anderen Kleid kombiniert hatte, passte auch dazu.

»Was ist denn los mit dir?«, fragte ich meinen Hund, der seltsam hüftsteif durch den Raum schritt und wie irre herumschnüffelte. »Ich glaube nicht, dass Damenbesuch hier war.« Ich kicherte leise, denn die Vorstellung, dass Rudi die Neufundländerin Polly zu einem heimlichen Stelldichein erwartete, war einfach zu schön.

Er wuffte und warf mir einen genervten Seitenblick zu.

»Sollen wir heute vielleicht mit dem Auto fahren?« Mir taten die Füße von dem vielen Herumgestehe gestern noch ein bisschen weh, und außerdem wollte ich ja die Stola und die Tassen abholen. Und wer wusste schon, was ich heute sonst noch so kaufen würde?

Diesmal hatte Rudi nicht mal einen Seitenblick für mich übrig. Männer. Störrische, kapriziöse Wesen – egal in welcher Form!

Ich wühlte in meiner Handtasche nach dem Schlüsselbund, fand ihn jedoch nicht. Seltsam. Hatte ich ihn in die andere Tasche gesteckt? Oder irgendwo in den Koffer? Ich beschloss, die Suche auf später zu verschieben, und holte stattdessen den Ersatzautoschlüssel aus meiner Kosmetiktasche im Bad. Den konnte ich sogar in die Kleidertasche stecken und hatte ihn so griffbereit.

Beim Losfahren meinte ich zwei Gestalten im Rückspiegel zu sehen, die hektisch zwischen den anderen geparkten Autos abtauchten. Waren das die unangenehmen Tänzerinnen-Mütter? Was hatten die gestern Abend wohl noch gesucht? Und warum lungerten sie nun auf dem Parkplatz hinter dem Pub herum? Mit diesen Fragen im Kopf reihte ich mich in die Kolonne der Fahrzeuge ein, die sich Monroe Manor näherten. Eins war klar: Über einen Mangel an Besuchern konnte sich beim »Kirkby Clan Gathering« sicher niemand beklagen.

• • •

Stau in Kirkby – wäre das eine geeignete Überschrift für meinen nächsten Blogartikel? Mir fiel das Denken immer noch ein bisschen schwer, als ich aus dem Fenster meines Schlafzimmers sah. Hinter meinem Garten erstreckten sich Felder und Wiesen, auf denen Schafe grasten. Und dazwischen verlief die Zufahrtsstraße nach Monroe Manor. An normalen Tagen fuhren da vielleicht ein Dutzend Fahrzeuge entlang, an Wochenenden, wenn im Ballsaal Hochzeiten stattfanden, auch mal ein paar mehr, aber so eine Autoschlange hatte ich hier noch nie erlebt. Erstaunlich, wie viele Zuschauer sich zu dieser frühen Stunde schon nach Dudelsackmusik und Co. sehnten. Es war erst halb zehn, und das offizielle Programm begann erst um elf. Was wollten die Leute schon so früh auf dem Gelände?

Ich atmete am offenen Fenster die frische Morgenluft ein, um den pochenden Schmerz hinter meiner Stirn zu vertreiben, aber ich hatte das Gefühl, dass die Abgase meine Sinne nur noch weiter benebelten. Das war zwar totaler Quatsch, denn die Straße war weit genug weg, dass ich die Autos nicht mal besonders gut hören konnte, doch gegen die Macht der Einbildung kam ich in meiner aktuellen Verfassung nicht an. Genervt schloss ich das Fenster und verzog mich ins Bad. Nach einer Dusche und einer gründlichen Rasur fühlte ich mich wieder etwas mehr wie ich selbst, und nach einem starken Espresso konnte ich auch wieder denken.

Nachdem Fanny gestern zu meinem außerordentlichen Bedauern gegangen war, hatte ich mir noch ein Bier in der Taverne gegönnt. Dabei hatte ich mich mit einigen Leuten unterhalten – Gästen wie Einheimischen –, die alle völlig begeistert vom Spektakel der Eröffnungsfeier gewesen waren.

Die beiden muskelbepackten Athleten, die mit ihrem Schwertkampf für besondere Furore gesorgt hatten, waren irgendwann ebenfalls dazugekommen und hatten ein Bad in der Menge genommen. Meinen kurzfristig positiven Eindruck unmittelbar nach ihrer Performance hatte ich dabei direkt revidieren können, denn nun benahmen sie sich wieder wie die tumben Kolosse, die sie waren. Ließen sich von Frauen umschwärmen, posierten mit ihnen für Fotos und hielten sich ganz offensichtlich für die potentesten Hengste im Stall. Das alles war mit Bier allein nicht zu ertragen. Whisky wäre die angemessene Betäubung gewesen, aber ich orderte mir einen Gin Tonic – sozusagen als Kompromisslösung.

Normalerweise reagierte ich auf so viel geballtes Testosteron nicht so dünnhäutig, aber diese beiden triggerten mein internes Bullshit-Radar auf eine Art, wie es zuletzt nur sizilianische Mafia-Schergen vermocht hatten. Dass einer der beiden dieser Jacob war, der mit Fanny Frauentragen trainieren wollte, machte die Sache nicht besser. Der Zweite, dessen aufwendiges Oberkörper-Tattoo man vollständig bewundern konnte, weil er für seinen Auftritt in der Bar großzügig auf ein Hemd verzichtet hatte, warf mir finstere Blicke zu.

Spätestens jetzt war ich mir absolut sicher, dass diese beiden Gorillas auch diejenigen waren, denen ich am Donnerstagabend gefolgt war und denen ich zweifellos die Platzwunde und die Beule auf meiner Stirn zu verdanken hatte. Natürlich hatte ich keine Beweise, aber mein Bauchgefühl war eindeutig, und ich war froh, dass meine alten Überlebensinstinkte, die in der schottischen Langeweile ein wenig eingerostet waren, wieder erwachten.

Bei meinem zweiten Gin Tonic bekam ich dann mit, wie sich eine der Tänzerinnen aus Kristies Gruppe – war es die junge Daisy, um die Fanny sich so gesorgt hatte? – den beiden näherte. Ich konnte nicht verstehen, was sie zu dem tätowierten Monster sagte, doch ich hörte eindeutig, wie er sie anfuhr: »Lass mich in Ruhe, du hattest deine Chance. Was willst du mehr?« Danach brach die junge Frau in Tränen aus und redete flehend auf ihn ein. Der Typ rollte genervt mit den Augen, und ich rechnete schon mit einer weiteren Abfuhr, als Jacob ihm etwas ins Ohr raunte. »Na schön, dann holen wir das morgen Nachmittag nach«, sagte der Tätowierte zu Daisy, beugte sich zu ihr hinunter und drückte ihr einen Kuss auf die Wange.

Die Kleine stolperte mit einem scheuen Lächeln davon, und ich spürte spontan den starken Impuls, diesem Kerl die Fresse zu polieren. Doch leider war ich mir meiner physischen Grenzen nur allzu bewusst. Oder glücklicherweise. Also kippte ich mir stattdessen noch einen Whisky hinter die Binde und ging schließlich nach Hause, mit reichlich Groll im Bauch und viel zu viel Alkohol im Blut. Eins war jedenfalls klar: Diesen Typen traute ich alles zu!

Ich hatte mich dann noch einmal an den Computer gesetzt, um weiter zu recherchieren. Irgendwo musste es Informationen über diese beiden Kämpfer geben, und vielleicht konnte ich sie auch mit den Gerüchten über Wettmanipulation in Verbindung bringen. Und mit etwaigen Affären mit Tänzerinnen.

Auf Letzteres war ich durch Zufall gestoßen, als ich den Instagram-Kanal des Tätowierten entdeckte. Er hieß Mitch, war eigentlich Amerikaner, gab sich aber schottischer als die meisten seiner Mitathleten. Und auf etlichen Bildern posierte er mit den unterschiedlichsten Frauen – auf einigen, die jedoch schon ein paar Monate alt waren, auch mit der toten Gwen. Das war nicht ungewöhnlich, denn ich hatte ja gelernt, dass viele Teilnehmende von Highland Games während der Saison von Veranstaltung zu Veranstaltung tingelten. Natürlich kannte man sich da.

Allerdings waren mir die despektierlichen Kommentare einer gewissen »@catecampbell_official« aufgefallen, die ausschließlich unter den Bildern von Gwen und Mitch standen. Der Account dieser Cate war riesig. Sie hatte fast dreihunderttausend Fans und war selbst Highland-Tänzerin – und schon seit vielen Jahren im Geschäft. Ihr letzter Post war von gestern: eine weiße Kerze vor schwarzem Hintergrund. Dazu der Kommentar: »Mein Herz ist gebrochen und wird nie wieder heilen.«

Als ich etwas tiefer grub, hatte sich herausgestellt, dass Cate Campbell nicht nur einer der größten Stars der Szene war, sondern auch Gwens Mutter. Irgendwann musste es in dieser Mutter-Tochter-Beziehung allerdings zu einem Bruch gekommen sein, denn das letzte gemeinsame Foto war vor zwei Jahren gepostet worden, und Gwen war dabei mit dem Account-Namen »@gwencampbell« markiert. Dieser Kanal existierte noch und hatte ebenfalls mehr als hunderttausend Fans, doch seit zwei Jahren war dort kein neuer Beitrag mehr aufgetaucht. Ich nahm an, dass sich Gwen im Anschluss den absurden Künstlernamen Gwendolyn LaRue gegeben hatte, unter dem sie in den sozialen Medien aber nicht besonders aktiv gewesen war. Nun ja, immerhin war ihre wahre Identität damit geklärt, und augenscheinlich hatte die Polizei das ebenfalls herausgefunden, denn offenbar war die Mutter vom Tod ihrer Tochter informiert worden.

Ich dachte an Fanny, die so tiefes Mitgefühl mit den Eltern der Tänzerin geäußert hatte. Auch wenn ich selbst kinderlos war, konnte ich mir gut vorstellen, wie hart einen eine solche Nachricht treffen musste. Vielleicht sogar besonders dann, wenn die Beziehung zerrüttet war.

Ich war dann noch weiter in die Untiefen des Internets eingedrungen und hatte in älteren Zeitungsarchiven gestöbert. Cate Campbell war mit einem bekannten und sehr wohlhabenden schottischen Unternehmer verheiratet – das erklärte auch, wie sich Gwen das Cottage im Bed & Breakfast hatte leisten können. Vor rund achtzehn Jahren war Cate in einen Skandal in der Highland-Dancing-Szene verstrickt gewesen. Offensichtlich war sie mitten auf der Bühne in einen handgreiflichen Streit mit einer gewissen Petronella MacGyver geraten, einer ihrer härtesten Konkurrentinnen. Die Berichte darüber waren derart absurd, dass ich lachen musste, aber es war ein Indiz mehr dafür, wie giftig es bei diesen Traditionsveranstaltungen schon immer zugegangen war.

Ich machte mir einen zweiten Espresso und sah mir meine Notizen von letzter Nacht durch. Viel Sinnvolles konnte ich aus ihnen nicht herauslesen, aber in meinem angetrunkenen Zustand hatte ich diese Punkte anscheinend erwähnenswert gefunden.

Dann klickte ich mich durch die aktuellen Tageszeitungen, und tatsächlich wurde in zwei Blättern die tote Tänzerin erwähnt: »Favoritin auf den Tanztitel des ›Kirkby Clan Gathering‹ erstochen!«, titelte eine Zeitung, während die andere von noch ungeklärten Todesumständen sprach und auf einen Bezug zu den Highland Games verzichtete.

Der Artikel unter der reißerischen Überschrift brachte aber ein paar Fakten zutage, die ich durchaus für plausibel hielt. Darin wurde nämlich auf die harte Konkurrenz zwischen den Tänzerinnen angespielt und erwähnt, dass Gwen schon für einige Auftritte in den USA und in Dubai gebucht worden war. Dass es in Amerika viele schottlandstämmige Leute gab, wusste ich, aber auf der Arabischen Halbinsel? Zweifellos waren diese Gigs jedoch gut bezahlt.

Aber war Neid auf diese Erfolge wirklich ein Motiv für Mord, wie der Artikel andeutete? Das konnte ich mir kaum vorstellen. Sabotage ja, aber Mord? Viel wahrscheinlicher kam mir da schon eine Beziehungstat vor. Vielleicht war dieser Mitch eifersüchtig gewesen – entweder wegen Gwens Erfolgen, die seine eigenen überflügelten, oder womöglich, weil sie sich einem anderen Herrn zugewandt hatte? Nicht, dass ich dafür irgendwelche Indizien gefunden hätte, aber ausschließen konnte man es nicht. Erstechen sprach allerdings auch nicht für eine Frau als Mörderin, sondern eher für einen Mann.

Eins war jedoch klar: Zu Hause an meinem Computer würde ich nicht viel mehr herausfinden. Also zog ich wieder meinen Kilt an, schlüpfte in ein frisches Hemd und saubere Strümpfe und packte mir mein Notizbuch zusammen mit meinem Handy in den Sporran. Fanny hatte sich nicht gemeldet. Leider. Ich hatte ehrlich gesagt gehofft, dass sie sich nach meinem Kopf erkundigen würde, so wie sie gestern ja auch spontan vor meinem Haus gestanden hatte. Aber es war nichts gekommen. Die besondere Verbindung zwischen uns, die ich gestern den ganzen Tag gespürt hatte, war wohl doch nur Wunschdenken gewesen. Oder schlimmer: auf meine Gehirnerschütterung zurückzuführen.

Als ich jedoch eine halbe Stunde später auf dem Festivalgelände eintraf – ich war zügiger vorangekommen als die Autokolonne –, lief ich ihr fast sofort über den Weg.

»Da bist du ja endlich!«, rief sie mir winkend entgegen, und auch Rudi freute sich offenbar, mich zu sehen, denn er wedelte regelrecht enthusiastisch.

»Was heißt hier ›endlich‹?«, gab ich scheinbar unbeeindruckt zurück. »Eigentlich wollte ich erst am Nachmittag vorbeischauen.« Sie glaubte mir kein Wort, das konnte ich deutlich erkennen, und vermutlich entlarvte mich allein schon mein dummes Grinsen, doch ich hatte meine Mundwinkel nicht unter Kontrolle.

Fanny war eine Erscheinung der besonderen Art. Heute hatte sie ein knallgelbes Kleid mit weißen Blumen an, dazu eine knallpinke Bluse mit Puffärmeln und tiefem Dekolleté und um die Taille einen breiten pinkfarbenen Ledergürtel. Da ich nicht sonderlich bewandert war, was die Trachtenbekleidung anderer Länder betraf, hatte ich auch diesbezüglich eine kleine Recherche absolviert. Normalerweise trugen Frauen eine Schürze über ihren Dirndlkleidern, aber Fanny hatte bislang immer darauf verzichtet – wie sie auch sonst nicht besonders traditionell zu sein schien, aber trotzdem funktionierte das Ganze auf bewundernswerte Weise.

»Habe ich einen Fleck?«, fragte sie mich mit ihrem üblichen tiefen Stirnrunzeln, das mich dazu brachte, meine Hände hinter dem Rücken zu verschränken, um sie nicht wieder anzugrapschen.

»Nein, alles makellos«, entgegnete ich und lächelte noch breiter. Ich konnte es einfach nicht verhindern. »Es ist nur …«

»Was?« Die Falte zwischen ihren Augen wurde noch steiler. »Komm schon, bringen wir den flapsigen Kommentar über mein Outfit hinter uns.«

»Es ist zauberhaft«, erklärte ich, weil es die Wahrheit war, doch das schien sie nicht glauben zu können.

»Kein Hinweis auf Augenkrebs?«, hakte sie misstrauisch nach.

»Wer so etwas sagt, ist ein Banause«, behauptete ich, wechselte dann aber rasch das Thema, denn weitere Schwärmereien über ihre Kleidung würden mich nur noch verdächtiger machen. »Seid ihr gestern gut heimgekommen?«

»Mhm«, murmelte sie und musterte mich weiterhin skeptisch. »Bei dir war's noch länger, was?«

»Wie kommst du auf diese Idee?«

»Du wirkst etwas zerknittert. Wie jemand, der die halbe Nacht gesoffen hat und immer noch hart gegen den Kater kämpft.«

»Ich habe die halbe Nacht gearbeitet«, antwortete ich mit so viel Würde wie möglich. »Das Saufen hatte ich davor erledigt. Und so viel war es auch wieder nicht.«

»Und, Sherlock? Irgendwelche aufregenden Erkenntnisse?«

»Tatsächlich gar nicht so wenige«, sagte ich und lotste sie ein Stückchen zur Seite, damit niemand unser Gespräch belauschen konnte. »Ich weiß jetzt, woran Gwen gestorben ist. Sie wurde erstochen!«

»Was?« Sie riss die Augen auf und schlug sich die Hand vor den Mund.

»Steht jedenfalls in der Zeitung. Und ich weiß, wie sie in Wirklichkeit heißt«, berichtete ich weiter und legte ihr meine Erkenntnisse vor.

»Ihre Mutter war also auch Tänzerin?«, fragte sie.

»Ist sie immer noch. Sie hat regelmäßig Auftritte, aber nicht bei Veranstaltungen wie dieser hier, sondern bei großen Events, bei denen sie dann der zweifellos gut bezahlte Star ist. Gwens Vater ist ein wohlhabender Unternehmer, finanziell war die Verblichene also sehr gut aufgestellt. Sie hat aber durchaus auch selbst viel Geld verdient, wenn man den Gerüchten über Auftritte in Dubai Glauben schenken darf.«

»Tja, aber was hat es ihr gebracht?« Fannys blaue Augen blickten traurig in die Ferne.

»Der Konkurrenzkampf scheint wirklich unfassbar hart zu sein«, sprach ich weiter. »Und nicht erst heutzutage, sondern schon immer. Ich bin über einen Artikel gestolpert, der über eine Handgreiflichkeit zwischen Gwens Mutter und einer Tänzerin namens Petronella MacGyver vor fast zwanzig Jahren berichtet. Mit hübschen Fotos.« Ich grinste, doch das Stirnrunzeln war wieder zurück.

»Petronella MacGyver?«, wiederholte Fanny verblüfft.

»Ja, so hieß die andere Dame. Warum?«

»Das kann kein Zufall sein. Ich meine, wie viele Petronellas wird es in der schottischen Tanzszene schon geben? Oder überhaupt in Schottland?«

»Vermutlich nicht viele, aber ich weiß immer noch nicht, warum du das so bemerkenswert findest.«

»Weil die Mutter der Tänzerin Bonny, deren Kleid gestern angeblich sabotiert wurde – ich glaube ja immer noch, dass es das Mädel selbst war –, Petronella heißt«, sagte sie. »Und ich habe sie, das Töchterchen, die hellblonde Tänzerin, die uns schon im Pub aufgefallen ist, und deren Mutter gestern Abend hinter der Weberei-Hütte aufgespürt.«

»Was meinst du mit ›aufgespürt‹?«

»Ich wollte die Stola abholen, die ich mir bei Harriet reserviert hatte, nur war der Stand schon zu. Ich habe aber Stimmen gehört und …« Sie zögerte. »Und habe nachgesehen.«

»Nachgesehen?«

»Fein, ich habe mich angeschlichen und das Quartett belauscht.« Sie verschränkte die Arme vor der Brust, was dazu führte, dass ich Mühe hatte, den Blickkontakt zu ihr aufrechtzuerhalten.

»Und? Irgendwelche Erkenntnisse?«

»Nicht wirklich. Diese Petronella schien fieberhaft etwas zu suchen, ich weiß aber nicht, was, denn Rudi …« Sie seufzte.

»Hat die Dackelsirene angeworfen?«, mutmaßte ich und beugte mich zu dem kleinen Strolch hinunter, um ihn zu streicheln.

»Natürlich hat er das. Offensichtlich war ihm mal wieder alles zu blöd. Jedenfalls konnte ich dann nicht rausfinden, was genau sie gesucht haben. Und warum Petronella und ihre Tochter überhaupt noch da waren, wo die gute Bonny doch gar nicht mehr antreten kann. Ach ja, sie hat dann auch noch gesagt, dass Ornas Performance ihre letzte Chance wäre. Orna ist die Blonde aus dem Pub.«

»Ihre letzte Chance worauf?«

»Keine Ahnung, aber Petronella meinte, sie hätten schon zu viel riskiert, um sich noch eine Niederlage leisten zu können.«

»Illegale Absprachen«, murmelte ich.

»Was?« Sie sah mich einigermaßen verständnislos an.

»Ich bin mir ziemlich sicher, dass es bei den Athleten-Wettbewerben zu illegalen Absprachen kommt – in enger Zusammenarbeit mit den Buchmachern. Womöglich ist das auch bei den Tanzturnieren so«, mutmaßte ich. »Ich hab nicht überprüft, ob man auf die ebenfalls wetten kann, doch ich halte es für wahrscheinlich.«

»Oder es geht einfach um gut bezahlte Auftrittsmöglichkeiten«, meinte Fanny.

»Ja, vielleicht. Auf jeden Fall scheinen die beiden Tänzerinnen und ihre Mütter als Team aufzutreten. Egal, wer von den beiden Mädels gewinnt, das Preisgeld wird geteilt. Und bei zwei Kandidatinnen ist die Siegchance natürlich gleich doppelt so groß wie bei nur einer.«

»In dem Fall nicht, denn Bonny tritt ja gar nicht an. Also liegt alles auf Ornas Schultern«, erinnerte mich Fanny.

»So ist es …«, sagte ich gedehnt und rieb mir über die Stirn. Als ich die verpflasterte Platzwunde berührte, zuckte ich zusammen. Es tat immer noch ganz schön weh. »Trotzdem sind wir wohl auf dem falschen Dampfer. Ich meine, Sabotage und Absprachen sind eine Sache, aber ein Mord, nur um eine Konkurrentin aus dem Weg zu räumen? Mal abgesehen davon, dass es gar nicht so einfach ist, einen toten Körper wegzubringen und in den See zu werfen.«

»Hast du da etwa Erfahrung?« Fanny hob interessiert eine Braue, und ich war mir nicht ganz sicher, ob sie es ironisch oder am Ende ernst meinte.

»Nicht mit einer Leiche. Aber ich habe mal versucht, einen bewusstlosen Kumpel von der Straße in seine Wohnung zu bugsieren. Das war praktisch unmöglich. Wenn keine Körperspannung da ist, fühlen sich selbst fünfzig Kilo wie zwei Tonnen an.«

»Wir wissen ja nicht mal, wo Gwen ermordet wurde«, wandte Fanny ein.

»Nein, das wissen wir nicht. Aber für wie wahrscheinlich hältst du es, dass sie mit ihren Konkurrentinnen eine nächtliche Tour an den Loch Ness gemacht hat und sich dann …«

Fanny winkte ab. »Da hast du bestimmt recht. Also wenn es nicht Bonny, Orna oder Petronella war, wer dann?«

Ohrenbetäubendes Dudelsackgetöse ließ uns erschrocken zusammenzucken. Zwei Meter von uns entfernt hatte sich ein Bläser positioniert, um das Publikum zur Arena zu rufen, wo gleich die nächsten Wettkämpfe stattfinden würden.

»Ich bin mir mittlerweile ziemlich sicher, dass es Mitch oder Jacob war, der mich vorgestern vor der alten Schule niedergeschlagen hat«, erklärte ich und berichtete Fanny von der gestrigen Begegnung mit den beiden in der Taverne.

»Daisy hat ernsthaft versucht, diesen Mitch zur Rede zu stellen?«, fragte Fanny verblüfft und schüttelte den Kopf. »Ich hatte gehofft, dass sie mehr Grips im Kopf hat, und dachte, sie sei durch mit ihm.«

»Danach sah es nicht aus. Und ehrlich gesagt will ich mir gar nicht ausmalen, was genau sie nachher nachholen wollen.«

»Ich kann's mir lebhaft vorstellen.« Fanny schüttelte sich angewidert. »Ich muss ihr dringend ins Gewissen reden.«

»Ich glaube nicht, dass das bei ihr gut ankäme«, gab ich zu bedenken.

Wir hatten uns von der Besucherschar in Richtung Arena treiben lassen, wo gerade die Riege der Muskelberge vom Moderator vorgestellt und mit reichlich Applaus aus dem Publikum begrüßt wurde.

»Du hast ganz sicher recht, aber …« Sie schnaubte frustriert. »Was soll die kleine, naive Daisy diesen Kerlen denn entgegensetzen?«

Ich hatte auch kein gutes Gefühl und blickte mich um. Nach der Zeitungsmeldung hatte ich eigentlich erwartet, hier mehr Polizeipräsenz vorzufinden. Doch der einzige Uniformierte, den ich entdeckte, war wieder der junge Constable Cook, der ein paar Meter entfernt mit zwei Frauen sprach. Vermutlich war Inspector Wilson auch irgendwo, doch nach einer konzertierten Aktion sah das nicht aus.

»Lass uns mal in den Wohnwagen stöbern«, hörte ich mich zu meiner eigenen Überraschung sagen. »Vielleicht finden wir ja was.«

Fannys Augen blitzten. »Das könnte uns in massive Schwierigkeiten bringen«, erwiderte sie, doch sie klang kein bisschen besorgt, sondern regelrecht aufgekratzt.

»Es wird keiner merken. Alle Athleten sind auf dem Platz, das Publikum ist abgelenkt, und wir haben mindestens eine Stunde Zeit, um uns umzuschauen.«

»Und was suchen wir?«

»Anhaltspunkte? Beweise? Wir werden es wissen, sobald wir es gefunden haben!«

»Und dann?«

»Dann sehen wir weiter.« Ich fasste sie am Ellbogen und lotste sie aus der Menge hinaus. Natürlich war das eine absolute Schnapsidee, für die wir in Teufels Küche kommen konnten, aber nichts zu tun war keine Option. Und ich konnte nicht riskieren, dass Daisy diesem ungehobelten Brocken ungeschützt in die Hände fiel.

Wir taten so, als würden wir in Richtung Markt gehen, huschten dann aber hinter die Kunsthandwerksstände. Da war mit ungefähr zwei Meter Abstand zu den Hütten ein Sichtschutzzaun errichtet worden, hinter dem sich der Trailerpark der Athleten befand.

»Hoffentlich hat uns niemand gesehen«, raunte Fanny. »Mein Kleid ist nicht gerade unauffällig.«

»Die Leute sind alle abgelenkt«, behauptete ich optimistischer, als ich mich insgeheim fühlte, aber nun gab es kein Zurück mehr. Glücklicherweise hielt Rudi momentan die Schnauze. Doch gerade als wir um den Zaun herumschlüpfen wollten, stemmte er seine Pfoten mit aller Macht in den Boden und witterte in Richtung Parkplatz.

»Wir fahren jetzt noch nicht heim«, sagte Fanny leise, aber eindringlich zu ihrem Hund und zerrte an der Leine. »Der war heute nach dem Frühstück auch schon so seltsam«, fügte sie an mich gewandt hinzu. »Ich schätze, er sucht Polly.«

Eine schwarze Neufundländer-Hündin hatte ich zwischen den parkenden Autos nicht bemerkt, wohl aber ein paar schwer bepackte Leute, die im nächsten Moment wie vom Erdboden verschluckt zu sein schienen. Sah ich am Ende schon am hellichten Tag Gespenster? Merkwürdig. Aber nichts, worüber ich mir aktuell Gedanken machen musste.

»Kommt, weiter«, drängte ich die beiden und lief geduckt um den Zaun herum, gefolgt von einer leise kichernden Fanny und einem nicht ganz so leise knurrenden Rudi. »Weißt du, welches Wohnmobil deinem Trainingspartner gehört?«

»Er ist nicht mein Trainingspartner«, stellte Fanny richtig. »Und er wird es auch nie werden. Sein Camper ist der dahinten.« Sie deutete auf ein chromglänzendes Retroteil, das direkt am Rand des kleinen Waldstücks parkte.

»Gut, dann fangen wir damit an«, beschloss ich. Vom Festivalgelände waren aufgeregte Rufe und Schreie zu hören, die gleich darauf von donnerndem Applaus übertönt wurden. Ganz sicher war ein Baumstamm besonders weit geflogen. Was sollte sonst schon passiert sein?

FALSCHE FÄHRTEN ZUM ZIEL

MEIN HERZ KLOPFTE WIE VERRÜCKT, als wir uns Jacobs Wohnmobil näherten. Der Parkplatz wirkte wie ausgestorben, und vermutlich hatte George recht damit, dass alle Athleten auf dem Platz standen. Aber was, wenn nicht? Trotzdem kam es mir gar nicht in den Sinn, zu kneifen. Das war das Abenteuer, von dem ich gar nicht gewusst hatte, wie sehr ich mich danach sehnte.

George kramte in seinem Sporran herum, dem bestickten Fellbeutel, der vorne an seinem Kilt hing, und zog ein kleines Schweizer Taschenmesser daraus hervor. Offensichtlich wollte er das Schloss knacken. Wie aufregend. Doch als er testweise am Riegel zog, ging die Tür ganz einfach so auf. »Oh«, sagte er. »Das macht es natürlich einfacher.« Bildete ich es mir ein, oder klang er enttäuscht?

Ich sah mich noch einmal um, aber glücklicherweise war wirklich niemand in der Nähe. »Los, lass uns reingehen«, raunte ich George zu, und wir schlüpften rasch in den luxuriös ausgestatteten Wohnbereich.

»Geschmack kann man mit Geld offensichtlich nicht kaufen«, befand George und rümpfte angewidert die Nase.

»Geschmack vielleicht schon, aber keinen Sinn für Stil und Ordnung«, fügte ich hinzu.

Rudi dagegen fand es großartig. Er schnüffelte sich begeistert durch die Haufen ungewaschener Klamotten, die überall auf dem Boden lagen. Es wirkte so, als hätte Jacob es vorhin etwas eilig gehabt, in voller Kämpfermontur in die Arena zu kommen. Auf dem Tisch fanden sich ein angebissenes Käsebrot und eine halb volle Tasse Kaffee. Und ein geöffneter Ordner.

»Was ist das denn?«, fragte George, holte aus seinem Sporran tatsächlich zwei Paar Einmalhandschuhe hervor und reichte mir eines.

»Machst du so etwas häufiger?«, wollte ich wissen – insgeheim ziemlich beeindruckt – und zog mir die Handschuhe über.

»Quatsch«, wehrte er ab. »Aber ich habe genug Krimis gesehen, um zu wissen, dass man nicht unnötig viele Spuren hinterlassen sollte.«

»Sehr schlau.« Ich verkniff mir den Hinweis, dass hier vermutlich allein schon Rudi sehr viele Spuren hinterließ, doch das war jetzt nicht so wichtig. Dieser Ordner dagegen schon.

»Kannst du dir darauf einen Reim machen?«, fragte er mich und trat einen Schritt beiseite, damit ich einen guten Blick auf die geöffneten Seiten hatte. In einer transparenten Dokumentenhülle befanden sich ein Formular, das sorgfältig ausgefüllt war, sowie ein Stückchen Stoff.

Mir stockte beim Anblick des fein säuberlich ausgeschnittenen Schmetterlings auf blauem Untergrund der Atem. Das war genau der Stoff, den ich für Gwens Kleid verwendet hatte. Ich schaute mir das Formular genauer an. Ganz oben stand neben der »Objektnummer« ein G mit einer Zahlenkolonne, auf die ich mir keinen Reim machen konnte.

Den folgenden Zeilen waren die Namen »Agent J«, »Agent M« und »Agent S« vorangestellt und dahinter handschriftlich mehrere Datumsangaben plus jeweils der Buchstabe A oder B eingetragen, manchmal noch mit einem Sternchen, einem Plus oder einem Minus dahinter.

In der letzten Zeile hinter »Status« stand ein fettes X, außerdem das Datum von Donnerstag.

»Ich will gar nicht darüber nachdenken, was das bedeuten könnte«, murmelte ich.

»Aber genau dafür sind wir hier«, beharrte George – und natürlich hatte er recht. Er blätterte ein paar Seiten zurück.

Alle waren nach dem gleichen Schema aufgebaut: das kryptische Formular und fast immer ein »Andenken«. Mal ein Stück Stoff, mal ein BH, mal ein Haargummi. »Das ist eine regelrechte Trophäensammlung«, sagte ich entsetzt.

»Das denke ich auch«, stimmte mir George zu. »Und keine besonders geschickt getarnte. Ich schätze, dass die ›Objektnummern‹ der Vorname der jeweiligen Trophäe sind. Der Anfangsbuchstabe ist dabei klar, die folgenden Buchstaben wurden durch die jeweiligen Zahlen im Alphabet ersetzt.«

Ich nickte. »Und die sogenannten Agenten sind auch nicht so schwer zu identifizieren. J steht sicher für Jacob, M für Mitch, und S dürfte ein weiterer Kämpfer sein, den wir noch nicht kennen.« Ich dachte an Daisys Bericht, wonach sie sich einen romantischen Abend mit Mitch erhofft hatte, dann aber ein paar seiner Freunde dazugekommen waren und viel Alkohol geflossen war. Und dass sie sich danach an nichts mehr erinnern konnte. Ich blätterte zurück zu der Seite, die zweifellos zu Gwen gehörte. Danach war sie von den drei »Agenten« zu etlichen Gelegenheiten »beglückt« worden. Meist von diesem Mitch.

George zog sein Handy hervor, fotografierte diese Seite und öffnete dann Instagram.

»Willst du das jetzt etwa posten?«, fragte ich ihn entsetzt.

»Natürlich nicht. Schau mal.« Er hatte den Kanal von Mitch aufgerufen und scrollte ein ganzes Stück nach unten, bis er einige Fotos fand, die den tätowierten Athleten mit Gwen im Arm zeigten. »Die Tage passen«, stellte er fest, nachdem er die Zeitstempel bei den Beiträgen mit den Angaben in der Tabelle verglichen hatte. Dann blätterte er weiter.

Es war noch eine weitere Seite angelegt. Die Objektnummer begann mit D, und das »Erinnerungsstück« war ein neonpinker Spitzenslip. Die Agenten M und J hatten ihr am Donnerstag jeweils die »Note« D minus gegeben, Agent S immerhin ein C plus. Mir wurde übel und ein bisschen schwindelig. »Das ist so widerlich«, stöhnte ich. »Da waren doch garantiert K.-o.-Tropfen im Spiel.«

»Vermutlich.« Georges Gesicht wirkte wie versteinert. Er fotografierte rasch die Seite, die mit ziemlicher Sicherheit Daisy zuzuordnen war – den pinken Slip hatte ich bei der Generalprobe am Donnerstag in der alten Schule gesehen –, und danach noch die anderen. Insgesamt gab es bestimmt zwei Dutzend »Trophäen« in diesem Ordner. Der älteste Eintrag war fünfzehn Monate alt.

In der Zeile »Status« war bei den wenigsten Frauen etwas eingetragen. Bei einigen stand ein Ausrufezeichen, bei einer ein Fragezeichen. Eine Dame hatte ein Herzchen, doch nur bei Gwen war ein dickes X zu sehen.

»Denkst du, das ist der Beweis, dass einer der drei sie umgebracht hat?«, fragte ich.

George zuckte mit den Schultern. »Keine Ahnung. Und ich halte es für unwahrscheinlich, dass wir das eindeutig herausfinden können. Ich sag es nicht gerne, aber wir sollten wohl ganz dringend die Polizei informieren.«

Ich nickte. »Das dürfte selbst Detective Inspector Wilson nicht ignorieren können.« Trotzdem hatte ich ein merkwürdiges Gefühl. Irgendwas stimmte hier nicht. »Findest du es nicht seltsam, dass Jacob diesen Ordner einfach so auf dem Tisch liegen hat?«, fasste ich mein Unbehagen in Worte. »Das wirkt doch so …«

»Als wäre er dort absichtlich hingelegt worden«, sprach er meinen Gedanken aus. »Bei aller größenwahnsinnigen Arroganz, die ich diesen Typen unterstelle, denke ich dann doch nicht, dass sie ihre Trophäen so offen in einem nicht abgeschlossenen Wohnmobil präsentieren.«

»Dann könnte das eine Falle sein?« Ich schluckte und fühlte mich plötzlich extrem unbehaglich. Und als hätte Rudi meine Stimmung gespürt, fing er an zu knurren.

»Raus hier!«, bestimmte George, legte den Ordner noch rasch so hin, wie wir ihn gefunden hatten, und scheuchte uns aus dem Caravan.

Wir hasteten in das Wäldchen hinter den Wohnmobilen, doch gleich darauf hörten wir eine Stimme im Kasernenhofton rufen: »Da ist sie! Haltet sie fest!«

Augenblicke später packten mich zwei uniformierte Polizisten an den Armen.

»Hey!«, protestierte ich empört und versuchte, mich loszureißen, aber ich hatte keine Chance.

Rudi war außer sich. Er knurrte bedrohlich, schnappte nach den Polizisten-Waden und erwischte einen der beiden schließlich heftig genug am Knöchel, dass er mich unter Schmerzenslauten losließ.

»Was soll das hier werden?«, rief George über das Getöse hinweg, mit einer donnernden Stimme, die ich ihm gar nicht zugetraut hätte.

»Wir haben Grund zu der Annahme, dass Ms König hinter den Sabotage-Akten bei den Tänzerinnen steckt«, sagte DI Wilson keuchend und wischte sich den Schweiß von der Stirn. Offensichtlich war er hergerannt.

»Bitte?«, entfuhr es mir unkontrolliert. Wie kam diese Knalltüte von Kommissar zu einer derart haarsträubenden Behauptung? Zumal es gerade erheblich Dringenderes zu klären gab.

Rudi tobte weiter und attackierte nun den zweiten Polizisten, der sich jedoch nicht so leicht beeindrucken ließ. Vielleicht weil er knöchelhohe Stiefel trug?

»Kann jemand dieses Biest zur Räson bringen?« Wilson sah mich gereizt an.

»Der Dackel hat jedes Recht, seine Besitzerin zu verteidigen. Vor allem gegen solche unhaltbaren Anschuldigungen«, meldete sich George wieder zu Wort.

»Unhaltbare Anschuldigungen? Wir haben eindeutige Beweise!«, rief die Kasernenhofstimme, die meiner besonderen Freundin Petronella MacGyver gehörte. Sie hatte sich neben Wilson aufgebaut und starrte mich herausfordernd und mit einem diabolischen Grinsen an.

»Wovon um alles in der Welt reden Sie bitte?« Ich war drauf und dran, endgültig die Contenance zu verlieren. »Und du hältst jetzt mal kurz die Klappe, Rudi«, blaffte ich den Hund an, der erstaunlicherweise prompt mit dem Kläffen aufhörte und mich mit einem beleidigten Blick bedachte. Prima, jetzt hatte ich es mir auch noch mit meinem treusten Freund verscherzt.

»Die Auftrittskleider von einigen Halbfinalistinnen waren verschwunden«, berichtete Wilson. »Wir haben sie in Ihrem Auto gefunden, Ms König. Zusammen mit dem Kleid der verstorbenen Miss LaRue.«

»Wie bitte?« Ich begriff nicht, wovon der Kerl sprach, aber in meinem Kopf ratterten die Zahnräder.

»Sie meinen Miss Campbell, nicht wahr?«, schaltete sich George ein. »Das ist der bürgerliche Name von Gwen.«

Irritation huschte über Wilsons Gesicht, doch er hatte sich rasch wieder unter Kontrolle. »Das tut nichts zur Sache«, herrschte er George an. »Mich interessiert, wie die Kleider in Ms Königs Auto kamen.«

»Kann es sein, dass Sie ebenfalls im Pub logieren?«, wandte ich mich an Petronella. Meine zerebralen Zahnräder waren eingerastet und sorgten für erstaunliche Klarheit in meinem Hirn. Alle anderen warfen mir jedoch verwunderte Blicke zu.

»Das ist doch vollkommen irrelevant«, blaffte Wilson.

»Ist es nicht. Also, haben Sie sich in *The Wise Pelican* einquartiert oder nicht?«, beharrte ich.

»Und wenn schon?« Petronellas Gouvernanten-Ton klang nicht mehr ganz so selbstbewusst wie sonst. Oder ich ließ mich nicht mehr so schnell einschüchtern.

»Vielleicht sollten Sie mal die Handtasche von Ms MacGyver überprüfen«, schlug ich Wilson vor. »Ich könnte mir gut vorstellen, dass sich dort mein Schlüsselbund befindet. Während ich beim Frühstück saß, muss jemand in meinem Zimmer gewesen sein. Rudi hat sofort Verdacht geschöpft, und ich habe vergeblich meinen Schlüssel gesucht.« Dass ich zu diesem Zeitpunkt noch an ein hündisches Stelldichein und meine eigene Schlamperei geglaubt hatte, musste ich nicht erwähnen. Zumal beides kompletter Unsinn gewesen war. Ich verlegte meine Schlüssel – im Gegensatz zu den meisten meiner Mitmenschen – nämlich nie, und es war praktisch ausgeschlossen, dass Polly in unserem Zimmer gewesen war.

»Finden Sie nicht, dass das ziemlich weit hergeholt klingt?«, fragte mich Wilson und wirkte mit einem Mal sehr müde.

»Da gebe ich Ihnen vollkommen recht. Aber verzweifelte Menschen, die um jeden Preis etwas verbergen wollen, begehen verzweifelte Taten«, entgegnete ich.

»Sie gibt es also zu!«, rief Petronella triumphierend.

»Ich gebe gar nichts zu, denn ich rede nicht von mir, sondern von Ihnen. Im Gegensatz zu Ihnen habe ich weder etwas zu gewinnen noch was zu verlieren, wenn ich mich in den Tänzerinnen-Wettkampf einmische.« Ich freute mich insgeheim, dass ich so kühl und überlegt klang, was in einem absurden Gegensatz zu meinem wild pochenden Herzen stand.

»Ich etwa? Das ist doch lächerlich. Meine Tochter nimmt ja nicht einmal am Wettbewerb teil. Weil ihr Kleid ebenfalls ruiniert ist. Zweifellos haben Sie da auch Ihre Finger im Spiel gehabt.« Sie schaute sich zu Bonny um, die sich mit Orna und deren Mutter im Hintergrund hielt.

»Ich gehe stark davon aus, dass Bonny ihr Kleid selbst zerstört hat.« Ich warf der jungen Frau mit dem Spitzmausgesicht einen kurzen Blick zu. Deren Wangen flammten prompt dunkelrot auf, und sie sah zur Seite. »Warum sie das getan hat, darüber kann ich nur spekulieren. Womöglich weil sie keine Lust mehr hat, sich als Marionette für den Ehrgeiz ihrer Mutter krummzulegen?«

Bonny wand sich bei meinen Worten und machte den Eindruck, als würde sie am liebsten davonlaufen.

»Das ist doch absolut lächerlich«, dröhnte Petronella, aber George erstickte die drohende Tirade im Keim.

»Das ist absolut schlüssig!«, betonte er. »Sie waren in Ihrer aktiven Zeit eine der erbittertsten Konkurrentinnen von Cate Campbell – Catfight auf offener Bühne inklusive! Gwen wiederum ist die Tochter von Cate. Vielmehr *war* sie es. Und nach allem, was ich herausgefunden habe, war Gwen erheblich talentierter und erfolgreicher als Bonny. Ich halte es also für sehr wahrscheinlich, dass die alte Konkurrenz in die nächste Generation getragen wurde. Und weil Bonny allein keine Chance gegen Gwen hatte, haben Sie sich mit Orna zusammengetan, um als Team erfolgreich zu sein.«

Ich schielte zu George, der sich seiner Sache sehr sicher zu sein schien. Wilson sagte gar nichts, sondern hörte mit müdem Knittergesicht aufmerksam zu. Vielleicht war er aber auch schon in eine Art Wachkoma gefallen.

»Da Gwen sich bereits vor diesem Wettbewerb lukrative Auftritte in Übersee gesichert hatte, mussten Sie um jeden Preis verhindern, dass sie auch noch dieses Turnier gewinnt«, fuhr George fort. »Daher haben Sie ihr Kostüm zerstört. Doch blöderweise hat Fanny König in Windeseile ein neues Kleid genäht, also mussten Sie die Eskalation auf die nächste Stufe heben.« Der Blick aus seinen dunklen Augen, der auf Petronella ruhte, war eiskalt, und er strahlte eine derart kühle Arroganz aus, dass sogar ich fröstelte.

Ging George davon aus, dass Petronella MacGyver die arme Gwen auf dem Gewissen hatte? Was war mit der Trophäensammlung in Jacobs Wohnmobil, die wir doch gerade erst gefunden hatten?

»Unterstellen Sie mir etwa, ich hätte Gwen umgebracht?« Petronellas Ungläubigkeit wirkte nicht sehr ehrlich. Vielmehr extrem nervös.

Ich sah, wie Bonny und Orna entsetzte Blicke wechselten und Ornas Mutter sich schockiert eine Hand vor den Mund schlug.

»Haben Sie?«, fragte George mit mildem Interesse.

»Inspector Wilson, nun sagen Sie doch auch mal was!«, forderte Petronella den Polizisten auf, der jedoch nur matt den Kopf schüttelte.

Der Mann war entweder total daneben oder weit ausgefuchster als gedacht. Ich war da noch unentschlossen bei meiner Bewertung.

Auf dem Festivalgelände ertönte wieder Dudelsackgeblase. Vermutlich waren die Wettbewerbe im Frauen-Ermorden –

Pardon: Frauentragen! – vorbei, und es ging mit dem Tanzturnier weiter.

Orna sah nervös zu ihrer Mutter, die jedoch auch nichts Hilfreiches beizutragen hatte. »Ich müsste zu meinem Auftritt«, sagte die schicke Blondine, die jedoch längst nicht mehr so kühl und abgeklärt wirkte wie neulich im Pub. Auf ihren Wangen hatten sich rote Flecken gebildet.

»Ich fürchte, das Turnier ist für Sie gelaufen, Miss Nolan«, entgegnete Wilson mit erstaunlicher Autorität in der Stimme.

»Das können Sie nicht machen«, kreischte Petronella. »Es geht hier um … um … um …«

»Um was?«, fragte Wilson gelangweilt. »Um Ruhm und Ehre? Dafür wird es weitere Gelegenheiten geben.«

»Es geht hier um alles. Das können Sie sich gar nicht vorstellen.« Nun war endgültig alle Coolness von Petronella MacGyver abgefallen, und sie zeigte ihr wahres Gesicht: eine Fratze aus rasender Wut und blanker Agonie. »Ich finde, Sie sollten sich jetzt mal um die Täterin kümmern, die den Mädchen die Kleider gestohlen hat und zweifellos auch die Skalpellklingen in die Innensohle von Muriels Schuhen eingearbeitet hat.« Sie starrte grimmig zwischen Wilson und mir hin und her.

»Ich finde auch, dass Sie sich um die Täterin kümmern sollten«, pflichtete ich ihr bei. »Ich schätze nämlich, dass Ms MacGyver gerade Täterwissen preisgegeben hat. Von Skalpellklingen in den Sohlen höre ich zum ersten Mal.« Das war eine kühne Behauptung von mir, aber ich hatte das sichere Gefühl, einen Treffer gelandet zu haben, denn Petronellas Gesichtsfarbe wechselte in erstaunlicher Geschwindigkeit von Rot zu Totenblässe.

Nun näherte sich vom Turnierplatz her ein seltsamer Trupp. Drei schrankgroße Athleten in Kilts und Handschellen, die von je zwei deutlich schmächtigeren Polizisten eskortiert wurden. Das war erstaunlich. Wie war es zu dieser Entwicklung gekommen?

»Da sehen Sie's!«, rief Petronella Wilson zu. »Sie sollten sich mit den wirklich wichtigen Dingen befassen: dem Mord an der armen Gwen!«

Auf eine etwas perverse Art konnte ich nur Bewunderung für Petronella empfinden, dafür, wie sie mit dem Mut der Verzweiflung versuchte, von sich abzulenken. Allerdings hatte ich auch Schwierigkeiten, sie als Mörderin zu sehen. Saboteurin ja, aber Mörderin? Dagegen war der Ordner bei Jacob derart widerwärtig, dass ich ihm und seinen Kumpels praktisch alles zutraute. Wer Frauen mit K.-o.-Tropfen gefügig machte, sie mutmaßlich vergewaltigte und die erzwungenen Akte anschließend mit Datum und Schulnote dokumentierte … Ich kam nicht dazu, weiterzudenken, denn nun hatten uns die Männer erreicht.

Um Jacobs Hals baumelte eine fette Goldmedaille, doch seine sonst durchaus attraktiven Gesichtszüge waren zu einer versteinerten Grimasse verzerrt. Sie entglitten ihm endgültig, als er Petronella entdeckte.

»Er hat sie ermordet!«, rief Petronella bei seinem Anblick laut. »Er hat sie ermordet und anschließend mit ihrem eigenen Auto zum Loch Ness gebracht und reingeworfen.«

»Sie hat noch gelebt, als sie von meinem Caravan weggegangen ist«, verteidigte er sich. »Und dann ist *sie* aufgetaucht und hat behauptet, wir hätten Gwen eine Überdosis verpasst.« Er wies mit dem Kopf auf Petronella. »Sie hat gedroht, uns zu verpfeifen … und Gwen war wirklich tot … ich wollte das nicht, aber was hätte ich machen sollen?« Er rang sichtlich um Fassung, doch dann schien ihm zu dämmern, was er gerade preisgegeben hatte. »Und ohne meinen Anwalt sage ich gar nichts mehr.«

»Den werden Sie auch brauchen«, entgegnete Wilson.

»Sie werden mir keinen Mord nachweisen können«, behauptete Jacob, ungeachtet seines Schweigegelübdes.

»Das haben wir auch nicht vor. Allerdings erwartet Sie eine Anklage wegen mehrfacher Vergewaltigung, gefährlicher Körperverletzung und Wettmanipulation. Dabei dürfte auch ein hübsches Sümmchen an Jahren zusammenkommen.«

Jacobs Kiefer mahlten, und sein Adamsapfel zuckte. »Da ist das letzte Wort noch nicht gesprochen«, kündigte er an.

»Ach ja, Beihilfe zum Mord, Strafvereitelung und ein paar andere Sachen kommen auch noch dazu«, fügte Wilson fast schon lustlos hinzu. »Führt die drei ab, und bringt sie aufs Revier«, befahl er dann den Uniformierten, die die nicht ganz so edlen Recken widerstandslos in Richtung Westflügel des Herrenhauses navigierten.

George warf mir einen fragenden Blick zu. Offensichtlich war er ähnlich beeindruckt von Detective Inspector Wilson wie ich selbst.

»Würden Sie mich vielleicht langsam mal loslassen?«, bat ich den Polizisten, der meinen linken Arm immer noch schraubstockartig festhielt.

Wilson nickte unmerklich, und der junge Beamte ließ mich prompt los. »Natürlich, Ma'am. Verzeihung.«

Ich rieb meinen Arm und wusste nicht so recht, was ich nun tun oder denken sollte, als Petronella sich abrupt umdrehte und erstaunlich flott davonsprintete.

Sie kam allerdings nicht weit, denn nicht nur die beiden Beamten, die mich gepackt hatten, nahmen die Verfolgung auf, sondern auch Rudi, der mit furchterregendem Knurren hinter ihr herraste und sie mit einem gezielten Schnapper am Knöchel zu Fall brachte. Sie strauchelte, wollte sich hochrappeln, wurde erneut gezwickt und blieb schließlich auf dem Rücken liegen. Und was tat mein größenwahnsinniger Dackel? Er sprang ihr auf den Brustkorb, riss das Maul auf und legte sein Gebiss an ihren Hals.

»Das hast du super gemacht, Rudi, aber das ist jetzt ein kleines bisschen übertrieben«, japste ich außer Atem und schnappte mir meinen tapferen Helden.

Die zwei Polizisten packten Petronella ebenso unsanft an den Armen wie vorhin mich und zogen sie hoch, sodass sie wieder auf beiden Beinen stand, als DI Wilson schließlich angeschlurft kam.

»Ms MacGyver, ich verhafte Sie hiermit wegen Mordes an Gwendolyn Campbell, wegen gefährlicher Körperverletzung, Sachbeschädigung …« Er zog ein Notizbuch aus seiner Manteltasche und blätterte darin herum. »Und noch einiger Delikte mehr. Sie haben das Recht, zu schweigen und sich anwaltlichen Beistand zu suchen, was Ihnen unsere bajuwarische Hobbydetektivin zweifellos empfehlen würde.« Er warf mir einen schwer lesbaren Blick zu, und George tarnte sein drohendes Gelächter mit einem Hüsteln. Das hatte er eindeutig besser drauf als ich.

»Das ist doch lächerlich!«, schrie sie empört.

»Die Staatsanwaltschaft dürfte das anders sehen. Spätestens seit wir gestern hinter der Weberei-Bude die Mordwaffe gefunden haben – mit dem Blut des Opfers daran sowie DNA-Spuren und Fingerabdrücken. Wir sind zuversichtlich, dass diese den dringenden Tatverdacht gegen Sie bestätigen werden.« Wilson seufzte, als sei er von der Nachlässigkeit der Mörderin enttäuscht.

Das war es also, was Petronella gestern gesucht hatte, als Rudi und ich sie und die drei anderen überrascht hatten. Mir lief es bei dieser Vorstellung eiskalt den Rücken hinunter.

»Das werden Sie mir büßen!«, rief Petronella vor Wut bebend, als die Handschellen klickten und einer der Beamten sie in dieselbe Richtung abführte, in die auch die Muskelmänner gebracht worden waren.

»Ich muss Sie drei bitten, uns ebenfalls aufs Revier zu begleiten«, wandte sich Wilson nun an die anderen Frauen, die die Ereignisse der letzten Minuten in fassungsloser Sprachlosigkeit beobachtet hatten. Sie folgten dem zweiten Polizisten, und als sie außer Hörweite waren, wandte sich Wilson an George und mich.

»Ich hätte große Lust, Sie wegen Behinderung der Ermittlungen anzuzeigen«, brummte er. »Aber letztlich haben Sie dann doch eine wesentliche Rolle bei der Überführung der Mörderin und der Aufdeckung der Missbrauchsfälle und des systemischen Wettbetrugs gespielt.«

Haben wir? Ich warf George einen fragenden Blick zu.

»Wir helfen doch gerne, Inspector«, sagte er in blasiertester Lord-Seidentüchlein-Manier.

»Sie haben die Beschuldigten mit Ihrer Neugier massiv unter Druck gesetzt und sie zu Fehlern verleitet. Fehler, die wir uns letztlich zunutze machen konnten. Aber trotzdem kann ich es nicht gutheißen, wenn Amateure sich in unsere Ermittlungen einmischen. Das kann ganz schnell nach hinten losgehen. Haben wir uns verstanden?«

Ich nickte eifrig. »Natürlich. Aber jetzt würde mich trotzdem interessieren, wie Sie auf Ms MacGyver und das Gorilla-Trio gekommen sind.«

Wilson sah mich aus seinen müden Basset-Augen an und schien zu überlegen, ob ich einer Antwort würdig war. »Die Herren hatten wir schon länger im Visier. Allerdings nur wegen der Wettabsprachen. Doch seit ein paar Monaten konnten wir auch bei einigen Tanzwettbewerben überraschende Ergebnisse beobachten. Wir haben das noch nicht ganz aufklären können, aber der Verdacht liegt nahe, dass Ms MacGyver mit den Athleten kooperierte. Bei der Autopsie von Miss Campbell kam heraus, dass sie vor ihrem Tod mit mindestens zwei Männern Geschlechtsverkehr hatte und mit einem chirurgischen Skalpell erstochen wurde. Sehr gezielt und mit winziger Einstichstelle. In den Sohlen der Tanzschuhe fanden sich ebenfalls hauchfeine Skalpellklingen. Wir haben dann das Umfeld der Tänzerinnen überprüft und festgestellt, dass Petronella MacGyver als OP-Schwester arbeitet und daher nicht nur leicht Zugang zu chirurgischem Besteck hat, sondern mutmaßlich auch über ein großes anatomisches Wissen verfügt.«

»Wow.« Ich nickte, aber alles war mir noch nicht klar.

Glücklicherweise war Wilson nun in Plauderlaune und sprach weiter: »Das zerstörte Kleid von Miss Campbell war mit ziemlicher Sicherheit ebenfalls mit Skalpellen malträtiert worden, sodass das für uns schon ziemlich starke Indizien waren. Der Fund der Tatwaffe war dann das Sahnehäubchen – die DNA-Analyse aus dem Labor wird die finale Bestätigung erbringen. Wir haben Ms MacGyver seit gestern intensiv beobachtet und daher auch gesehen, wie sie sich vorhin Zugang zum Wohnwagen von Jacob Farlane verschafft und anschließend die von den Mitstreiterinnen gestohlenen Kleider in Ihrem Wagen abgelegt hat.«

Ich schnaubte. »Und trotzdem haben Sie mich erst verhaften lassen?«

»Ich habe Sie nicht verhaftet. Wir haben Sie nur temporär in Gewahrsam genommen«, entgegnete er mit einem leichten Lächeln auf den Lippen.

»Weil das natürlich besser ist«, brummte ich.

»Das war kriminalistische List.« Nun wurde aus dem Lächeln ein Grinsen, das ihn plötzlich viel einnehmender und jünger wirken ließ. »Wir mussten Ms MacGyver in Sicherheit wiegen und haben gehofft, dass sie sich dann selbst verrät. Und genau so ist es ja auch gekommen. Dank Ihrer Hilfe.«

»Es war mir ein Vergnügen«, sagte ich und bemerkte, wie George eine Braue hob. »Es war *uns* ein Vergnügen«, verbesserte ich mich.

Wilson seufzte, doch das Grinsen verschwand nicht ganz aus seinem Gesicht. »Das habe ich befürchtet. Ein Glück, dass die Highlands so friedlich sind. Da werden sich unsere Wege hoffentlich nie wieder kreuzen. Einen schönen Tag noch, und genießen Sie den Rest der Highland Games.« Damit nickte er uns zu und marschierte ebenfalls in Richtung Westflügel.

KING & KÖNIG

TOCK-TOCK-TOCK. Der Specht war wieder da und hämmerte sein Tagwerk in die alte Eiche im Garten. Doch heute störte es mich nicht. Ganz im Gegenteil, die Klopfgeräusche waren der beschwingte und passende Soundtrack zum raschen Klackern meiner Tastatur. Fast wie von allein schrieb sich der Artikel über das erste »Kirkby Clan Gathering«, das gestern Mittag zu Ende gegangen war. Ein grandioser Publikumserfolg und ein Triumph für die Veranstalter und alle Beteiligten.

Nun gut, für fast alle Beteiligten. Dass das Starterfeld beim Highland Dancing und bei den Highland Games ab Samstagnachmittag etwas reduziert gewesen war, schien den wenigsten Zuschauern aufgefallen zu sein. Die waren trotzdem begeistert bei der Sache gewesen und hatten vor allem bei der spektakulären Pferdeshow mitgefiebert, bei der Töpfer Sean als dunkler Prinz das Herz von Kirkbys Pferdeflüsterin alias Clan-Prinzessin Hailey erobert hatte. Happy End mit allem Drum und Dran. Zumindest auf dieser Ebene.

Ich hatte darüber nachgedacht, ob ich über den Mord, die Sabotage-Akte, den Wettbetrug und den widerwärtigen Missbrauch durch die Athleten schreiben sollte – und hatte es getan. Allerdings nicht für meinen Blog, sondern in einem Artikel, den ich noch gestern Abend unter Pseudonym – meinem vierten – an eine große Zeitung verkauft hatte. Und was für eine Geschichte es geworden war! Wilson hatte mir gestern Morgen noch erzählt, dass Petronellas Tochter Bonny bei ihrer Befragung gezwitschert hatte wie ein Vögelchen. Ihrer Aussage nach war ihre Mutter in Gwens Cottage eingebrochen, hatte das Kleid gestohlen und mutmaßlich auch in ihren Sachen gestöbert. Das deckte sich mit Daisys Beobachtung, dass Gwens Kosmetika ganz anders arrangiert gewesen waren als in den Tagen zuvor. Das alles war mutmaßlich geschehen, während Jacob Gwens Leiche in ihrem eigenen Wagen zum Loch Ness gefahren und sie ins Wasser geworfen hatte. Auch wenn er seine unüberlegte Aussage bei der Festnahme inzwischen zurückgezogen hatte, waren laut Wilson eindeutige Faserspuren von ihm im Auto gefunden worden – genau wie Blutanhaftungen von Gwen auf der Rückbank, die nahelegten, dass sie zu diesem Zeitpunkt bereits tot gewesen war. Auch ohne ein Geständnis der Sportler waren die Beweise erdrückend, und Wilson hatte zudem von groß angelegter Wettmanipulation gesprochen.

»The King's Speech« würde von diesen Dingen jedoch frei bleiben und sich ganz auf die positiven Effekte der Spiele für den Ort konzentrieren. Strahlender Glanz hatte auch seine Schattenseiten. Das wusste jeder, das musste ich den Leuten nicht unter die Nase reiben. Nicht auf diesem Kanal. Zum ersten Mal seit langer Zeit erlaubte ich mir den Luxus, mich auf die schönen Seiten des Lebens zu konzentrieren. Eine davon sollte in wenigen Augenblicken eintreffen.

Tock-tock. Der Specht unterbrach sein Gehämmere. Womöglich hatte auch er den Mini gehört, der nun vor meinem Haus parkte. Ich ging zur Tür, gerade als Fanny aus ihrem vollgepackten Auto stieg und Rudi fröhlich zu mir rannte.

Fanny blieb neben dem Auto stehen und sah mit einem ungläubigen Lächeln zwischen mir und der rechten Hälfte meines Doppelhauses hin und her.

»King & König nicht nur als ›Partner in Crime‹, sondern auch als Nachbarn. Wagen wir das wirklich?«, fragte sie.

»Ich fürchte ja«, sagte ich und kam ihr mit den Schlüsseln in der Hand entgegen. »Ich weiß allerdings jetzt schon, dass ich die Entscheidung bereuen werde. Eher früher als später.« Mein theatralischer Seufzer überzeugte jedoch niemanden.

»Oh, dafür werden Rudi und ich zweifellos sorgen.« Sie kicherte und schnappte sich den Schlüssel aus meiner Hand. Kurz vor der Tür stutzte sie und kehrte dann zu meiner zurück.

»Ist was?«, erkundigte ich mich, als ihre Augen immer größer wurden.

»Ist dir aufgefallen, dass auf deiner Tür ein Andreaskreuz prangt und auf meiner eine Raute?«

Tatsächlich hatte ich über die weißen Symbole auf den Türen nie groß nachgedacht und sie als reine Zierde empfunden. »Jetzt, wo du's sagst.«

»Das schottische Andreaskreuz und die bayerische Raute.« Nun lächelte sie fast andächtig. »Zufall oder ein Zeichen? Ach was, es ist egal. Wenn ich jetzt Ella und Kristie noch dazu bringe, in der *Old Bakery* original bayerische Brezeln zu backen, steht der kaledonisch-bajuwarischen Verbindung nichts mehr entgegen.«

– E N D E –

Zumindest der erste Fall von King & König ist hiermit gelöst. Ich hätte allerdings noch reichlich weitere Ideen dafür, wie mein ungleiches Ermittler-Duo mit seinem tierischen Sidekick Rudi Fälle lösen könnte. Beispielsweise diesen hier:

DER TOTE IM WHISKYFASS

In Kirkbys Whisky-Destillerie steht ein aufregendes Event an: Ein historisches Whiskyfass von 1873 wurde im Keller des Herrenhauses Monroe Manor gefunden. An diesem Abend soll es angezapft und der historische Tropfen probiert werden. Anschließend soll der restliche Whisky in Flaschen abgefüllt und verkauft werden. Doch irgendwas ist buchstäblich faul an der Sache. Das erwartete betörende Whisky-Aroma hat einen sehr merkwürdigen Beigeschmack, und überhaupt läuft das edle Getränk nicht wie üblich aus dem Hahn. Irgendwas scheint es zu blockieren. Als das Fass geöffnet wird, bietet sich den Gästen ein schauriger Anblick: Im Innern kauert eine zusammengekrümmte Männerleiche.

Wer ist der Mann? Wie kam er ins Fass? Wann in den letzten hundertfünfzig Jahren ist das passiert? Und vor allem: Wie lange lag das Fass schon im Keller von Monroe Manor?

King & König sind mit Inspector Wilsons Vorgehensweise unzufrieden und beginnen selbst zu schnüffeln. Das trifft sich gleich doppelt gut: Das nachbarschaftliche Verhältnis der beiden scheint eine neue, innigere Note zu bekommen, und so erfreulich das ist, George hat Sorge, dass durch Fannys Spürsinn seine Tarnung auffliegen könnte. Da kommt ihm die Ablenkung durch den geheimnisvollen Toten sehr gelegen.

Wie klingt das?

Abonniere meine »Letters from Kirkby« für mehr Infos rund um das fiktive schottische Dörfchen Kirkby und seine schrulligen Bewohner. Bislang dreht sich bei dieser kostenlosen virtuellen Reise durch Schottland fast alles um meine »Highland Hope«- und »Highland Happiness«-Reihe, aber der Crime-Faktor wird nicht zu kurz kommen.

Letters from Kirkby: https://carinmueller.de/kirkby-letters

FIGURENREGISTER

Fanny König: 45, kurvig, rotblond, blaue Augen, erfüllt sich ihren Lebenstraum. Nachdem ihr Münchner Schneideratelier abgebrannt ist, packt sie ihre Siebensachen und Dackel Rudi in ihr Auto und bricht zu einer Reise nach Schottland auf – Ende offen. Womit sie nicht rechnet, ist, dass sie im beschaulichen Kirkby nicht nur auf zahllose herzliche Menschen stößt, sondern auch auf einen lukrativen Auftrag und eine Leiche.

George King: 45, groß, markant, geheimnisvoll, dunkle Haare und dunkle Augen, hofft auf bessere Zeiten. Lebt seit zwei Jahren inkognito in Kirkby, weil er blöderweise auf der Todesliste der sizilianischen Mafia steht. Der ehemalige Investigativjournalist vertreibt sich die Zeit mit seinem spitzzüngigen Blog »The King's Speech« und gibt den versnobten Landadeligen. Bis er in eine Mordermittlung reingezogen wird.

Rudi: fünfjähriger Münchner Rauhaardackel, der die schottischen Highlands mit seiner Spürnase aufmischt.

Detective Inspector Alasdair Wilson: Ist der Mann bei der Polizei in Inverness, der für die ungeklärten Todesfälle zuständig ist. Steht kurz vor der Pensionierung und hat die optimistische Arbeitsthese, dass die Highlands so friedlich sind, dass dort nicht gemordet wird.

PC Cook: junger, unglücklicher Constable, der es nicht leicht hat mit einem Partner wie Inspector Wilson.

Jon Grant: Wirt des Dorfpubs *The Wise Pelican*.

Ivy Richards: vorwitzige Kellnerin im Pub.

Betty Murray: Kirkbys Thrillerautorin, die ihrem vermeintlichen Kollegen George gern mit Rat und Tat zur Verfügung stehen würde. Doch er fürchtet, dass durch sie sein eigenes Geheimnis auffliegt.

Ainslee Ferguson: Betreibt die örtliche Weberei und hat einen unglaublichen Fundus der tollsten Stoffe. Kennt sich bestens aus mit schottischen Traditionen und vermittelt Fanny Schneideraufträge.

Harriet Harper: Textildesignerin und Ainslees Geschäftspartnerin.

Kristie Fraser: Leiterin der Tanzschule und Chefin der *Old Bakery*.

Ella Cameron: Patente Backfee, die in *Kristie's Old Bakery* arbeitet und neuen Schwung in die Backstube bringt, wenn Kristie sich um ihre Tanzschule kümmern muss.

Collum McDonald: Bürgermeister von Kirkby.

Daisy: Hobbytänzerin und Zimmermädchen im Bed & Breakfast *The Cosy Thistle*.

Marlin Fraser: meinungsstarker Dorfmäzen und Lebensgefährte von Betty Murray.

Shona Fraser McIntosh: Hobbytänzerin und Betreiberin der örtlichen Destillerie.

Kendrick McIntosh: Tierarzt, ambitionierter Highland-Tänzer und Shonas Ehemann.

Robin Stewart: Staranwältin und Kristies Cousine.

Louis König: Fannys Sohn.

Kriminalkommissar Leopold »Poldi« Hofreiter: Ex-Mann von Fanny und ihr widerwilliger Telefonjoker, wenn sie ermittlungstechnische Fragen hat und bei der schottischen Polizei nicht weiterkommt.

Caro: Fannys beste Freundin.

Matteo: Georges bester Freund in Italien (zumindest geht George davon aus, dass Matteo derzeit in Italien ist!) und ähnlich undurchsichtig wie er selbst. Es ist nicht klar, wie gut seine Ratschläge auf Dauer tatsächlich sind.

Gwendolyn »Gwen« LaRue: talentierte Tänzerin mit vielen Feinden.

Orna Nolan: talentierte Tänzerin und harte Konkurrentin von Gwen.

Bonny MacGyver: spitzmausige Tänzerin, getrieben von ihrer Mutter.

Petronella MacGyver: überehrgeizige Mutter, die sich für ihre Tochter wünscht, was sie selbst nie hatte.

Jacob Farlane: schrankgroßer, attraktiver Highland-Kämpfer.

Mitch: tätowierter Top-Athlet, der sich schottischer gibt, als er ist.

ANMERKUNGEN UND DANK

LIEBE LESERIN, LIEBER LESER,

vielen Dank, dass du mein Buch gekauft und bis hierhin gelesen hast. Das ist keine Selbstverständlichkeit, und ich hoffe, dass dir mein Genre-Debüt gefallen hat. Einen Krimi zu schreiben war dann doch mal eine ganz neue Erfahrung. Eine, die mir jedoch riesigen Spaß gemacht hat, und es juckt mich in den Fingern, gleich weiterzuschreiben.

Recherche ist mir wichtig – aber noch entscheidender finde ich, dass sich die Umstände in einem Roman authentisch und realistisch anfühlen. So sind meine Behauptungen über kriminelle Strukturen und eine Wettmafia hinter den Highland Games frei erfunden und NICHT durch Fakten belegt. Aber es könnte doch gut sein, dass es so ist, nicht wahr? Auch weiß ich nicht, ob Highland-Tänzerinnen sich wegen superlukrativer Auftrittsmöglichkeiten bekämpfen oder ob das alles meiner wilden Fantasie entsprungen ist.

Genauso wenig habe ich im wahren Leben Ahnung von Mord und Totschlag – glücklicherweise! –, mal abgesehen davon, dass ich ein glühender Fan von True-Crime-Podcasts bin. Ganz sicher sind die Ermittlungen völlig unrealistisch dargestellt und ist auch der Mord an Gwen anatomisch nicht korrekt. Das ist mir alles bewusst – und ist in voller Absicht geschehen. Mir ging es mit dieser Geschichte in erster Linie um Spaß. Vor allem um meinen eigenen. Umso schöner, wenn du auch Vergnügen gefunden hast.

Ich danke von ganzem Herzen den üblichen Verdächtigen: meiner Schreib-Gruppe für die regelmäßigen Anfeuerungsrufe und meinem Podcast-Partner Christian, der es stoisch ertragen hat, dass ich für »King & König« unser gemeinsames Projekt »Appletree Murders« kurzfristig in den Hintergrund geschoben habe. Ich danke den WritingSassenachs für die gegenseitige Unterstützung und Gundel, die in meinem Kopf den Weg zur Mörderin freigeräumt hat – wie das klingt! In der Geschichte natürlich!!

Tausend Dank meinem pingeligen Adlerauge Julia, das dieser Geschichte den letzten Schliff gegeben und für weitgehende Fehlerlosigkeit gesorgt hat. Etwaige Auffälligkeiten sind allein meiner Verschlimmbesserung im letzten Durchgang zuzuordnen. Mea culpa! Ich danke Sabine für das passende »Buch-Outfit«, das die Nähe zu meinen anderen Kirkby-Romanen herstellt und doch eine Alleinstellungswirkung hat.

Meine Lieben – die zweibeinigen genau wie die vierbeinigen, die blutsverwandten ebenso wie die Herzensfamilie – stehen hier zwar an letzter Stelle, sind aber ansonsten immer Nummer eins. Ohne euch wäre alles sinnlos. Danke für alles.

Charlotte

PS: Hier folgt meine übliche Versicherung, dass ich natürlich auch all jenen von ganzem Herzen danke, die ich oben mal wieder vergessen habe. Es ist wie mit dem Figurenregister von Kirkby – es werden einfach immer mehr. Ihr seid großartig!

Noch ein PS: Auch wenn ich im wahren Leben Terrier-Mama bin, liebe ich Dackel ganz besonders. Airedale Scotty hat aber großzügigerweise einige Eigenschaften mit Rudi geteilt.

WER IST CHARLOTTE MCGREGOR?

»Mit Sehnsuchtsorten kennt sich Charlotte McGregor aus. Schon in frühester Kindheit fühlte sie sich zu Städten und Ländern hingezogen, die sie nur aus Büchern oder Filmen kannte. Kein Wunder, dass sie aus ihrem Fernweh einen Beruf gemacht hat. Die Journalistin schrieb jahrelang Reiseberichte für Zeitungen und Magazine, ehe sie ihre Lieblingsorte auch in Romanen verewigte. Derzeit schlägt ihr Herz für Schottland, wo sie regelmäßig mit ihrem Mann durch Städte, Dörfer und die Highlands streift und sich voller Enthusiasmus auf Whisky, Haggis und Kilts stürzt.«

Mehr: www.charlottemcgregor.de

So lautet die offizielle Vita in meinen »Highland Hope«-Romanen. Das ist auch alles richtig – und doch nur die halbe Wahrheit. Denn ich bin inzwischen Viele, eine regelrechte Autorinnen-WG, was daran liegt, dass ich mich nur ungern in festgefertigte Schablonen pressen lasse. Mich interessieren einfach so viele unterschiedliche Themen. Also hier eine etwas detailliertere Selbstbeschreibung:

Es gibt Menschen, die sind werteorientiert, ich bezeichne mich gerne als »worteorientiert«, denn dem geschriebenen Wort gehört seit früher Kindheit meine ganze Aufmerksamkeit. Buchstaben, Worte, Wörter und Texte üben bis heute eine magische Faszination auf mich aus, denn die Wucht, die dieses vergleichsweise bescheidene Werkzeug aus sechsundzwanzig Lettern und einigen Satzzeichen ausüben kann, ist beträchtlich.

Meine große Leidenschaft gehört dem belletristischen Schreiben. Mein erster Roman ist 2009 unter meinem Klarnamen Carin Müller bei Goldmann erschienen. Seitdem folgten mehr als zwei Dutzend weitere Titel bei Publikumsverlagen und in Eigenregie als Selfpublisher. Die wenigsten davon unter meinem richtigen Namen, denn eine Sache habe ich inzwischen auch gelernt: Leser lieben Schubladen und die will ich auch bedienen.

Für den etwas unkonventionelleren Blick über den Tellerrand habe ich meine Website und meinen Blog. Dort veröffentliche ich jeden Montag einen neuen Artikel zu einem Thema, das mir gerade unter den Nägeln brennt. Ich würde mich sehr freuen, wenn du mal einen Blick darauf wirfst. Außerdem gibt es auf meiner Seite alles über mich, meine Bücher und meinen Podcast zu erfahren. www.carinmueller.de

Wenn du es noch nicht getan hast, lade ich dich herzlich dazu ein, meine Leser-Post https://carinmueller.de/newsletter/leser-post zu abonnieren. Dort informiere ich regelmäßig (zurzeit etwa einmal pro Monat) über alles, was sich gerade bei mir tut und empfehle außerdem tolle Bücher von Kolleg Innen.

Ich freue mich auch über regen Austausch mit meinen Lesern. Du findest mich auf allen sozialen Medien und kannst mir aber gerne auch eine Mail schreiben. Ich beantworte jede Anfrage: post@carinmueller.de

Alles Liebe,

Deine Carin aka Charlotte²

PS: Auf den nächsten Seiten findest du einen kleinen Überblick über meine bisherigen Veröffentlichungen.

MEINE BÜCHER

Veröffentlichungen als Charlotte McGregor:

»Ein Sommer in Kirkby« – 2020, SP
»Highland Hope – Ein Bed & Breakfast für Kirkby«
– 2021, Heyne Verlag
»Highland Hope – Ein Pub für Kirkby«
– 2021, Heyne Verlag
»Highland Hope – Eine Destillerie für Kirkby«
– 2021, Heyne Verlag
»Highland Hope – Eine Bäckerei für Kirkby«
– 2022, Heyne Verlag
»Island Dreams – Der Garten am Meer«
– 2022, Heyne Verlag
»Die Glückskuh von Kirkby« – 2022, SP
»Highland Happiness – Geschichten aus Kirkby«
– 2022, SP
»Highland Happiness – Die Weberei von Kirkby«
– 2023, SP
»Highland Happiness – Die Töpferei von Kirkby«
– 2023, SP
»Highland Happiness – Das Herrenhaus von Kirkby«
– 2023, SP
»Highland Crime – Die tote Tänzerin« – 2023, SP

Veröffentlichungen als Charlotte Taylor:

Die Reihe »Hot Chocolate« – 18 Titel, ab 2015, Bastei Lübbe
»San Francisco Millionaires Club – Ian« – 2017, SP
»San Francisco Millionaires Club – Derek« – 2017, SP
»Robin – High in the Sky« – 2018, SP
»San Francisco Millionaires Club – Dan« – 2019, SP
»San Francisco Millionaires Club – Sammelband: Ian, Derek, Alistair, Dan« – 2020, SP
»Lebe, als gäbe es kein Morgen« – 2020, SP
»Lausche den Klängen deiner Seele« – 2021, SP
»Wandere auf unerforschten Pfaden« – 2021, SP
»L.A. Roommates 1 – Prickelnde Nächte und heiße Flirts« (Wiederveröffentlichung Teil 1 der »Hot Chocolate«-Geschichten) – 2022, Bastei Lübbe
»L.A. Roommates 2 – Wilde Herzen und süße Verführung« (Wiederveröffentlichung Teil 2 der »Hot Chocolate«-Geschichten) – 2022, Bastei Lübbe

Veröffentlichungen als Carin Müller:

»Mopsküsse« – 2009, Goldmann
»High Heels & Hundekuchen« – 2012, Goldmann
»Gefühlte Wahrheit – 2014, SP
»Hundstage« – 2014, SP
»Problemzonen« – 2015, SP
»Tage zwischen Ebbe und Flut« – 2016, Droemer Knaur
»Hugo's Affairs – Wie war das mit den zauberhaften Anfängen?« – 2022, SP (Wiederveröffentlichung von »Mopsküsse«)

»Hugo's Affairs – Wenn es nicht gut ist, ist es nicht das Ende!« – 2022, SP (Wiederveröffentlichung von »High Heels und Hundekuchen«)

Veröffentlichungen als Nirac Rellum:

»Außenmission auf Kaipas V« – 2015, SP
»Ferien auf Tarkanus X« – 2017, SP

Einen kompletten Überblick über meine Romane – inklusive Cover und Klappentexte findest du auch hier in meinem Katalog. https://carinmueller.de/buecher